邁向正式教師
資格檢定考試與教師甄試

林香河、林進材　著

五南圖書出版公司 印行

序

邁向正式教師

　　寫一本專書幫助想要擔任中小學教師的大學生，一直是個人多年來的願望，同時也是擔任師資培育系所教師的責任和義務。目前國內的師資培育制度，從中小學教育學程的甄選、選修中小學專業課程與專門課程、參加中小學教師資格檢定考試、到中小學進行為期半年的教育實習、參加各縣市舉辦的中小學教師甄試、成為正式合格的中小學教師，都設有相關的辦法和條文，想要成為中小學教師的大學生，需要對於師資培育的制度和條文熟悉，並且遵守這些條文和規範，系統性的進行準備，參加各種甄選和考試，才能完成各種具備的條件，成為正式合格的教師。

　　本書的出版，是經過多年經驗的淬鍊，長時間參與中小學師資培育課程的教學、系統性的觀察中小學教師甄試心得，匯集而成的結晶。本書在內容方面包括成為教師的生涯路、教師資格檢定考試準備篇、教師甄試考試準備篇、邁向正式合格教師生涯篇。在每一篇的內容中，提供豐富的經驗分享，擬定有效甄試的策略方法，分享邁向正式教師每一階段的要領與訣竅，希望每一位想要成為中小學教師的學子，能夠從本書的閱讀中體會有效的策略與方法，透過模式的運用和經驗的汲取，轉化成為自己學習的經典。

　　本書的出版不在於將師資培育的制度揭露，不在於將中小學學程甄選的內容公開，不在於將教師資格檢定考試的作業公布，不在於將各縣市中小學教師甄試的命題歷程掀開，而在於希望透過經驗的分享，轉化成為學生（或考生）有效率的準備策略，透過本書的閱讀可

i

以熟悉中小學師資培育制度，可以在未來成爲中小學教師的歷程中，更加效率化、系統化、精緻化，進而邁向合格正式的中小學教師。

　　本書的內文，感謝幾位教師同好在「我的專業我的教師夢」經驗方面的分享，他們依序爲林郁珊、林梓容、蔡克旻、劉家伶、郭育樾、許游雅、陳敏銓、管曉眞、田婉曲、梁玉玲等，從學生時代的學習經驗談、教師資格檢定考試經驗談、教師甄試考試經驗談、夢想成眞築夢踏實、給學弟妹的建議等層面，提出自己成長經歷的箴言，希望每一位對於教學工作有意願、有熱忱的準教師都可以夢想成眞。

　　本書的出版，感謝五南圖書出版公司多年來對專書出版的支持與信任，黃副總編文瓊的辛勞，讓個人想法和心得，可以透過專書的出版、文字的形式，和讀者相互交流、相互學習。更感謝編輯群的協助，專業的開展，讓本書的呈現更爲專業，更讓讀者喜愛。

林香河、林進材　謹識

2023/12/31

目錄

成為教師的生涯路

① 成為正式教師的流程

② 就讀師資培育的大學

③ 參加中小學學程甄試

④ 選讀中小學教育學程課程

⑤ 參加教師資格檢定考試

⑥ 取得教師實習資格

⑦ 參加實習學校之實習規範

⑧ 通過考核取得合格教師證書

⑨ 參加縣市教師甄試

⑩ 給實習教師的幾點建議

成為教師的生涯路

一 成為正式教師的流程

做任何事情或成就任何工作，都需要了解這一項工作可能的流程、步驟，需要完成的項目等，才能在未來的發展和努力中，朝向特定的目標完成。想要成為正式的中小學教師，就需要了解成為正式教師的流程（或路徑）（參見圖1-1）。成為正式教師需要經過下列幾個重要的流程，完成每一項流程的規範，才能取得正式的教師資格，茲詳加說明如下：

(一) 就讀師資培育的大學

以目前的教育制度規範之下，國內各大學要培育中小學教師，都需要在教育部的規範之下，才能培育中小學教師。因此，想要成為正式中小學教師，在選讀大學之前，要先了解未來就讀的大學是否能培育中小學教師、有沒有設置師資培育中心，以上這些訊息只要查詢一下該大學的網頁，就能查詢到相關的訊息。以臺南大學為例，目前教育學系招收學生為「全師培」，其他系所的學生想要成為中小學教師，就需要參加臺南大學師資培育中心每年舉辦的「中小學教育學程甄試」甄選，通過以後才能選修中小學教育學程專業課程。

(二) 參加中小學教育學程甄試

每一所可以培育中小學教師的大學，都會設有「師資培育中心」，專門負責中小學教師的培育工作。教育部會依據實際的需要與大學辦學的績效，規範每一所培育中小學教師的大學，每一年可以培育中學教師名額及小學教師名額。例如：臺南大學師資培育中心每一年可以培育200位小學教師，在學校所規範的制度之下，教育學系目前是全師培（每一位教育學系的學生都可以直接修小學教育學程），扣除教育學系的名額90位之後，剩餘的110個名額就會開放全校各系所生來報名參加小學教育學程甄試，依據甄試成績錄取前110位學

圖 1-1

成為正式教師的路徑圖

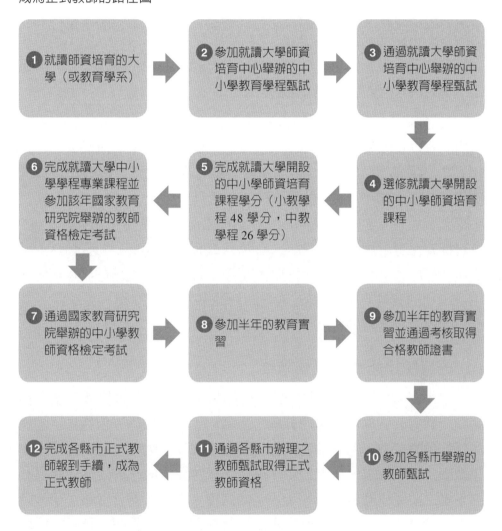

生，可以選修小學教育學程課程。

(三) 通過甄試取得各修課資格

參加各大學師培中心的學程甄試通過之後，就可以取得選修中小學學程課程的資格。各大學的中小學學程，包括中等教育學程（分科

教育）、小學教育學程、特殊教育學程、幼兒教育學程等（詳見各師資培育學校培育類別與規範）。如果，當年參加各學校師資培育單位舉辦的學程甄試，卻沒有通過學校的甄試，可以先經過師培單位的同意，重點式的選修學程開設的課程。

(四) 選修中小學師資培育課程

通過師資培育單位的學程甄選之後，就可以依照規定選修各類型的師資培育課程。依據目前《大學設立師資培育中心辦法》（民國107年4月16日），師培中心辦理各師資類科教育專業課程之最低應修學分要求如下：(1) 中等學校師資類科：至少26學分；(2) 國民小學師資類科：至少48學分；(3) 幼兒園師資類科：至少48學分，應包括教保專業課程32學分；(4) 特殊教育學校（班）師資類科：至少40學分；(5) 中小學校師資類科：至少50學分。上述的課程規定，由各大學師資培育單位依據培育的教師類別，協商學校各學院、系所，開設師資培育課程。

(五) 完成中小學教育學程課程

中小學教師培育課程的規定，依據該學校培育的教師類型，而開設相關的教育專業與專門課程，由師培生（準教師）依據自己通過甄選的教師類型，選修並完成教育學程之課程。因此，想要從事中小學教師工作，在這一個階段中，除了大學該完成的學分之外，也應該在畢業之前完成師資培育學程規定的課程。例如：想要從事小學教師工作，就需要在大學階段修完小學教育學程的所有課程。此外，國內有些大學的教育學程學分數是「外加」，有些大學的教育學程學分數是「內含」。例如：臺南大學教育學系的學生是屬於「師培生」，所以小學教育學分內含在大學畢業學分之內；其他系所（例如音樂系）的學生非屬於「師培生」，小學教育學分在大學畢業學分之上外加學分數。

(六) 參加各教師資格檢定考試

依據目前教育部的相關規定，完成中小學教育學程課程之後，需要參加國家教育研究院每年 6 月份舉辦的教師資格檢定考試，通過之後才具有到各學校實習的資格。目前的規定，教師資格檢定考試，每年 6 月份舉辦一次。因此，師培生如果沒有通過該年的檢定考試，除了不可以到實習學校進行為期半年的教育實習，還需要等待來年的資格檢定考試，通過之後才能取得半年實習的資格。因此，教師資格檢定考試，對於中小學師培生而言，具有相當重要的決定關鍵。

(七) 取得中小學實習教師資格

當師培生通過教師資格檢定考試之後，就會取得到實習學校實習半年的資格。在通過教師資格檢定考試之前，就讀的大學師培中心會依據培育性質和需要，與鄰近的中小學簽訂各種「實習合約」，讓師培生可以選擇適合的學校，進行為期半年的教育實習。因此，當師培生通過教師資格檢定考試之後，可以針對學校師培中心指定的學習學校，配合自己未來半年實習需要，選擇適合自己的實習學校，並且和實習學校簽訂「實習方面的合約」，請求中小學接納實習生到學校實習，安排實習生實習的輔導教師與實習班級。

(八) 完成職前學校實習之規定

當師培生通過教師資格檢定口試後，取得實習教師的資格，選擇適合自己的教育實習學校之後，就要展開為期半年的教育實習（通常為當年 8 月 1 日或 2 月 1 日）。在師資培育大學中會指定一位專業的教師擔任「實習輔導教師」，在實習當地學校會指定一位資深教師擔任「實習指導教師」，輔導實習教師完成職前學校實習，並且在實習期間輔導實習教師完成實習工作，評定實習教師的實習成績。一般而言，實習成績的評定比例，師資培育大學的成績占 50%，實習學校的成績占 50%，實習及格成績為 60 分。

(九) 取得合格中小學教師證書

當實習教師在實習學校完成職前實習，取得實習及格成績之後，大學師資培育中心會幫實習教師申請合格中小學教師證書，實習教師取得合格教師證書之後，成為合格中小學教師（一般教師合格證書有效期限為 10 年）。實習教師取得合格中小學教師證書之後，就可以在當年（或適當時間）參加由各縣市教育單位舉辦的教師甄試。

(十) 參加各縣市中小學教師甄試

一般而言，各縣市教育單位會依據縣市當年的教師缺額，辦理各種中小學教師甄試活動。各縣市教師甄試舉辦的活動，日期多半會在每一年的 5 月份（或更早）到 7 月中旬前，依據各縣市的中小學教師缺額與實際上的需要，公告教師甄試的簡章和相關規定。因此，準教師在取得合格教師證書之後，可以透過網站（或其他訊息）取得教師甄試的各種規定，報名參加各縣市中小學教師甄試。

(十一) 取得各縣市正式合格教師資格

當準教師取得合格教師證書之後，參加各縣市中小學教師甄試活動，獲得錄取之後即取得該縣市正式教師資格，並且經過分發成為該縣市中小學教師之後，在該學校教評會審議通過成為學校教師一員，完成服務學校單位報到手續，才能取得各縣市正式合格教師資格，展開正式的教師教學生涯階段。

(十二) 完成報到手續成為正式教師

在取得各縣市正式合格教師資格之後，還需要到服務的學校完成報到手續，由學校人事單位發布銓敘派令之後，依據準教師的學歷完成敘薪加級手續，才算是完成報到手續成為正式中小學教師，展開擔任中小學教師與服務的生涯。

教師的生涯路是一個專業且完整的系統，從就讀大學開始到完成

正式教師手續，教育單位都訂有完整的法規和行政流程。因此，想要擔任中小學教師的工作，就需要了解成為教師的路徑，針對自己的興趣與生涯發展，從學習選擇與決定開始，在成為教師的路徑中，做好自己的生涯規劃，且在每一個階段中好好的努力學習，才能順利完成當中小學教師的夢想。

二 就讀師資培育的大學

依據目前教育部對於大學師資培育的規範，一般普通大學想要培育師資，都需要經過教育部審查通過之後，設置師資培育中心，才能培育中小學各類型的師資。因此，如果想要成為中小學教師的話，在學力測驗（或指定科目考試）之後，選填就讀的大學時，就需要考慮選擇具有師資培育功能的大學就讀，才能在大學學習階段中，選修中小學教育學程，以成為想要擔任的中小學教師教學工作。有關具有師資培育功能的大學性質，簡要說明如下：

(一) 設有師資培育中心的大學

目前國內各大學如果要培育中小學教師的話，就需要經過教育部的審查同意之後，依據該大學的性質與原先設定的科系，設立師資培育中心負責該大學的中小學師資培育業務。因此，想要了解未來就讀的大學中，哪些學校具有師資培育功能，以及培育中小學哪一個階段的師資，在選填志願之前就需要先了解該學校是否設有師資培育中心？教育部准予培育哪一個階段的師資？哪一個學科的師資？培育的未來師資人員如何甄選？有哪些重要的流程？等等，這些都是需要事先了解的訊息，避免因為錯誤的訊息而影響自己的生涯發展。

(二) 中小學教師的師資培育

目前國內的大學分成一般大學、綜合大學、教育大學、科技大學、應用大學等幾類。不同類型的大學，在學院和系所的設置有所不同。教育部會依據不同屬性的大學，准予設置各種不同類型的師資培育。因此，想要從事中小學教職工作，就需要在選填大學就讀時，先了解未來的大學在學院方面的設置，以及該校師資培育的類型，作為選擇就讀大學的參考。以臺南大學為例，目前教育部准予臺南大學培育小學教師、特殊教育教師、幼兒教育教師、中等教師（僅限於藝術表演類、輔導類），想要在臺南大學參加中小學師資培育者，要先上臺南大學的師培中心網站查詢（https://phpweb.nutn.edu.tw/cte/），了解目前臺南大學可以培育的中小學教師類型，作為後續生涯選擇與決定的參考。

(三) 全師培科系的師資培育

想要從事中小學教學工作，在選擇就讀大學的科系時，要先了解該大學科系培育中小學教師的現況，作為選讀大學科系的參考標準。有些大學的教育學系招生，是屬於師資培育的全師培科系；有些大學的教育學系招生，並非屬於師資培育全師培科系。所謂「全師培」科系指的是該學系招進來的學生，未來都是要擔任小學教師，因此科系的課程設計是針對未來擔任小學教師而設計的。例如：臺南大學教育學系屬於全小學師資培育科系，選讀教育學系的學生，將來都要成為小學教師，不必和其他科系的學生參加小學教育學程甄試；此外，有部分教育大學除了教育學系之外，和教育有關的研究所碩士班、博士班，都歸在「全師培」範疇中，只要就讀該大學教育研究所的學生，都可以不用經過甄試就可以選修中小學教育學程的課程。

(四) 大學其他科系的師資培育

　　上述的全師培學系，可以不必經過學校師培中心的甄試，就可以直接選修學校開設的中小學教育學程課程。大學非師資培育的科系學生，如果想要成為中小學教師的話，可以在就讀的大學中參加師資培育中心舉辦的「中小學教育學程甄試」，透過甄試的方式取得選修中小學教育學程課程的機會。當然，在參加師培中心舉辦的甄試活動時，要先了解就讀大學可以培育哪些類型教師，以及甄試的學科內容和形式。

(五) 研究所研究生與師資培育

　　如果在大學學習階段錯過就讀學校師培中心的甄試，無法在大學階段完成擔任中小學教師的夢想，可以在研究所階段選擇具有師資培育大學的系所，就讀碩士學位並完成師資培育課程選修機會。例如：臺南大學教育學系目前設有課程與教學研究所碩士班、教育經營與管理碩士班、教學科技碩士班、數位評量與數據分析碩士班等。就讀上述的研究所碩士班，可以參加師培中心每年 3 月份舉辦的「中小學師資培育學程甄試活動」，如果通過甄試活動之後，就可以選修師培中心開設的中小學教育學程課程，成為正式合格的中小學教師。

　　想要成為正式合格的中小學教師，可以在大學階段選填師資培育大學就讀，透過各大學科系的選填，加上設有「師資培育中心」大學性質的了解，可以幫助想要擔任中小學教學工作的學生，了解並掌握大學師資培育的情景。

三 參加中小學學程甄試

　　大學生想要成為正式中小學教師，需要在就讀的大學參加師培中心辦理的中小學學程甄試，通過甄試之後才能選修學校開設的各種專業課程。有關各大學師資培育中心甄試師培生的活動流程（參見圖1-2），茲簡要說明如下：

圖 1-2
各大學師資培育中心甄試師培生流程

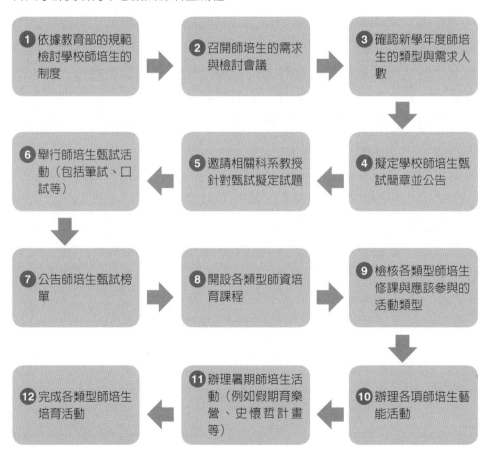

1 依據教育部的規範檢討學校師培生的制度

2 召開師培生的需求與檢討會議

3 確認新學年度師培生的類型與需求人數

6 舉行師培生甄試活動（包括筆試、口試等）

5 邀請相關科系教授針對甄試擬定試題

4 擬定學校師培生甄試簡章並公告

7 公告師培生甄試榜單

8 開設各類型師資培育課程

9 檢核各類型師培生修課與應該參與的活動類型

12 完成各類型師培生培育活動

11 辦理暑期師培生活動（例如假期育樂營、史懷哲計畫等）

10 辦理各項師培生藝能活動

(一) 依據規定檢討學校師培生的制度

　　每一新學年開始，各大學會依據教育部的規範與學校的屬性，檢討學校師培生的制度與現況，例如：未來新的一學年可以培育多少小學教師、多少幼兒教師、多少中等學校各類科教師。這些需要培育的教師類型和人數，扣除全師培的系所之外，還剩餘多少人數需要對校內各系所招生。依據上述的規範和實際需要的人數，大學師培中心需要擬定中小學師資培育甄選簡章。

(二) 召開師培生的需求與檢討會議

　　大學師培中心在每一新學年度，需要針對該校師資培育的制度與現況召開相關的會議，確認未來的學年度中，學校需要培育哪些類型的教師人數、需要甄試多少學生、開設哪些教育專業課程等等議題，以確定學校師資培育制度與方向。以臺南大學為例，在小學教育學程甄試制度中，需要考慮教育部給的名額，扣除教育學系全師培的名額之外，還需要甄試多少小學教育學程的學生。

(三) 確認新學年度師培生的類型與需求人數

　　大學師培中心在經過會議討論新年度師資培育類型與需求人數之後，就需要調整師資培育制度和辦法，針對往年師資培育制度的實施實際情況，修正並檢討現行的作法，作為新年度實施與檢討改進的參考。如果各大學師培中心在執行中小學師資培育過程中，有所偏失或不當之處，教育部就會檢討該大學的師資培育制度，並且減少該校師資培育類科的人數，作為行政執行上的懲處。

(四) 擬定學校師培生甄試簡章並公告

　　師培中心召開師資培育會議之後，當確定培育類科與人數時，就需要針對學校上一年度甄試簡章進行修正與檢討。內容包括培育的師資類科、培育人數、甄試形式、甄試學科內容、甄試日期等，擬定新

的甄試簡章，並且在學校適當的地方或網站公告。一般而言，師培中心甄試的類科與簡章，需要讓全校各系所學生能夠得到相關的訊息，並且報名參加各類科的甄試。

(五) 邀請相關科系教授針對甄試擬定試題

大學在確認新學年度師培生的人數之後，經過報名階段了解需求和實際報名人數之間的差距，決定是否舉辦甄試活動和甄試形式。以臺南大學為例，在小學教育學程的甄選方面，往往都是「求過於供」，報名人數遠遠超過需求人數。因此，需要在年度開始時實施小學教育學程甄試。由臺南大學師資培育中心，針對該年度師培生的甄試和類科，邀請各系所教授命題，採用筆試的方式決定哪些學生可以選修小學教育學程課程。

(六) 舉行師培生甄試活動（包括筆試或口試）

各大學師資培育中心在確定新年度師資培育類型與人數之後，就需要公告相關的訊息，讓各系所的學生來報名參加師資培育。如果，報名數高於需求人數的話，就需要透過甄選方式，篩選可以選修師資培育課程的學生。例如：新的年度只能有 100 位學生參加小學教育學程的修課，學校各系所有 200 位學生報名，就需要透過甄試方式篩選學生。一般來說，大學的師培中心在甄選學生時，多半採用筆試、口試方式選一，或者二者兼具的方式進行甄選。

(七) 公告師培生甄試榜單

各大學師資培育中心甄選之後，就需要公告通過中小學教育學程甄選的學生，並且透過各種會議講解與未來修課有關的專業說明會，讓想要成為中小學教師的大學生了解中小學教師專業學程的修課規定，以及成為正式中小學教師需要完成的事項。一般的大學師資培育中心都會針對通過中小學教育學程甄試的學生，給予一本專業的學習

護照，讓師培生了解在未來學習生涯中，需要完成哪些事項與流程。

(八) 開設各類型師資培育課程

依據教育部的規定，中小學教師教育學程需要開設各種專業與專門課程，讓師培生依據通過的學程類型進行專業課程的學習。小學教師的專業課程需要修畢 48 學分，中等教育學程需要修畢 26 學分，才能參加國家教育研究院舉辦的教師資格檢定考試。

(九) 檢核各類型師培生修課與應該參與的活動類型

各類型師培生在選修教育專門課程之外，各大學還會規範師培生需要完成各種類型的活動，才能完成中小學教育學程。例如：有些大學會規範師培生寒暑假要參加各級中小學的「假期育樂營活動」、參加師培中心辦理的「史懷哲計畫」，以及出席各輔導區中小學辦理的「學習扶助計畫」等等。

(十) 檢核並完成中小學準教師所需條件

各大學師資培育中心，需要針對每年度辦理的中小學師資培育，設立各種制度與檢核系統，幫助想要成為中小學教師的大學生，可以透過系統的實施與檢核，順利完成各種中小學教師所需條件。大學的師培生，除了原先選修的大學課程學習之外，也需要加上成為中小學教師的「外加課程」，因此在大學階段的學習生活中，勢必比一般大學生還忙碌。因此，如何在忙碌的大學生活中，順利完成大學畢業所需課程，以及成為中小學教師所需要的專業課程，需要學校相關單位給予專業的協助，也需要大學生自己針對未來的生涯發展做成各種有效率的生涯決定。

(十一) 順利通過中小學學程甄試的要領與訣竅

大學階段想要在未來成為中小學教師，各大學師培中心的學程甄試決定重要的關鍵因素。如果無法通過各大學師培中心的甄試，就無法在學校選修中小學教育學程，成為正式的中小學教師。因此，在中小學學程的甄試中，需要透過各種方法和努力，通過學程的甄試才能取得「入場券」。

1. 看清楚學程甄試的簡章

各大學的師培中心，會依據每個新年度教育部規範學校可以培育的中小學教師類科與名額，在新的年度公布中小學學程甄試的簡章。簡章內容包括甄試的類科、甄試的人數、甄試的日期、甄試的形式、甄試的時程等。因此，想要從事中小學教師工作的大學生，必須將師培中心公告的簡章好好的看清楚，並且納入生涯規劃的重要期程中（參見附錄 2）。

2. 學程甄試的方式有哪些

一般大學師資培育的甄試方式，會依據實際上的需要，選擇使用筆試或口試的方式進行。如果報名的人數比較多的話，就會選擇採用筆試的方式；如果報名人數比較少的話，就會選擇採用口試的方式。不管大學師培中心採用哪一種方式，想要從事中小學教學工作的學生，都需要先熟悉中小學學程甄試的方式，並且針對師培中心的甄試方式，積極的準備學程甄試以取得師資培育課程的「入場券」。

3. 學程甄試要考什麼科目

大學師資培育中心在決定修選學程課程人數之後，會依據報名的人數進行甄選工作。以臺南大學師培中心為例，由於想要選修小學教育學程的人數相當多，所以歷年來都採用筆試的方式進行甄試。想要參加學程甄試的各系所學生，就需要了解歷年來的學程甄試筆試考什麼科目（參見附錄 2）。從表 1-1 可以看的出來，臺南大學師培中心歷年來的甄試，在科目上包括教育理論、教育心理學、課程與

教學、國語文、數學等幾個科目；在考試科目的比例上面，依序為數學 30%、國語文 20%、其他科目 20%、教育理論 10%、教育心理學10%、課程與教學 10%。

表 1-1

臺南大學 112 學年度學程甄試科目內容分析表

科目比率 學年度	教育理論 題數	教育心理 學題數	課程與教 學題數	國語文 題數	數學題數	其他題數
112 學年度	5（10%）	5（10%）	5（10%）	10（20%）	15（30%）	10（20%）
111 學年度	5（10%）	5（10%）	5（10%）	10（20%）	15（30%）	10（20%）
110 學年度	5（10%）	5（10%）	5（10%）	10（20%）	15（30%）	10（20%）

4. 學程甄試要考什麼內容

　　一般而言，各大學師培中心舉辦的學程甄試，如果採用筆試型式的話，基於甄試流程的便利性，都會採用選擇題的方式進行甄試。因此，在準備各大學學程甄試筆試時，需要花一點時間到就讀的大學師培中心，將歷年的甄試考古題下載之後，依據準備考試的需要整理考古題。將各校師培中心甄試的考古題好好地熟讀，以備甄試之所需。

5. 學程甄試要從哪裡準備

　　未來想要從事中小學教學工作的大學生，需要了解就讀大學能培養哪一個階段的教師，學校師培中心在甄選師培生的制度上具有怎樣的特色，未來的師培生甄選採用筆試或口試的方式進行。如果採用筆試的方式進行，筆試的試題是怎麼形成的？筆試科目包括哪些科目、哪些重點等。針對學校甄選的筆試歷年試題進行考試科目的分析，再從可能命題的方向積極的準備。

6. 學程甄試怎樣獲取高分

　　參加學校師培中心舉辦的學程甄試，需要花一點時間讀專業方面的書，熟悉各種教育理論與方法。想要在甄試中得到高分的話，建

議將就讀大學師培中心歷年的甄試考古題下載，好好地熟讀幾遍。此外，由於甄試筆試採用選擇題，而且包括教育理論與國語文、數學等科目，所以建議從國家教育研究院的教師資格檢定考試下載歷年的考古題加以熟讀。

7. 學程甄試有效讀書方法

如果準備參加就讀學校師培中心的中小學學程甄試，就需要先了解學校師培中心培育的是小學教師（包班制）、中等學校教師（分科教育）等，再參考自己的科系（或資格）可以參加哪一類型的學程甄試。當決定可以參加甄試的類型之後，就需要從就讀學校的師培中心下載歷年的甄試考古題，進而分析考試的學科，展開有系統的讀書。此外，還需要上國家教育研究院的網站下載歷年考試試題（含解答）（https://tqa.rcpet.edu.tw/TEA_Exam/TEA03.aspx），經過整理之後詳加閱讀。

8. 學程甄試有效準備方法

參加就讀學校學程甄試前，需要做一些考試前的功課，例如上學校師培中心的網站了解甄試的簡章，分析考試的內容與學科，針對歷年考古題進行考試前的準備。其次，甄試前要請教學校有經驗的學長（姐），需要閱讀哪些專書、哪些重要的資料，如果是口試的話需要如何準備，有哪些是需要特別注意的。以臺南大學為例，在筆試方面由於考數學的比例相當高（30%），對於人文社會科學系的學生是需要花一點時間準備的，如果基礎數學程度不好的話，就需要找一些數學成就比較高的學長（姐）幫忙指導數學的準備，必要時要花一些些費用請「一對一指導」的家教。

中小學學程甄試是取得中小學教師資格的入場券，沒有這一張入場券，想要成為中小學教師是不可能的。有了這一張入場券，才能依據甄試合格的學程類型選修中小學教育學程課程，透過課程的選修與學習，進入成為中小學教師的教育系統中。因此，學程的甄試是成為中小學教師的「重中之重」，想要成為中小學教師，就需要透過各種

方式的努力，通過就讀大學師培中心辦理的「中小學學程甄試」。

四 選讀中小學教育學程課程

依據教育部對各大學師資培育規範，中小學的培育學程課程，在選修學分方面各有不同的規範。當師培生取得中小學教育學程選修資格後，就需要針對自己未來擔任的教師類型，選擇適合自己的學程課程。有關中小學教育學程課程的規範與內容，詳加說明如下：

(一) 小學教育學程專業課程內容

在小學教育學程方面，目前選修課專業課程（參見附錄3）方面：以臺南大學師培中心規範的小學教育學程為例，在師培第一年，在專門課程至少3領域10學分；教育基礎課程8學分；教育方法課程12學分；其他2學分。

師培第二年在專門課程方面，教育實踐至少16學分；實地實習至少72小時。以上共計必須修48學分，才能參加國家教育研究院舉辦的教師資格檢定考試。

(二) 中等教育學程專業課程內容

在中等教育學程專業課程方面，中等學校教育學程教育基礎課程（每科2學分）必修4學分（至少4科選2科）：(1) 教育心理學；(2) 教育哲學；(3) 教育社會學；(4) 教育概論。

中等學校教育學程教育方法學課程（每科2學分）必修6學分（至少6科選3科）：(1) 教學原理；(2) 班級經營；(3) 教育測驗與評量；(4) 教學媒體與操作；(5) 課程發展與設計；(6) 輔導原理與實務。中等學校教師教育學程教育實習課程（4學分）皆為必修：(1) 分科／分

領域教學實習；(2) 分科 / 分領域教材教法（參見附錄 4）。

此外，在選修參考科目：中等學校教師教育學程選修 12 學分由各校依其師資及發展特色自行開設。

(三) 幼兒園教師專業課程內容

在幼兒園師資學程專業課程方面，以臺南大學師培中心規範的學程，在專門課程方面需要選修 4 學分；教育基礎課程 15 學分；教育方法課程 17 學分；教學實踐 20 學分；實地實習至少 54 小時，師培生可以選擇「先實習後檢定」或「先檢定或實習」。

依據上述相關規定，想要成為中小學教師，就需要就讀師資培育的大學，蒐集相關的師資培育規範，再結合自己的興趣與專長，以及就讀的科系（所），作為將來參加師培甄試與研修教育專業課程的參考。

(四) 選讀中小學學程課程之要領

中小學教育學程課程內容，依據培育的教師類型而有不同的規定，當師培生通過各大學師培中心辦理的師資培育甄試之後，就要依據相關的規定，選修師培中心和各系開設的專業課程。例如：通過小學教育學程甄試的師培生，就需要修滿 48 學分，以及師培中心規範的各種活動（例如寒暑假育樂營、史懷哲計畫等），才能完成小學教育學程，參加教師資格檢定考試，取得實習教師資格。因此，建議師培生在通過教育學程甄試之後，需要依據師培中心提供的選修課程圖（如附錄 3），安排各學期的教育學程修課計畫；此外，針對自己通過的教育學程甄試類型，為自己建立一本「學程修課護照」記錄各學期修課的情形，作為成為中小學教師學習專業課程的紀錄。

(五) 先檢定後實習之規範

依據目前教育部針對師資培育的規定，各類型的師培生都需要先修完教育專業課程，而後，通過國家教育研究院辦理的教師資格檢定考試，及格之後才能到實習學校實習（參見圖 1-3）。如果完成教育學程當年未能通過教師資格檢定考試，只能等待隔年的資格檢定考試，虛耗一年的等待時間。因此，教師資格檢定考試一定要通過，才能取得到學校實習的資格。有關教師資格檢定考試的準備，請參見本書「貳、教師資格檢定考試準備篇」。

圖 1-3
師培中心先檢定後實習流程圖（師資生含師資培育生、教育學程生）

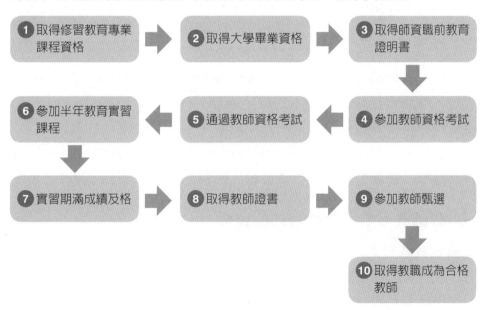

五 參加教師資格檢定考試

　　各大學師資培育學生，在完成中小學教師教育學程之後，再參加教師資格檢定考試，通過之後才能取得到各學校實習的資格。有關教師資格檢定考試的制度與辦法，簡要說明如下：

(一) 依據

　　教師資格檢定考試辦理的依據：(1) 現行師資培育法；(2) 高級中等以下學校及幼兒園教師資格考試辦法（以下簡稱考試辦法）；(3) 高級中等以下學校及幼兒園教師資格考試命題作業要點（以下簡稱考試作業要點）。

(二) 辦理的方式

　　教師資格檢定考試辦理的方式，依據現行的師資培育法第 10 條規定，教師資格檢定，依下列規定辦理：(1) 教師資格考試：依其類科取得修畢師資職前教育證明書或證明者，始得參加；(2) 教育實習：通過教師資格考試者，始得向師資培育之大學申請修習包括教學實習、導師（級務）實習、行政實習、研習活動之半年全時教育實習。

(三) 教師資格檢定考試方式與資格

1. 檢定考試方法

　　依據教師資格檢定考試辦法第 2 條規定，高級中等以下學校及幼兒園教師資格考試（以下簡稱本考試），以筆試行之；每年以辦理一次為原則。

2. 報名考試資格

　　依據考試辦法第 3 條規定，中華民國國民、外國學生、僑生及港澳學生修畢師資培育之大學規定之師資職前教育課程，取得修畢師資

職前教育證明書，或中華民國國民依本法第 9 條第一項規定取得修畢師資職前教育證明者，得依證明書或證明所載之類科別，報名參加本考試。

(四) 資格檢定考試科目

　　依據教師資格檢定考試作業要點第 3 條規定，各類科應試科目除國民小學類科爲 5 科外，其餘類科爲 4 科，包括共同科目 2 科至 3 科及專業科目 2 科，應試科目名稱及命題範圍如下：

1. 共同科目

(1) 國語文能力測驗：包括「國文」、「作文」、「閱讀」、「國音」等基本能力。

(2) 教育原理與制度：教育原理包括「教育心理學」、「教育社會學」及「教育哲學」等；「教育制度」包括與本教育階段相關的制度、法令與政策。

(3) 數學能力測驗：包括「普通數學」及「數學教材教法」；其僅適用於國民小學類科。

2. 專業科目

(1) 幼兒園部分

① 幼兒發展與輔導：包括「生理發展與保育」、「認知、語言發展與輔導」、「社會、人格發展與輔導」等。

② 幼兒園課程與教學：包括「幼兒教育課程理論」、「課程設計」、「教學原理與設計」、「教學環境規劃」、「教學與學習評量」等。

(2) 特殊教育學校（班）

① 特殊教育學生評量與輔導：包括「評量策略」、「評量工具」、「結果解釋與應用」、「特教學生鑑定與安置」、「各類特教學生身心特質」、「輔導」、「相關專業服務」、「家庭支援」等。

② 特殊教育課程與教學：

　　a. 身心障礙組：包括「特殊教育課程發展與設計（包括個別化教育計畫）」、「教學原理與設計（包括教材教法）」、「教學環境規劃（包括輔助性科技）」、「學習評量」等。

　　b. 資賦優異組：包括「教育與教學模式」、「特殊教育課程發展與設計（包括教學環境規劃）」、「教學原理與設計（包括個別輔導計畫）」、「學習評量」、「特殊族群資優生之課程與教學」等。

(3) 國民小學部分

① 兒童發展與輔導：兒童發展包括「生理」、「認知、語言」、「人格、社會」、「道德、情緒」；兒童輔導包括「主要諮商學派、輔導倫理」、「生活輔導（包括班級輔導）、學習輔導」、「適應問題與輔導」、「心理與教育測驗」。

② 國民小學課程與教學：包括國民小學「課程發展與設計」、「教學原理與設計」、「班級經營」、「學習評量」等。

(4) 中等學校部分

① 青少年發展與輔導：青少年發展包括「生理」、「認知」、「人格、社會」、「道德、情緒」；青少年輔導包括「主要諮商學派、輔導倫理」、「發展性輔導（包括生活輔導、學習輔導、生涯輔導）」、「適應問題與輔導」、「心理與教育測驗」。

② 中等學校課程與教學：包括中等學校「課程發展與設計」、「教學原理與設計」、「班級經營」、「學習評量」等。

(五) 成績計算方法

依據教師資格檢定考試辦法第 9 條規定，本考試各類科各應試科目以 100 分為滿分；其符合下列各款規定者為通過：(1) 應試科目總成績平均滿 60 分；(2) 應試科目不得有二科成績均未滿 50 分；(3) 應試科目不得有一科成績為 0 分。此外，缺考之科目，以 0 分計算。考試結果經中央主管機關所設教師資格考試審議會審查通過者，始得向師資培育之大學申請修習教育實習。

(六) 合格證書發放

參加教師資格檢定考試，依據目前師資培育法第 11 條規定，符合下列各款資格者，由師資培育之大學造具名冊，送中央主管機關發給教師證書：(1) 取得學士以上學位；(2) 取得修畢師資職前教育證明書或證明；(3) 通過教師資格考試；(4) 修習教育實習成績及格。

有關中小學教師資格檢定考試的準備要領與訣竅，請參考本書「貳、教師資格檢定考試準備篇」。

六 取得教師實習資格

在通過教師資格檢定考試，取得合格教師實習資格之後，接下來就是依據自己的需要和學校的規定，選擇適合自己的半年實習學校。

(一) 為期半年的實習制度

依據相關規定，目前要取得正式中小學教師證書，需要在資格檢定考試通過之後，再到適合的中小學進行為期半年的實習，實習經過考核及格之後，才能取得正式中小學教師證書。因此，各大學師資培育中心都會依據該校培育的中小學教師制度，設立各種實習輔導單位

與實習輔導制度，輔導師培生完成各個項目的實習活動。

(二) 怎樣選擇實習的學校

具有師資培育功能的大學，都會設置師資培育中心，屬於學校行政單位（部分學校歸屬學術單位），負責師培生的各種行政業務和輔導工作。在中小學實習學校方面，大學會依據學校的屬性和師資培育的需求，和鄰近的各個中小學簽訂「教育實習輔導合約」或「專業發展合作學校」等，提供大學師培生作為半年實習輔導選擇之用。如果實習教師想要選擇的實習學校，和就讀的大學沒有簽訂合作關係，實習教師可以到中小學與相關的行政人員協商，是否可以提供未來半年的實習輔導機會，如果當地學校願意的話，也可以和就讀的大學簽訂專業合作輔導關係之合約。

(三) 實習期間要學些什麼

實習半年期間，準教師需要在簽訂實習合作的中小學進行專業方面的實習，並且接受輔導。實習內容一般包括班級教學實習與行政實習二個部分。在班級教學實習方面，實習輔導學校會安排一位實習輔導教師，讓實習教師進入指定的班級進行實習；在行政實習方面，實習輔導學校會依據實習教師的專長和學校的行政運作需要，安排實習教師到學校各處室進行行政方面的觀摩與學習。

(四) 實習和實習指導教師

師培生到認可的實習中小學實習，就讀的大學師培中心會遴選適合的各科系教授擔任實習指導教師；實習的中小學也會遴選具有相當經驗的教師擔任實習輔導教師，進行實習指導工作。因此，師培生在為期半年的實習期間，需要和實習指導教師與實習輔導教師維持密切的聯繫，並且接受專業方面的指導。有關實習指導相關的辦法，請參考就讀大學師培中心的網站相關之規範。例如：臺南大學師資培育

中心有關實習的規範，請參考下列網站：https://phpweb.nutn.edu.tw/cte/service2_5.html

(五) 實習和實習輔導教師

在中小學實習的半年期間，當地學校會依據實習的性質、實習生的需要等，選派一位具有實習輔導經驗的教師，擔任實習輔導教師的工作，在半年期間，實習生需要在實習輔導教師的班級進行各種班級經營與教學方面的學習，聽從輔導教師的各種專業輔導工作。

(六) 實習期間的行政實習

在中小學實習學校進行為期半年的實習，行政實習是其中的一部分，在學校行政實習的內涵，主要是引導實習教師在實習期間先了解一下學校行政的梗概，以利未來成為正式教師之後，對於學校的行政有一些基本的認識。行政實習的內涵，包括怎樣處理公文、撰寫學校的計畫、行政處室的職責、兼任行政工作的權利義務等。透過學校行政實習的機制，可以提供實習教師在學校行政方面的學習機會，提升本身的行政能力。

(七) 實習期間的教學實習

中小學實習期間的教學實習，主要是在實習學校中，需要進入班級觀察實習輔導教師的班級教學活動，了解班級教學的現況與教學實踐，透過班級教師的輔導，了解班級教學的實際情況。在實習期間的教學實習，就讀的大學師培中心會安排實習指導教師，進行為期半年的輔導。依據實習指導辦法規定，實習指導教師在學期中需要至少到校指導實習教師二次，實習教師在實習結束前，需要辦理教學觀摩活動一次。

(八) 實習期間注意事項

半年的學校實習是成為中小學教師重要的階段，也是教學學習與行政實習的重要關鍵，準教師在中小學實習期間，可以向實習輔導教師學習班級經營與班級教學的要領與訣竅，同時了解中小學的生態，深入了解目前中小學的運作情形，以及將來成為正式教師的工作場所。因此，除了要遵守實習的相關規定，也要將各種實習規範牢記在心，避免違反實習的相關規範，而導致需要重新實習的現象。一般的實習規範條文與正式教師的規範是一樣的，例如請假的規範、身為教師的規定、師生相處的規範、教師的權利義務等；此外，師資培育大學師培中心會針對教師實習擬定各種規範，實習教師必須遵守師培大學針對實習定下的各種規範，以及需要完成的各種事項（含專業表格等）。

七　參加實習學校之實習規範

各師資培育大學之師培中心，為了規範中小學實習教師，輔導學生如期完成各種實習規定，會依據教育部的師資培育法規，制訂各種教育實習規範，要求實習教師一定要如期完成各項實習活動並形成紀錄。有關參加實習學校之實習規範，詳加說明如下：

(一) 全國教育實習資訊平台

師資培育大學之實習教師完成各種教育專業課程之後，通過教師資格檢定考試，取得中小學教師實習資格之後，師資培育大學就會辦理各種實習規範說明會，讓實習教師可以熟悉未來學校實習的各項規定。首先，實習教師必須到全國教育實習資訊平台上傳各種資料（網站：https://eii.ncue.edu.tw/）。上述的教育實習資訊平台會將各種實

習規範、法規、公告事項等，公布在網站上提供實習教師參考。

(二) 實習期間返校座談規定

　　一般師資培育大學之師培中心，會訂定實習教師實習期間各項規範。在實習教師返校座談方面，以臺南大學為例，一個學期中會規範「全校實習教師返校座談」與「各組返校座談」的時間。在學期中會有二次返校座談的時間，在返校座談中會說明各種實習規定、實習法規等共同性的問題；除了全校性的返校座談之外，各實習小組每個月會有一次返校座談，座談時間由實習指導教師與實習教師約定返校座談時間，並且形成座談紀錄上傳到教育實習資訊平台。

(三) 教育實習訪視實施規範

　　在中小學實習教師到學校實習期間，師資培育學校會規定實習指導教師，在一學期中需要到實習學校訪視實習教師二次，並且填寫教育實習訪視紀錄表（參見附錄 7），記錄實習教師的在校實習情形、實習的實際情況，以及遇到需要協助的狀況。因此，實習教師在返校座談時，需要和實習指導教師約定到校進行教育實習訪視的日期和時間，並且通知實習學校的校長、主管、實習輔導教師。

(四) 申請任教年資抵免教育實習

　　在教育實習方面，如果實習教師有任教年資，就可以申請任教年資抵免教育實習（請參見附錄 8）。其流程包括：(1) 通過教師資格檢定考試；(2) 任教年資至第 4 學期向師資培育之大學申請抵免教育實習；(3) 參加教學演示並通過；(4) 師資培育之大學發給教學演示及格證明；(5) 任教滿 2 年，檢附相關文件予師資培育之大學；(6) 師資培育之大學審核通過後，發給同意抵免教育實習證明，並造具名冊，送中央主管機關發給教師證書。

(五) 實習教師請假及相關規範

實習教師在實習學校進行教育實習，有關的請假規定比照一般正式教師，在事假和病假方面的規定，請參考正式教師的差假管理辦法。此外，以目前的實習辦法（2023 年），實習教師在實習期間每個月發給新臺幣 5,000 元的實習津貼。實習教師如果在實習期間請假日數超過規定，則由師培大學之師培中心與實習中小學共同決定是否讓實習生通過實習規範，取得正式教師證書。

(六) 因為各種因素終止教育實習

在中小學實習期間，實習教師如果因為各種因素，導致無法完成半年的實習，就需要向師資培育的大學與實習的中小學提出終止實習申請（有關終止教育實習的申請表參見附錄 9）。如果因為各種因素終止教育實習，需要在隔一學期再度向師培大學之師培中心提出申請，並且知會原來（或更換實習學校）的主管或相關人員，取得同意之後才能再度進行教育實習。

八　通過考核取得合格教師證書

擁有合格教師證書之後，可以到國內各縣市參加教師甄試，成為正式教師。以目前的中小學教師相關規定，如果擁有合格教師證書，可以到各縣市參加教師甄試，或者參加各縣市的代理代課教師甄試，在待遇方面和一般正式教師的待遇是一樣的。如果沒有正式教師證書的話（或沒有修過教育學程學分），到各縣市擔任代理代課教師的話，薪水和待遇都要打折扣。

(一) 中小學實習學校的要求與規範

　　實習教師到中小學實習期間，除了法規有所規範的實習辦法之外，也應該要了解中小學對於實習教師的輔導辦法，要求實習教師需要完成哪些實習任務，避免因為不了解實習學校的規範，或者對於相關的規定有所誤解，導致實習成效無法達成而影響正式教師資格的取得。例如：正常的實習期間是每一學期 8 月 1 日到隔年的 1 月 31 日止，在中小學暑假期間有一些學校的行政事務，需要教師和學生一起來處理，例如：學校環境打掃、新學期教科書的發放、班級教室的整理等，這些學校事務雖然沒有規範在實習輔導辦法中，但仍是需要實習教師協助的行政事務，實習教師應該給予適當的協助。

(二) 各師資培育大學的要求與規範

　　各師培大學都會針對中小學實習制度，依據教育部的師資培育法，訂定各種實習的要求與規範，輔導實習教師順利完成中小學實習工作。因此，中小學實習教師應該要了解師培大學訂定的教育實習要求與規範，在實習期間嚴謹地遵守各個規定，才能在為期半年的學校實習中，依據各種實習的規範完成實習。例如：臺南大學要求小學實習教師，在實習期間必須遵守實習學校的規定，實習期間每個月都需要返校座談，在實習期間需要辦理一場教學觀摩等等。

(三) 將實習要求與規範列成行事曆

　　準教師在通過各大學師培中心甄選之後，需要在幾年之內完成選修教育學分的課程，在完成修課之後通過教師資格檢定考試，到中小學進行為期半年的教育實習，需要遵守各種要求與規範，才能取得正式合格中小學教師證書。因此，實習教師應該將實習要求的規範列成一個完整的計畫行事曆，透過系統性的自我監督，完成教育實習各種規定。

(四) 遵守實習法規與實習要求規範

目前教育部針對中小學師資培育，訂有相關的法規與規範，各師資培育大學之師培中心會依據該學校獲准的師資培育類型，訂定各種教育實習的規定和規範。通過中小學教育學程的準教師，應該要熟悉教育實習法規與規範，依據個人的生涯發展與規劃，完成各種實習法規和規範的要件。以循序漸進的方式完成教育實習，並取得正式中小學教師資格與證書，進而參加各縣市教師甄試。

(五) 通過實習檢核並取得合格教師

在中小學進行教育實習期間，除了要遵守師資培育大學之師培中心針對教育部師資培育辦法要點訂出來的實習規定，也要了解實習中小學為實習教師訂定的實習輔導辦法，遵守中小學實習教師的規範，準時完成各項實習工作的作業，才能通過實習檢核並取得合格教師證書，進而參加各縣市辦理的教師甄試，成為正式合格的教師。

九 參加縣市教師甄試

在完成為期半年的學校教育實習之後，通過師培大學實習機構的檢核，以及實習中小學實習輔導考核之後，就可以完成教育實習取得正式教師證書，進而參加各縣市舉辦的中小學教師甄試。

(一) 縣市教師甄試辦理的時間

一般來說，各縣市辦理中小學教師甄試，都會在每年的 5 月到 7 月底前，以利在當年的 8 月份，將各縣市中小學教師的缺補好，以便各級中小學開學時，不會有教師缺額的問題。因此，準教師在取得正式合格教師資格之後（通常是每年度的 2 月份），就需要立即

準備報名各縣市的教師甄試（有關各縣市教師甄試的相關訊息，詳見本書「參、教師甄試考試準備篇」。在準備各縣市教師甄試報名時，比較理想的方式是邀請三五好友成立「教師甄試群組」，大家相互幫忙、相互提攜，隨時掌握各縣市教師甄試辦理的訊息。以桃園市為例，112 年度的中小學教師甄試，簡章的主要內容公布於網站上面，內容包括報名時間、繳費、教師甄試行事曆等（file:///C:/Users/User/Downloads/(1120417%E5%85%AC%E5%91%8A%E7%89%88)+%E6%A1%83%E5%9C%92%E5%B8%82112%E5%B9%B4%E5%BA%A6%E5%9C%8B%E6%B0%91%E5%B0%8F%E5%AD%B8%E6%95%99%E5%B8%AB%E8%81%AF%E5%90%88%E7%94%84%E9%81%B8%E5%88%86%E7%99%BC%E7%B0%A1%E7%AB%A0%20(1).pdf）。

（二）縣市教師甄試考試的內容

　　各縣市的中小學正式教師甄試，縣市政府教育局會在學年開始，調查縣市內各中小學教師的名額，以及未來需要補實的教師名額，進而提出年度需要甄試的教師名額。在新年度開始時，各縣市教育局就會依據年度需要的教師名額，擬定正式教師甄試的簡章，並且在縣市教育局的網站上公告教師甄試的行事曆，內容包括需要的教師人數、中小學的教師額度、教師甄試時間、教師甄試的形式、教師甄試考試的範圍等。依據過去的經驗，各縣市甄試中小學教師，在考試的形式方面，包括教育專業科目筆試、口試、試教等三個重要的部分。準教師可以依據各縣市教育單位公布的教師甄試簡章，作為準備教師甄試的參考依據。

（三）縣市教師甄試準備的要領

　　在完成為期半年的中小學教育實習之後，通過師資培育大學之師培中心的檢核，以及實習中小學學校的考核之後，需要通過行政部

門的申請，取得合格中小學教師證書。接下來，就是參加各縣市中小學教師甄試，在縣市中小學教師甄試的準備方面，準教師需要掌握各縣市教師甄試的訊息，了解縣市教師甄試報名的期限與相關規定。以臺南市 112 年小學教師甄試爲例，在簡章中標示筆試（包括臺南市文史、教育專業科目等）、口試、試教等三個項目。因此，準教師如果有意願未來到臺南市擔任小學教師，就需要看清楚小學教師甄試簡章的主要內容，包括報名日期、繳費規定、甄試行事曆、考哪些項目、基本規定等，作爲小學教師甄試的準備參考。

(四) 縣市教師甄試的讀書要領

一般而言，各縣市中小學教師甄試的辦理，都會在甄試的前一年（或半年）透過相關的會議，確定教師甄試的重要行事曆，並且在相關的網站上公告。歷年來，各縣市中小學教師甄試爲求嚴謹、避免不必要的困擾，都先以筆試作爲甄試的門檻，通過筆試之後才能參加後續的口試與試教。因此，在縣市教師甄試的筆試方面，建議將該縣市歷年的教師甄試考古題從網站下載下來存檔，了解中小學教師甄試筆試出了哪些題目？哪些科目的試題？哪些領域的題目？等等，作爲中小學教師甄試準備的題材。有關縣市教師甄試的讀書要領，請參考本書「參、教師甄試考試準備篇」。

(五) 縣市教師甄試通過的要領

目前各縣市中小學教師甄試，爲了力求公平公正起見，在甄試的類型方面，會採用筆試作爲初試的門檻，通過筆試之後依據比例錄取（例如需要 100 位，初試錄取 200 位）參加複式的口試與試教。因此，在第一關筆試方面取得合格錄取，在教師甄試中是相當重要的關鍵。通過第一關之後，接下來就是複試，複試包括口試與試教，在複試的成績計畫方面，有些縣市計算筆試成績，部分縣市只計算口試與試教的成績，不同的計算方式就有不同的結果。因而，在參加各縣市

中小學教師甄試時，要針對不同的規範做不同的準備。比較理想的方式是一定要在筆試時取得比較高的成績，才能在複試時通過考試成為正式教師。

十 給實習教師的幾點建議

擔任中小學教師的工作，是一種選擇也是一種決定，影響個人的生涯發展與生涯決定。以目前國內的各行各業薪水待遇，以及生涯發展而言，中小學教師的待遇與福利，算是比較高報酬的待遇。在沒有更好的職業選擇時，可以考慮透過各種甄選制度，取得正式合格中小學教師證照，作為後續生涯發展的參考。

(一) 選擇一個適合自己的生涯路

參加學力測驗或指定科目考試之後，選擇就讀的大學科系，就會影響未來的生涯發展。國內目前的各行各業，雖然和大學就讀科系不一定有很密切的關係，然而大學科系選擇就讀，影響學生未來的生涯發展。因此，選擇一個適合自己特質的職業，對於未來的生涯路具有重要的關鍵因素。

(二) 為未來決定一個有效的計畫

想要成為中小學教師，就需要了解就讀大學之師培中心可以培育哪些中小學教師，再思考目前自己就讀的科系，如何取得中小學教師培育的資格，透過這些思考加上自己的讀書計畫，慢慢地在未來的師資培育中，選修各種中小學師資培育專業課程。透過自己有效的學習計畫，配合中小學教育學程的學習，可以慢慢地朝向正式中小學教師的生涯發展。例如：臺南大學的師培中心可以培育小學教師、中學教師（輔導類科、藝術表演類科等），臺南大學的學生可以針對師培中

心可以培育的中小學教師類型，結合自己就讀的系所（例如音樂系）所需，以及自己的專長（或興趣），選擇未來希望成為的教師類型，為自己擬定一個相關的計畫，慢慢朝向自己喜歡的教學生涯發展。

(三) 針對師培大學選擇自己的未來

在大學就讀期間，需要持續的思考自己的未來、自己的生涯發展、自己的職業選擇。有機會在師培大學就讀，是一種職業選擇與決定上的優勢，可以讓自己的生涯決定更為明確。透過中小學師資培育甄選，可以讓自己的未來更為明確。中小學教師目前的待遇與福利，相對於一般行業而言，屬於比較高報酬的職業。有機會成為中小學教師，是一種很好的生涯選擇，也是一種很好的職業決定。

(四) 熟悉師資培育各種培育計畫

在師資培育大學就讀有機會成為師培生，將來欲從事中小學教學工作，需要針對自己未來的生涯發展做妥善的規劃。例如：通過小學教育學程甄選之後，就需要針對小學教育學程的相關規範，做好自己學習上的規劃。例如：大學畢業需要修多少學分，加上小學教育學程需要修多少學分，這些學分的選修和學習，要如何分配在大學幾個年度的課程上；此外，選修小學教育學程之外，還需要參加哪些規定的活動（例如學習輔導活動、假期育樂營活動等）。

(五) 做任何事情都需要全力以赴

中小學教師和一般行業需要的專業能力和行為規範，因為職業的不同而有不同的標準。在師資養成階段，除了教育專業課程的學習之外，也應該要針對未來成為中小學教師做各種專業方面的準備。例如：熟悉師資培育大學之師培中心定下的規範，熟悉未來中小學的學校生態，了解未來擔任中小學教師在班級經營與教學技巧方面的各項能力。上述的這些教育專業能力，都需要在平時的課程學習上，積極

用心且專心的學習，以養成各種教育專業能力。

(六) 讓自己的學習成長更為專業

　　大學學習階段，不管是專業課程或專門課程的學習，都需要全力以赴，才能將大學所學轉化成為未來職場需要的技巧與能力。以未來要擔任中小學教師為例，在大學學習階段除了系所畢業所需的能力養成之外，也應該針對未來到中小學任職的核心素養，做各種學習上的準備和努力。針對中小學教學生態需要的能力，做各種職前的模擬學習，進而培養任職時需要的各種能力。中小學教學現場需要具備的能力，需要在進入職場前就充分準備，避免到教學現場之後遇到問題才急就章的翻經閱典，尋找各種解決的方案。

(七) 用對方法因應各種未來發展

　　在成為中小學教師之前，從各種學程甄試、選修中小學教育學程、參加教師資格檢定考試、取得實習教師資格、到中小學進行實習半年、完成實習取得正式教師資格、參加各縣市教師甄試、成為正式合格教師等幾個階段，需要準教師積極努力，且要用對各種方法才能因應未來的發展。對於實習教師而言，用對專業方法相當重要，加上自身的積極努力才能取得正式教師資格，邁向正式合格教師生涯。因此，實習教師除了在課程學習上需要努力之外，也應該針對成為正式教師做各種的努力。

(八) 透過學習成長成為一種專業

　　大學階段的學習，除了積極吸收各種學科學習知識，作為未來職場工作上的準備之外，應該讓學習成為一種專業能力的培養。未來，到工作職場上才不會因為專業能力欠缺而導致謀職的困難。以中小學教師為例，除了教育專業科目知識上的學習，還需要將專業知識轉化成為專業技術，因應中小學教學現場上的需要。在職前的學習方面，需要在各學科的學習方面，熟悉知識技能以利教學現場上的運用。

教師資格檢定考試準備篇

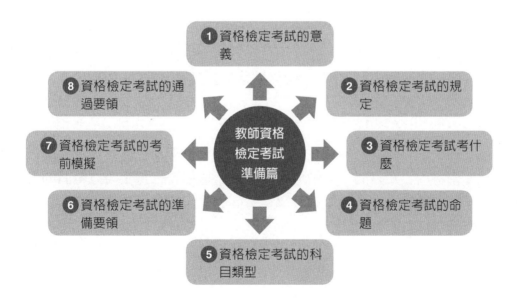

　　教師資格檢定考試是進入中小學擔任教師的入門磚，通過資格檢定考試之後，才能取得實習教師的資格，進入中小學進行為期半年的實習，實習成績及格之後，取得正式教師證書，參加各縣市中小學教師甄試。因此，資格檢定考試是決定未來是否成為正式教師的關鍵，想要成為中小學教師的學生，就需要努力在資格檢定考試上的準備。本章重點在於說明教師資格檢定考試準備，內容包括考試的規定、內容、科目、規範、題目、準備要領等。茲詳加說明如後。

資格檢定考試的意義

(一) 依據師資培育法實施

　　教師資格檢定考試的辦理，係依據師資培育法第 11 條第二項及教師法第 8 條規定辦理。主要用意在於透過筆試方式，檢定準教師在教育學科方面的學科知識，作為核發中小學教師證書的依據。

(二) 考驗準教師的學科內容知識

　　中小學教師資格檢定考試實質上的意義，主要在於考驗準教師在教學學科內容知識的了解情形。換言之，透過資格檢定考試筆試的方式，了解準教師在各領域教育學科方面的學習情形，作為確保中小學教師教學品質的參考。

(三) 作為篩選的方式之一

　　中小學教師資格檢定考試，在學科分數方面，訂有相當程度的規範。例如第 8 條規範如下：「本考試各類科各應試科目以一百分為滿分，其符合下列各款規定者為及格：一、應試科目總成績平均滿六十分；二、應試科目不得有二科成績均未滿五十分；三、應試科目不得

有一科成績為零分。」如果準教師在資格考試方面未符合上述的標準，不得到中小學進行為期半年的實習，無法取得合格教師證書。

(四) 驗證教育學科的學習程度

中小學教師資格檢定考試，透過學科筆試的方式，驗證準教師在教育學科的學習程度，從學科筆試中可以了解基本教育知能的情形。由於定期辦理考試，準教師必須在考前做各主要學科的準備，透過閱讀了解學科內容知識。因此，資格檢定考試是驗證教育學科學習程度的重要方法。

(五) 統整教育相關學科知識

參加教師資格檢定考試，除了閱讀重要的考試科目之外，還必須整合各個教育學科的重要知識，才能通過資格檢定考試的要求標準。因此，資格檢定考試具有統整教育相關學科知識的功能，可以引導準教師在取得合格教師證書前，加強學科的學習與閱讀。

二　資格檢定考試的規定

(一) 先通過考試後實習

目前教育部的規定，修完師培課程的大學生（或研究生），必須通過當年的中小學教師資格檢定考試，才能到實習中小學進行為期半年的實習。因此，在修完師資培育課程之後，一定要通過教育部的教師資格檢定考試，否則的話還要等待一年，才能參加資格檢定考試。目前資格檢定考試一年舉辦一次（約在 6 月份），沒有通過當年的資格檢定考試，就無法到中小學實習，取得正式教師資格。

(二) 檢定考試及格規定

中小學教師資格檢定考試，是一種標準化測驗模式，而不是常模測驗。參加考試的師培生，必須要遵守檢定考試規定，且通過檢定考試的要求標準，才能到中小學進行為期半年的實習。如果當年度未通過資格檢定考試的師培生，還需要等待一年的時間，報名隔年的資格檢定考試。

(三) 資格檢定考試屬於標準參照測驗

一般而言，標準參照測驗指的是「在測驗項目的選擇、測驗過程、評分手續及評分標準方面都是經過標準化的測驗。」例如：資格檢定考試事先擬定之標準：(1) 應試科目總成績平均滿 60 分；(2) 應試科目不得有二科成績均未滿 50 分；(3) 應試科目不得有一科成績為 0 分；此外，缺考之科目，以 0 分計算。因此，稱之為標準化測驗。參加資格檢定考試之師培生，應該要事先了解測驗的規範與及格的標準，針對這些標準進行考試的準備。

(四) 資格檢定考試非屬於常模參照測驗

一般而言，常模參照測驗指的是「測驗結果的運用，依據測驗分數在團體中的位置而加以解釋應用。」例如：大學學力測驗、指定科目考試等，依據考生的考試成績作為決定是否錄取（獲錄取哪一個等級學校）的參考；例如國家高普考試，學科領域預計要錄取 20 位，測驗結束之後依據該學科領域考生得分最高 20 位作為錄取的標準。一般而言，如大學學力測驗、國家高普考試、月考、期末考等教師自編測驗等，都屬於常模參照測驗。

三　資格檢定考試考什麼

中小學教師資格檢定考試主要用意，在於確保未來擔任中小學教師的師培生，在學科專業方面能夠達到預期的標準，才能在專業發展生涯中成為專業化的教師。因此，教師資格檢定考試的科目和範圍係經過國內教育專業方面的專家，經過多次諮詢會議研討而定案。

(一) 資格檢定考試的科目分析

中小學資格檢定考試，包括「共同科目」與「專業科目」二個部分。在共同科目方面，包括國語文能力測驗、教育原理與制度、數學能力測驗等三個科目；在專業科目方面，依據中小學不同教師類型而有二門專業科目。

1. 共同科目分析

中小學教師資格檢定考試，在共同科目方面，包括國語文能力測驗、教育原理與制度、數學能力測驗等三個科目。在國語文能力測驗方面，考試的內容包括「國文」、「作文」、「閱讀」、「國音」等基本能力。教育原理與制度測驗方面，教育原理包括「教育心理學」、「教育社會學」及「教育哲學」等；「教育制度」包括與本教育階段相關制度、法令與政策。在數學能力測驗方面，包括「普通數學」及「數學教材教法」；其僅適用於國民小學類科。

2. 專業科目分析

教師資格檢定考試，除了上述的共同科目外，還有專業科目。專業科目的考試，依據不同類型的資格檢定考試，而有不同的科目要求。例如：國小教師資格檢定考試，專業科目包括兒童發展與輔導、國民小學課程與教學等二個科目。有關專業科目的內容分析，參見本書「壹、成為教師的生涯路」之教師資格檢定考試分析。

四 資格檢定考試的命題

中小學教師資格檢定考試，屬於測驗中的標準化測驗，意即事先擬定一個測驗及格標準，只要考生符合這個標準，就算是通過考試取得實習資格。中小學的教師資格檢定考試，目前規定是一年考試一次，而且在每年的 6 月初報名考試。中小學教師資格檢定考試的命題，目前採用的是由國家教育研究院透過學者專家邀請命題，命題完成之後由專家進行審題，進而建立教師資格檢定考試題庫。有關中小學教師資格檢定考試命題參見圖 2-1。

圖 2-1

中小學教師資格檢定考試命題流程圖

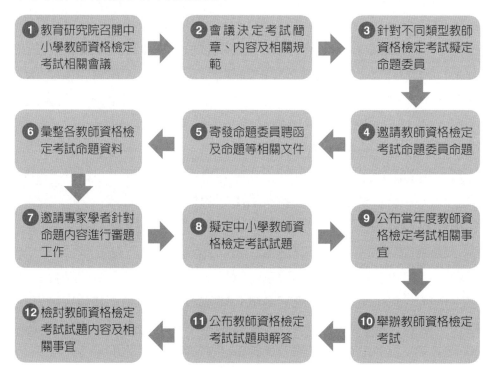

五　資格檢定考試的科目類型

　　中小學教師資格檢定考試，不同的學科擁有不同的學科知識。因此，在準備資格檢定考試時，要先熟悉中小學教師的檢定考試類型，哪些是共同科目？哪些是專業科目？針對不同科目做考前的準備。以國小教師資格檢定考試之共同科目國語文能力測驗為例，考試內容類型包括選擇題、綜合題、寫作等三個部分；教育理念與實務，考試內容類型包括選擇題、問答題、綜合題；學習者發展與適性輔導，考試內容類型包括選擇題、問答題、綜合題；課程教學與評量，考試內容類型包括選擇題、問答題、綜合題；數學能力測驗，考試內容類型包括選擇題、非選擇題、綜合題等。

六　資格檢定考試的準備要領

　　中小學教師資格檢定考試，是取得合格教師證必須經過的國家級考試。歷年來的考試通過率約在 50-60% 左右，以 112 年度的資格檢定考試為例，通過率為 51.64%。如果當年度的資格檢定考試未能通過的話，必須參加隔年的考試，通過檢定考試之後，才能參加未來六個月的學校實習。在教師資格檢定考試的準備方面，以下幾個重點提供準教師參考。

(一) 擬定完整的讀書計畫

　　參加教師資格檢定考試前，要為自己擬定一份完整的讀書計畫，鞭策自己在忙碌的學習生涯中，善用時間準備資格檢定考試。讀書計畫的內容，應該包括購買的專業書籍、每天的讀書進度、時間的

安排、各科目重點的彙整、同儕讀書分享的安排、每週的讀書規劃等，有完整的讀書計畫，並且確實地執行才能達到預期的目標。

(二) 系統性的讀書習慣

當讀書計畫擬定完成後，接下來就是要有系統性的讀書習慣。例如：每天要用多少時間讀書、每天讀書的順序如何、各種科目的閱讀方法與策略、考古題的彙整與練習計畫、每天利用哪些時段讀書等讀書習慣的養成。

(三) 選擇權威性的專業書籍

教師資格檢定考試的命題方式與形式，是一種相當嚴謹的過程。因此，準教師在準備資格檢定考試方面，專業書籍的選擇應該要以權威性的專業書籍為主，坊間或補習班出版的考試用書為輔。前者在知識方面的鋪陳，比一般考試用書的專業性高；後者是針對考試而出的專書，實用性比較強。而且，在閱讀的過程中，如果遇到專業的名詞或概念，就需要查閱經典的書籍。

(四) 善用歷年考古試題

歷年的資格檢定考試題目，可以在準備考試前，提供未來命題與出題的線索。透過歷年考古題的閱讀，可以彙整各科的重要學科內容知識。同時，可以用來讓讀者了解自己的閱讀成效如何。準教師可以到國家教育研究院的網頁，下載歷年考古題含解答，成為準備考試的必讀檔案，透過考古題的練習有助於強化讀書的效果。

(五) 熟讀學科內容知識

教師資格檢定考試的主要用意，在於透過學科內容知識的評量，強化準教師在教育專業科目方面的基本知能。因此，準備資格檢定考試時，對於考試科目的學科內容知識，要花更多的時間做系統性

的整理工作。並且經常性地利用時間，閱讀熟悉各學科的內容知識。例如：國小教師的資格檢定考試，內容囊括課程與教學、班級經營等科目。課程一科的內容知識，包括課程理論、課程實施、課程評鑑、課程發展、統整課程等；教學一科的內容知識，包括教學理論、教學方法、教學評量、教學計畫、教學策略、教學方法、教學研究等。

(六) 熟練各科模擬試題

　　想要在各種類型的考試中取得優異的成績，考前的學科模擬考試是相當重要的策略和方法。準教師可以在準備資格檢定考試前，將歷年來的考古題轉換成為學科模擬試題方式，提供自己考前練習模擬之用。透過模擬試題的練習，可以了解自己的準備效果如何？哪些概念是需要再加強的？哪些學科知識是需要精熟的？透過模擬考試的方式，作為改進準備考試方法的參考。

(七) 有效運用讀書時間

　　各種考試成效和讀書時間的運用，具有相輔相成的關係。準教師在學習期間，必須兼顧專業科目的學習，也要顧及就讀系所的畢業科目，而無法顧及資格檢定考試的準備。因而，在剩餘時間的運用必須斤斤計較。在時間的管理與運用上，必須要有系統性的計畫，明確規範時間的運用和分配，並且妥善的運用每一分每一秒。

(八) 和同儕實習教師共同閱讀

　　準備教師資格檢定考試，比較理想的方式是透過同儕共同閱讀的方式，採用「讀書會」或「專業發展社群」的方式準備教師資格檢定考試。透過群體的力量、共同分享的方式，進行高效能的讀書計畫。

(九) 所有學科的準備須均衡

由於教師資格檢定考試必須達成規定的標準，才算通過考試並且核發教師證書。依據相關的規定：(1) 應試科目總成績平均滿 60 分；(2) 應試科目不得有二科成績均未滿 50 分；(3) 應試科目不得有一科成績爲 0 分。因此，在準備過程中，所有的學科都必須均衡兼顧，避免因爲對學科的不熟，或是其他因素而有放棄該學科的想法。

七 教師資格檢定考試的考前模擬

中小學教師資格檢定考試，是屬於標準化測驗的形式，只要測驗之後成績符合標準，就能參加爲期半年的學校實習。有關教師資格檢定考試考前模擬，如果準教師在考試前，不知道要做什麼，或是要怎麼準備考試的話，下列的建議就要照著做，只要照著做絕對不會有錯，因爲下列的要領是很多成功考生的座右銘和經驗談。這些經驗可以讓準教師在考前穩定心情，同時也可以透過小小的祕訣，增加考試的運氣。

(一) 實戰題目反覆練習

在準備教師資格檢定考試時，最好是將歷年的檢定考試試題反覆的閱讀與練習，透過題目模擬可以掌握歷年的出題方向，也可以慢慢熟練現場考試的氛圍。從歷年考古題的作答與閱讀還可以慢慢熟悉命題的內容，以及臨場考試需要的經驗。

(二) 不會的概念抄一遍

由於準備教師資格檢定考試的時間有限，因而在練習歷年考題時，如果感到困難的題目和概念，一定要在練習紙上抄一遍，增加自

己的印象，讓腦中的記憶體多一次的記憶經驗。這些不會的題目，很可能會在考場中的試卷上出現。如果忽略這些題目和概念的話，容易「因小失大」而導致無法通過資格檢定考試。

(三) 每一道試題求理解

資格檢定考試的準備，歷年考古題一定要每一題都理解，如果每一道困難的試題都可以通過測驗的話，筆試的成績就容易獲得高分，通過資格檢定考試。因此，在準備教師資格檢定考試時，必須將歷年的考古題讀熟，每一道試題都要理解，對於不理解的試題，需要將各種核心概念讀熟。

(四) 做到滿分就要休息

透過歷年考古題的模擬，如果模擬筆試拿到滿分，或讓自己感到內心喜悅，這時候就要稍微休息一下，讓自己的心靈有暫時修養的機會。如同好的車子在開一段時間後也需要做內部的整修，更何況是長期處於考試壓力的你，在做到滿分時就可以稍微慰勞自己一番。

(五) 不會的題目再想想

教師資格檢定考試的歷年試題，在模擬中如果不會的題目，就是正式考試中容易弄錯的題目。這時候，你就必須想想看，自己的概念哪裡出問題，有哪些地方是需要修正的。只有透過修正改善，才能釐清各種抽象的概念。因此，再想一想是考前實戰模擬試題練習過程中，一個很重要的關鍵。

(六) 只練習困難的題目

對於困難的題目，或是寫錯的題目，在考前一定要再反覆練習。透過反覆練習的方式，增加自己的模擬經驗。在進入考場中，看到類似的題目，才不會產生心理學中的記憶干擾現象，降低考試的成

績，因而影響考試合格的機會。

(七) 只模擬艱深的問題

在歷年考古題的模擬中，平時就要做明顯的標誌，提醒自己在考試的最後階段，再利用有限的時間模擬練習一遍，或是在練習紙上寫一遍，直到自己弄清楚爲止。這一道手續，可以增加筆試的成績，讓自己在考場中，有效率的拿高分。如果考試前將時間浪費在本來就會的題目上面，對分數的提高是沒有任何幫助的。

(八) 利用各種考試技巧

考試技巧的應用，往往決定考數分數的高低。在各種考試技巧上，你必須運用幾種有效的考試技巧，來幫助自己得高分。例如：選擇題可以運用刪除法，將標準答案中，你認爲不可能的答案去掉，再考慮剩下可能的答案。例如：選擇題的答案數量一定會有平衡的現象（例如：答案 A 的有 $1/4$、B 的有 $1/4$、C 的有 $1/4$、D 的有 $1/4$），要記得先寫會的題目，再算算看哪一個答案最少。

八　資格檢定考試的通過要領

「臨陣磨槍，不亮也光」是準備中小學資格檢定考試的座右銘。在中小學教師資格檢定考試的準備時，需要透過專業歸類與整合，將各種筆試的模擬試題分類，並且依據不同層次和不同程度，整理成爲系統性讀書的材料，作爲考前的衝刺之用。下面的臨陣磨槍方法，你一定要每一條都做到，才能在中小學教師資格檢定考試中，取得高成績通過考試，完成正式合格教師的夢想。

(一) 歷年試題做就對了

　　臨陣磨槍中的各科歷年試題，都是非常重要的試題，你不可以有任何的懷疑，在考試前一定要將歷年的模擬試題的答案蓋起來，測試看看自己的實力在哪裡。所以看到歷年試題，做就對了。做完之後，馬上對答案，把分數寫出來，看看自己的實力在哪裡。

(二) 每一道題目都要會

　　歷年的所有考古試題，你都要會，都要背起來，不可以有僥倖的心理。因為，每一道題目都可能出現在中小學教師資格檢定考試中，如果你認為錯一題沒關係，那麼，你就準備放榜當天痛哭一場。「千金難買早知道，萬般無奈想不到。」你認為不會出的題目，偏偏就會在考試中出來。這是很多考生心裡的痛，也是多年考試經驗談。

(三) 不會的馬上查資料

　　歷年試題遇到不會的、從來都沒看過的（例如：破窗效應），一定要馬上查資料。所以，建議你在讀書時，除了選擇比較安靜的地方外，最好靠近有電腦網路的地方，以方便隨時查資料。上 Yahoo 奇摩、Google 將不會的概念查出來，或是在大學圖書館裡讀，可以隨時查閱專業書籍。

(四) 不要過於浪費時間

　　在考前一個月，時間的運用和規劃是相當重要的，很多考生把課本劃重點劃得密密麻麻的，同樣的概念一讀再讀，已經都會倒著背，還將時間放在熟悉的概念上。最好是將時間放在不會的概念，而且一定會考的概念題目上。因為，中小學教師資格檢定考試為了公平、客觀和快速公布通過考試的名單，一定會出選擇題。選擇題一定要練到看題目就知道答案，否則，你是不會有機會的；另外，還會出簡答題，要求考生回應簡單的問題。

(五) 容易弄錯的要熟記

歷年考古題中，你在練習時容易弄錯的，一定要用各種方法熟記。最好的方法是靠自己理解，只有理解之後才會形成長期記憶。很多教育類科的考試題目偏向於理論的應用，所以在準備時，一定要舉生活中實際的例子，才能增加自己的記憶。

(六) 答案就在題目當中

中文字是可以「望文生義的」，不像英文字要靠自己死記死背，才能記起來。選擇題的關鍵在於四個選項中，一定會有標準答案。很多題目的答案就在題目中，不必花太多時間在準備上。例如：期末考試是屬於哪一種評量？正確答案是總結性評量。每一個教師在學期末（或學期中）會透過考試了解學生的學習情形，期末算總帳，當然是「總結性評量」。

(七) 用最快時間記最多

你不一定要學速讀，但是一定要在最短的時間，讓自己記最多的題目。因為，在考試前有限的時間裡，就要讓寶貴的時間放在未來考試一定會出來，而且你容易弄錯的題目上。例如：在歷年的考古試題中，你會錯二次以上的題目，一定要用螢光筆做記號，考試前再看一遍以增加自己的記憶。

(八) 歷年試題一定要會

中小學教師資格檢定考試，一般包括選擇題與簡答題。歷年來的考生經驗，比較困難的是簡答題。因此，比較容易出現的簡答題，一定要花時間在閱讀上，例如：郭爾堡的道德發展三期六段論，包括哪幾個階段？

㈨ 不可以有任何懷疑

「懷疑是落榜之母」，在準備考試前，你如果有任何的懷疑，一定要馬上澄清。不然的話，這些懷疑一定會破壞你的考試計畫，讓你成為落榜生。當你練習歷年試題時，對於題目的答案有所懷疑，如果時間允許的話，一定要馬上查資料，把自己心中的疑慮去掉。否則的話，這些疑慮就會讓你在考試時有過多的懷疑。

参

教師甄試考試準備篇

11 邁向正式的教師

10 教師甄試口試的
準備

9 教師甄試試教的
準備

8 教師甄試筆試的
準備

7 不可說的祕密
——考前祕笈

1 教師為公職
的金湯匙

2 從師資培育到中
小學教師

**教師甄試
考試準備篇**

3 教師甄試的形式

4 教師甄試四部曲

5 教師甄試的出題
形式及內涵

6 教育專業科目
內涵

　　教師甄試是準教師成為正式合格教師必經的歷程，同時也是準教師邁向教師生涯必須歷經的考驗。由於教師甄試的競爭越來越激烈，每個準教師難免無從著手，甚而感到相當的惶恐不安，除了不知從何準備起之外，同時也因報考教師甄試的人數逐年增加，而感到相當的壓力。本章的主旨在於探討教師甄試的相關議題，分析教師甄試的流程、內涵、形式，引導準教師更深入了解教師甄試，持續地模擬教師甄試的各種過程，以豐富的甄試經驗，讓自己可以在短時間內完成正式合格教師的夢想。

一　教師為公職的金湯匙

　　近年來由於師資結構的改變，以及大環境的調整（例如：中小學教師課徵所得稅），因此中小學教師的結構有了不一樣的改變。每一年的教師甄試各縣市開的缺不太一樣，但有系統的準備，可以提高教師甄試的錄取機會。在教師甄試準備期，準教師應該透過各種管道取得正確的訊息，為自己擬定一個有效率的甄試計畫，從歷年來參加教師甄試成功案例與個案中，求取成功的經驗作為準備的金科玉律。有關教師甄試的準備要領，茲加以說明如下：

(一) 充分準備才有十足把握

　　教師甄試要有充分的準備，包括平時就要養成讀書的習慣，每天運用零碎時間閱讀教師甄試考試用書，以及模擬考試用書。如果在每天固定時間閱讀教師甄試科目，日積月累必然可以在筆試時取得高分。每年教師甄試金榜題名的教師，在準備過程都有一段相當值得學習的經驗談。因此，準備教師甄試必須在日常生活中「養成讀書的習慣」。每天再怎麼忙，都要進行有計畫的讀書，才能在教師甄試時取

得好的成績，成爲正式合格的教師。

(二) 掌握先機才能捷足先登

教師甄試如果想要「一試即成」的話，要在準備考試各方面掌握先機，才能捷足先登。如果你無法爲自己定一個有效率的讀書計畫，就容易成爲下一個失敗者。準備教師甄試應該要有系統性的計畫，例如：各縣市、各級學校將教師甄試的相關訊息登報或登錄學校網站時，準教師能否透過自己的親朋好友，隨時了解教師甄試的相關消息，將各種消息登錄在自己的行事曆中，或者透過分組合作的方式，隨時蒐集全臺灣各縣市的教師甄試消息，並且分享到通訊平台上（例如：Line 群組）。

(三) 主動積極才能立於不敗

準教師在參加各縣市教師甄試前，必須培養凡事主動積極的習慣。例如：在學校實習期間應該集合三五好友，爲教師甄試籌組「讀書會」或「閱讀小組」，以群體的力量相互勉勵，並且盡可能邀請師資培育的教授擔任讀書會的指導教授，指導同學準備考試的方向和要領。讀書會成員可以進行任務分組，或者蒐集資料、或者蒐集情報、或者留意各校甄試的訊息、或者相互提醒教師甄試的要領與訣竅、或者相互練習（尤其是口試、試教、實作等），以分組的方式進行教師甄試準備。

(四) 逆向思考才能取得優勢

教師甄試有時候必須以逆向思考方式進行準備，才能表現出與一般準教師不同的特質和優勢。例如：在準備考試時，將個人的行事曆具體的列出來，以時間和日期並列的方式，隨時了解自己的讀書進度。在準備考試時，必須多多向成功者學習，了解他人成功的原因，以「他人的經驗爲師」，了解那些連續考上好幾所學校，或好幾個縣

市的學長（姐）究竟是怎麼辦到的？他們如何準備？看哪些書？準備哪些教具？如何應對進退？試教時是如何表現的？實作時拿高分的要領何在？如果時間允許的話，可以透過「幾位合請」的方式，請學長（姐）進行經驗分享，也許一杯咖啡就可以取得傾囊相授。有時候經驗的分享對成功者是相當重要的，才能從別人的經驗中學習與成長。

(五) 群體合作才能贏得勝利

哲學家有言：「部分的總和不等於整體。」然而，群體的力量是相當大的。在準備教師甄試的過程中，筆者總以為「一個人唸 10 本書和 10 個人各唸一本書」的效果是不一樣的。具體而言，在準備教師甄試時，打個別游擊戰的效果無法和總體戰相匹敵。如果準教師以「悶燒鍋」的方式進行教師甄試準備，必然要比小組進行準備的成員付出更多、更高的代價。因此，準教師應該摒除傳統「單打獨鬥」的方式，而應以「群體戰」的方式準備教師甄試。如此，才能在教師甄試過程中，擁有更多的資源和人力協助。哪一位成員先考上正式教師，就有義務協助尚未考上正式教師的成員。

二　從師資培育到中小學教師

每一位參加教師甄試的準教師，都需要累積努力的成果，透過有效策略的運用，才能圓教師的夢想。在師資培育的歷程，每一位準教師都需要經過制度化與形式化的淬鍊，然後才能慢慢地累積教育方面的經驗與實力。

(一) 大學的實力累積

大學是一個基礎教育階段，因此大學生都必須在大學階段培養各種基礎能力，作為日後進入社會工作的根基。準教師來自師資培育

單位，師資養成中的教育專業與專門課程，除了理論的涵養之外，同時汲取實務經驗，更進而作為未來教學生涯的準備。準教師參加教師甄試時，必須將大學的基礎課程重新整合，作為參加甄試的參考。如果準教師在大學階段抱持「得過且過」的心情，當然在面對教師甄試時，就會更辛苦並付出更多的代價。

(二) 實習的歷練學習

教育實習是準教師邁向合格教師中一個重要的階段，在為期半年的教育實習過程中，是檢視自我理念與教育專業最好的機會，實習教師應該摒除「沒有人就為了整死你」的心情，迎向教育實習的日子。在教育實習階段是最好「嘗試錯誤」的時機，可以趁此機會將自己的理想付諸實現。教育實習階段，最重要的關鍵在於培養自己的應對能力，以及面對學生的反應能力。在專業方面應該加強教學能力以及班級經營方面的專業能力。目前教育實習已調整為半年，半年時間對即將成為準教師的實習生，時間的掌握是相當重要的。實習期間的教學能力以及應對能力，是日後參加教師甄試的重要指標。

(三) 教師甄試的血淚奮鬥

依據歷年來對教師甄試的統計，通常準教師要平均參加五場教師甄試才能通過嚴格的考驗，殊不論金錢（報名費）上的消耗，光體力上的耗費與精神上的折磨，就是一件相當辛苦的事。很少準教師單憑一次準備就能如意地考上教師甄試，成為合格教師。通常會在教師甄試過程中，遇到相當多的挫折，在經歷南征北討之後，從夾縫中找到機會成為合格教師。目前依據相關的研究指出，準教師必須經過多年的準備與應戰才能考上教師。當然，也有準教師第一次參加教師甄試就如意上榜的。如果可以將這些金榜題名的教師做相關經驗的分析與歸納，正好可以提供準教師作為教師甄試的參考。教師甄試的辛苦，應也如南征北討般，必須有相當的「體力」與「財力」、「毅力」

與「耐力」。當然，成為合格教師夢想的實現，必須準教師平日多準備！

(四) 圓一個合格教師夢

當通過教師甄試時，緊接著就可以圓一個合格教師夢，將各種教育理想付諸實現，因此平時的努力、辛苦、煎熬、犧牲，終於可以得到應有的代價。準教師最大的期望就是可以一圓教師夢，可以投身教育現場，將各種教育理想付諸實際。當夢想成真時，那種成就感與愉快感自然可以從教學中細細地體會。

(五) 懂得飲水思源的道理

通過教師甄試成為合格正式的教師，固然值得可喜，但也應該發揮「飲水思源的精神」將自己的喜悅和關心自己的人分享，例如：師資培育的教授以及同儕好友。分享並非在於炫耀，而在於發揮感恩的心，將自己努力的過程和經驗，透過各種方式與同儕分享。

三　教師甄試的形式

過去，由於教師甄試的辦理，各縣市與地方政府「各自為政」的關係，屢屢受到考生與家長的批評。近年來，由於教師缺額減少，各縣市政府已經採取地區性策略聯盟的方式（例如：中區策略聯盟的方式），進行教師甄試工作。所謂策略聯盟，指的是幾個縣市合作，輪流辦理教師甄試工作。在筆試命題方面，由主辦縣市輪流請專家學者命題，各縣市再依據自己的需要加考「當地文史」一科。因此，如果你選擇各縣市的教師甄試，一定要記得將該縣市的文史熟讀，利用時間精讀該縣市教育局（處）編的地方文史。

（一）縣市聯合命題分開甄選

縣市聯合甄試是國內採用最普遍的一種形式，主要的原因在於縣市聯合教師甄試方式比較不容易因承辦學校或單位缺乏經驗而出狀況，甚而被民意代表或媒體披露甄試過程的瑕疵，或被質疑有包庇、舞弊的現象。一般學校都不願意承擔此種風險，此外縣市聯合甄試的方式可以節省相當多的人力與經費，在短時間內處理教師甄試的難題。

縣市聯合教師甄試的方式，還可以符合「社會正義」與「公平公正」的原則，可以統整縣市內教師缺額，進行有效的運用和整合。縣市聯合甄選通常在筆試方面，口試與試教則由各開缺的縣市自行辦理。

（二）地區性聯合甄試

地區性聯合甄試是介於縣市聯合甄試與學校個別甄試的一種，通常是個別學校比較無法認同縣市聯合甄試的方式，或是因地區性的需要必須透過「學校策略聯盟」的方式進行教師甄試。地區性聯合甄試的優點，在於個別學校可以依據學校缺額的方式，將學校需要的教師特性或專長透過教師甄試遴選自己想要的專長教師。通常地區性聯合甄試的教師甄試，準教師可以清楚明確地了解未來考上教師之後服務的地點，以及擔任的教學工作，同時也可以了解該地區的特性、歷史淵源、社區意識、家長期望等。採用地區性聯合甄試的單位，可以依據自己的特性，透過甄試選用符合學校發展的教師。地區性聯合甄試的優缺點恰巧介於縣市聯合甄試與學校個別甄試之間。儘管如此，準教師如果在有所選擇時，例如：某一縣市的教師甄試同時採用聯合甄試、地區性甄試、學校個別甄試的話，準教師應該評估對自己比較有利的方式報名參加教師甄試。

(三) 學校個別甄試

通常學校個別甄試教師的單位是屬於新成立學校、選定科目學校或是急需專長教師的學校，才會考慮採用學校個別甄試。肇因於縣市聯合甄試及地區性聯合甄試無法回應學校在教師缺額上的需求，必須學校單獨承擔辦理教師甄試的各種壓力和風險。因此，選用學校個別甄試的方式遴選教師。學校個別甄試最大的優點在於，主辦學校可以透過甄選方式進用自己學校需要的專長教師，不必過於遷就縣市政府教育單位的意見，也不必擔心派來的新教師無法承擔學校的教學活動。通常辦理學校個別甄試的單位，行政人員與學校主管都要承擔比一般縣市聯合甄試更大的壓力，包括來自縣市政府上級單位的外在壓力（例如：民意代表的施壓），以及學校內部的各種壓力（例如：人情關說等），都是學校辦理教師甄試所要承擔的風險。學校個別甄試的辦理方式，近年來已經不多了。

四　教師甄試四部曲──筆試、口試、試教加實作

教師甄試的內容通常包括筆試、口試、試教和實作等方式。一般教師甄試會以筆試為主軸，配合口試、試教或實作，搭配的方式不一定。不過筆試是主要的關卡，因為筆試在教師甄試過程中，算是比較公正、客觀的一種評量方式，同時也是作為篩選的主要關卡。每年教師甄試報名者，動輒上百入千，主辦單位無法一一篩選，為了節省時間、減少各種不必要的壓力，教師甄試第一關通常以筆試為門檻，先錄取三倍名額作為後續篩選的參考。有關教師甄試四部曲簡要說明如下，至於詳細說明請參考本書各篇的論述。

(一) 筆試樣樣都有

筆試是教師甄試一個相當重要的關卡和門檻，如果準教師無法在筆試第一關通過的話，就無法擁有參加複試的資格。以 2023 年的教師甄試為例，教育專業科目通常要 80 分以上才能列入參加複試的名單內（命題形式為 100 道選擇題，基準分數為 100 分）。

此外，教師甄試筆試科目通常包括國語文、教育專業科目、基礎數學。另外，各縣市會加考當地文史一科。主辦教師甄試的單位為求筆試公平起見，通常在命題方面都會格外小心，以免被社會輿論批評。

(二) 口試應有盡有

口試是教師甄試常用的一種評量方式，目的在於了解準教師在臨場上的反應如何？有無口吃的現象？對教育理論與實務了解多少？是否擁有教育熱忱？對教育時事與教育改革了解多少？擁有多少教育理念？等等。通常口試的內容會包括教師三大基本能力：教學活動、學生輔導、班級經營等三個重要概念。口試委員的延聘，主辦單位會延請學者專家一名、具備實務工作者一名（例如：學校校長、教育行政人員）擔任口試委員。通常口試的分數差距不會太大，除非準教師在口試過程中的表現太差，或是服裝儀容不整、態度惡劣，否則的話口試分數差距不大，對錄取與否的影響不會有決定性的關鍵。此外，有些縣市辦理教師甄試在口試時，由於報名人數過多，因此會要求每一場所的口試委員依據口試人數而決定分數的落點。例如：每個口試場所如果有 25 位考生的話，主辦單位會要求打分數的間距為：90 分至 92 分 5 位（高於 93 分需要註明理由）、85 分至 89 分 5 位、80 分到 84 分 5 位、75 分到 79 分 5 位、70 分到 74 分 5 位，如果分數低於 70 分需要註明理由。

(三) 試教方式不一

教師甄試在試教方面包括事前指定科目及主題、臨場指定科目及主題、臨時抽題等方式。採取試教的目的在於了解準教師在教學方面的表現，以及面對學生時如何將「形式課程」轉化成爲「實質課程」，以及教師的教學能力。在教師甄試過程中，試教是眞正能評量出教師在教學專業方面的表現情形，只可惜通常試教的分數與比例不高，無法眞正左右教師甄試的錄取。然而，準教師在報名教師甄試前，針對試教部分必須不斷反覆練習，形成試教的「公式」才能在緊張的試教氣氛之下，將自己的教學專業能力發揮得淋漓盡緻，不至於因過度的緊張而無法展現自己的能力，導致「無法原諒自己」的遺憾。

(四) 實作測試實力

實作在教師甄試過程中是相當具體且客觀的評量方式，對準教師而言也是相當現實的一個考項。因爲能力強與否立即「無所遁形」，馬上顯現出來。如果在該方面缺乏準備的準教師，在實作方面可能被擠下來而無法進入複試部分，辦理教師甄試的單位會將實作作爲篩選教師的門檻。換言之，實作部分不計分，但作爲初選的錄取標準。低於標準分者，不具備參加複選的資格。一般而言，教師甄試的實作上，大部分用在電腦資訊教師、自然科學教師、音樂教師等專長教師的甄選時，才會考慮增加以實作的方式甄選教師。

五　教師甄試的出題形式及內涵

教師甄試的出題形式及內涵是考生最關心的一環，究竟如何考？考哪些？哪些人命題？命題趨勢何在？命題方式如何？等等，都是準教師在參加教師甄試前必須弄清楚的。

（一）考哪些科目

中小學教師甄試在筆試方面，通常包括國語文、簡單數學、教育專業科目、地方鄉土文化、英文等。一般而言，最常見的筆試科目是國語文、教育專業科目等。通常考試科目的決定，由於策略聯盟的關係，所以科目調整的機率相當低。所以考生可以在準備教師甄試時了解以往的考試科目，做事前的準備。必要的時候，要將各縣市歷年的教師甄試筆試試題（含解答）下載存檔起來，作爲準備教師甄試模擬考試之用。

（二）考哪些形式

由於教師甄試策略聯盟的關係，所以在命題形式上都以「選擇題」爲主，以避免不必要的爭議。因爲選擇題的答案是相當明確的，而且在閱卷上也相當方便，通常採用的是電腦閱卷方式。因此，考生可以朝選擇題的形式做考前的準備。

（三）請誰來命題

一般教師甄試筆試的命題委員，通常以學者專家爲主。因爲學者專家的可信度與公平性比較爲大家所接受，爭議性也會比較低。筆試的命題教授延聘，通常由該縣市教育局局長（或承辦科科長、課長）將參考名單圈給局長或縣市長圈選，而後請學者專家命題。因此，考生如果要猜測命題教授的話，可以針對鄰近地區大學校院的教授（與教育專業科目相關者）或與縣市教育局有密切關係的教授爲目標。當然，在選用準備教師甄試的教科書上，也應以被高度認同的教授著作爲準備的「聖經」。此外，通常教師甄試的命題委員都會是固定的，考生可以在考試前了解哪些教授是每年在各考場出現，再針對該教授的專業進行準備（例如：教授出版哪些與教師甄試有關的書、上課的筆記重點在哪裡等），會是一種比較有效的方法。

(四) 如何命題

　　了解教師甄試的命題人員、科目、形式等問題之後，緊接下來的就是命題方向的問題。掌握命題方向，如同掌握船舵一般。有了正確的方向，才不至於航向錯誤的目的地。依據抽問幾位金榜題名的準教師，發現「教師甄試」的題目與「教師資格檢定考試」的題目重疊機率是相當高的。所以考生可以從歷年來教育研究院的教師資格檢定考試題目，了解教師甄試可能的命題方向與內容。一定要利用時間熟讀、精讀國家教育研究院歷年的教師資格檢定考試，才能在筆試中取得高分，拿到口試與試教的「入場券」。

(五) 命題方式

　　教師甄試在命題方式方面，由主辦單位首長以密件通知命題教授之後，由幾位在教育領域方面不同專長的教授進行個別命題，以「多倍數」方式事先命題之後，再由教育行政機關主管在甄試的當天圈選題目，並立即付印，成為教師甄試筆試考題。因此，有時候連命題教授本身都不知道有哪些人是命題委員，同時連命題教授本身都無法事先知道自己所出的題目有哪些是會被圈中的。如果從這個層面分析，教師甄試過程中要「舞弊」、「走後門」的可能性是相當低的。準備參加教師甄試的考生應可以放心，並且避免做不必要的猜測或道聽塗說而影響自己參加教師甄試的心情，也不會在失敗落榜之後，以各種不必要的歸因或猜測批評教師甄試的不公，或是教師甄試的黑箱作業。

六　教育專業科目內涵

　　教師甄試在筆試與口試教育專業科目方面，通常包括與教育有關的各類科目，都是命題的參考科目。準教師在平日就應該養成蒐集資

料的習慣，針對各類教育專業科目做資料的整理、統整，以備教師甄試時之用。如果平日沒有養成資料蒐集整理的習慣，教師甄試要臨時抱佛腳的話，效果就不會太好。教師甄試在教育專業科目方面簡述如下（有關詳細內容與重點請自行參考教育專業科目的經典著作）：

(一) 教育基本概念

教育基本概念在命題過程中，通常會包含對教育的一些重要概念，例如：理性主義、經驗主義的觀點，以及各項教育基礎想法等等。在準備教育基本概念時，準教師可以將師資培育過程中的參考書籍做有效的整理。例如：初等教育、中等教育、教育概論等相關參考用書。

(二) 教育目的

在教育目的方面，內涵包括各學派對教育的主張與觀點，例如：理性主義、經驗主義、近代哲學思潮、各教育家對教育的論點以及在教育上的應用。有關教育目的整理應該以表格方式進行整理，才能在準備教師甄試時一目了然。

(三) 教育理論基礎

通常有關教育理論基礎，包括心理學、社會學、教育學與哲學等理論基礎。在教育哲學方面包括教育哲學與教育的關係、理性主義與教育、經驗主義與教育、近代哲學思潮與教育；在心理學方面包括心理學與教育的關係、行為學派論點、認知學派論點、人本學派論點；在社會學方面包括社會學與教育的關係、社會學理論、知識社會學、班級社會學等；在教育學方面包括教育目的的演變、教育宗旨的闡釋、教育學說等。

(四) 教育學說

在教育學說方面，主要的重點在於針對理論家的學說與觀點，例如：盧梭的自然主義、裴斯塔洛齊的教育學說、洛克及蘇格拉底等教育學家的理論，以及在教育上的應用。

(五) 學校行政

在學校行政方面，包括學校教務行政、學校訓導行政、學校總務行政、學校人事行政、學校公共關係、學校行政歷程等與學校或教育行政有關的議題或相關的法令內容，這些很容易成爲教師甄試的試題。

(六) 學校制度

在學校制度方面，通常命題的重點在於與學校有關的法令規章、辦法、規定等相關的議題，例如：學校輔導室的設置必須要有多少班級數以上始得設置。有關學校的各種制度都是教師甄試出題的範圍。

(七) 教育内容

教育內容的命題通常和教育發展有重要的關係，包含各國教育發展與趨勢、各國學制與課程內容的發展、國內各教育法案、教育內容等。此方面的資料整理，必須靠準教師平日多看、多想、多聽、多蒐集資料，並勤做重點式的整理。

(八) 教學理論與方法

教學理論與方法主要針對教學原理與原則的發展，包括教學的理論基礎、各類教學方法與應用、各類教學理論的發展與實施、教學革新議題、教育學研究與發展等相關議題。有關教學理論與方法是教師甄試中最常出現的問題，肇因於教學理論與方法和教師教學生涯有很

直接的關係。是每年教師甄試筆試中最重要的議題。

(九) 課程理論與方法

課程理論與方法在命題內涵方面包括課程的定義與發展、課程的理論與應用、課程革新、課程設計、課程主張、課程研究等相關議題。課程理論與方法通常與教學理論與方法相提並論，因此，在準備教師甄試時，必須將課程與教學視爲同一科目，並將課程與教學的相互關係弄清楚。

(十) 現代教育思潮

現代教育思潮的內涵源自於教育哲學的發展，因此，哲學中各學派的觀點與教育主張是現代教育思潮的重點。現代教育思潮的內涵與教育哲學的內容是一致的。因此，在準備教師甄試時，可以針對前述二個領域整合準備即可。

(十一) 教育心理學

教育心理學的重點在於將心理學的研究與主張融入教育領域中，進行相關議題的探討。教育心理學內容包括教育心理學的性質、人類發展與教育、智能差異與教育、人格差異、文化差異與教育、行爲主義與教育、認知學習與教育、人本主義與教育、動機與教育、學習動機與教學情境、教室管理與師生溝通、教學計畫、各類教學策略、有效能教學、標準化測驗、學生學習成就評量等。

(十二) 學習心理學

學習心理學是將心理學的相關研究與教學之間的關係做一個學理上的連結，在學習心理學方面包括學習歷程的心理基礎、身心發展與學習、學習原理、動作與技能學習、語文概念學習、思考與創造力的培養、道德與品格的陶冶、學後保留與學習遷移、教學歷程中的動

機與興趣、教學評量、學校心理衛生及教師心理、師生關係與學生行為、能力差異與因材施教等相關的議題。

(十三) 學校諮商與輔導

學校諮商與輔導的重點在於學校輔導工作的推展以及相關法令、措施、計畫等，包括對各類偏差行為學生的輔導、學校輔導工作的推展、輔導各類原理原則、輔導資料的整理、輔導與教學訓練的配合、教訓輔三合一的理念等，都是學校輔導與諮商的命題範圍。

(十四) 特殊教育

在特殊教育方面，目前部分縣市已經規範教師甄試在基本資格方面，必須在師資培育課程中修畢至少三學分的特殊教育。因此，「特教三學分」的專業課程儼然成為中小學教師甄試的必備條件。在特殊教育命題方面，通常是不會出太過於冷門的特殊教育問題，一般出題的範圍不出學校特殊教育實施的範圍。因此，準教師在準備甄試時，針對特殊教育的相關法規、規定、實施辦法，應該有系統地蒐集與整理。

(十五) 教育法令

在教育法令的準備方面，舉凡與教育相關的法令都是命題的範圍。教育法令一科在教師甄試教育專業科目中是最常出現的題目，導因於教育法令的各項概念都是相當明確的，尤其教育法規中有關的人、事、時、地、物等各因素，都有相當具體明確的規範，作為教師甄試的命題，不容易引起不必要的爭議。尤其，近年來國內民主意識高漲，各類的考試與甄試容易引起不必要的紛爭，尤其在答案方面如果引起質疑，甄試之後再更改答案的話，會引起不必要的糾紛。命題委員在出題時，主辦單位都會一再叮嚀，儘量不要出有爭議性的題目。

(十六) 教育改革與時事

教育改革與時事是教師甄試常出的試題，教育行政機關與學校單位，都期盼未來的教師對教育改革能有深入的了解，才不至於成為合格教師之後，對教育革新與教育時事缺乏正確的認知，在教學生涯中觸法或是無法配合學校的政策。因此，準教師在平日就應該養成蒐集資料的習慣，必須養成每日看報紙的習慣，尤其與教育相關的新聞、評論，與教育改革相關的研究與報導，都應該做整理的工作。

(十七) 其他

依據歷年來教師甄試教育類科的統計，在教育專業科目的命題範圍上相當的廣泛，舉凡與教育相關者都是命題的範圍。因此，教育專業科目是最難準備的一科，同時也是準教師感到最頭痛的一科。教育專業科目的準備必須在平日多做功課（例如：多蒐集資料），對於和教育相關的文件要多留意。當然，最好的策略就是在教師甄試前籌組「讀書會」或「教師甄試特攻隊」，集合幾個志同道合、命運相同且比較合的來、容易建立共識的同儕好友，結合成生命共同體，集體準備教師甄試，將「我要考上教師、拒當流浪教師」列為共同目標和宗旨。

七 不可說的祕密──考前祕笈

參加任何的考試，一定要熟悉考試的「規則」和「潛規則」，才能在任何考試中，取得高的成績，登上金榜。前者指的是考試的方法、技巧與要領；後者，指的是考前準備的各種祕訣和祕笈。本書的作者歷經多年的考試經驗和擔任命題委員的經歷，從「命題者」和「考試者」的實務經驗，累積相當寶貴的祕笈。希望透過文字呈現的

方式，提出來讓考生作為考前的參考。這些要領訣竅，往往是「不可說的祕密」，需要準備考試者細細體會，才能將潛規則運用到最大的功效。

祕密一：考來考去都是這些

由於近年來的考試公平性常常是被質疑的議題，中小學教師甄試當然也不例外。各縣市的中小學教師甄試，命題委員都會找具有專業權威的專家教授，針對自己的專業進行祕密性的命題。在筆試結束當天，就會公布考題和參考答案，讓考生和相關人員，針對參考答案和考題，提出專業性的質疑。因而，為了避免不必要的困擾，命題委員都會在現有的試題上，進行命題改造的工作。換句話說，你必須在歷年考題中進行各種考前的模擬，因為考題就在歷屆試題中。

祕密二：問來問去都是同一批人

中小學的教師甄試，在口試或試教時，評分人員必須囊括專業教授、經驗教師、家長代表（或是專業人員）。根據參加教師甄試多年準教師的經驗，擔任口試委員和試教評分的委員，往往都是同一批人。因此，想要在考試中取得高分，就必須透過各種管道，了解評分委員的評分標準到底是哪些，並且依據評分標準做事前的準備才有十足的把握。

祕密三：找實習指導教授當顧問

當筆試成績公布後，會隔一段時間才進行口試（或試教）。在師資培育過程中，不管你是畢業於教育大學、綜合大學或普通大學學程，實習期間都會有指導教授。建議你不要畢業就和指導教授「拜拜」，要隨時保持聯繫。這些指導教授會在日後的生涯中，提供各種專業的協助。例如：筆試通過後，就近找實習指導教授練習口試和試教，並且提供專業性的指導，一定可以收到「不可思議」的效果。

祕密四：筆試的要領就是模擬再模擬

想要在筆試中取得高分，就必須掌握「模擬再模擬」的要領。將考前衝刺專書的模擬試題做到完全熟練，就可以減少 5 年的讀書時間。因爲，不斷的做考前的模擬、持續的模擬、反覆的模擬，就可以增加自己的「戰鬥力」，提高自己的考試經驗。每一道考試題目，都要讀到看到題目就知道答案的功力。

祕密五：不要懷疑答案就在題目中

教師甄試的試題，如果你仔細地分析，細細地研究，你就會發現很多題目的答案，就在題目中。例如：「謝老師認爲：『在教材與教學適當的情況下，只要提供學生足夠的學習時間，則所有的學生都可以達到相同程度的成就水準。』這種觀點與下列何種教學理念一致？(A) 自我建構論　(B) 社會建構論　(C) 精熟學習　(D) 非指導式學習」，標準答案是 (C) 精熟學習。題目中的文字敘述「只要提供學生足夠的學習時間，則所有的學生都可以達到相同程度的成就水準」。相同的成就水準，指的就是 (C) 精熟學習。

祕密六：筆試命題委員重複機率高

國內教育類科考試的命題委員，因爲專業分類分科的關係，所以命題委員重複的機率很高。這個現象對考生的意義，在於準備中小學教師甄試，要將時間花在歷年教師甄試題目、教師資格檢定考試、各大學教育類科研究所入學考試、高普考試和國家級考試等項目上。利用時間將這些考古題反覆地模擬，你就會發現其實考試的概念是「大同小異的」。如果你的時間不夠，就把這本書內的模擬試題反覆練習；如果時間允許的話，就把各種教育類科的考古題反覆練習到熟練爲止。

祕密七：筆試的「標準答案量」是固定的

中小學教師甄試在筆試方面，不管命題委員的題目有多難、多艱澀、多冷門、多深奧，從統計學的概念看來，「標準答案量」都是固定的。例如：112 年教師資格檢定考試，國小「課程教學與評量」一科有 25 題選擇題（參見表 3-1），答案是 A 的有 6 題、B 的有 7 題、C 的有 6 題、D 的有 6 題，合計 25 題。因此，在筆試時要先寫會的、有把握的題目，再依據答案數猜題；此外，答案重複的現象最多有 2 個，例如：8、9 題都是 C，如果第 10 題完全不會的話，就避免猜 C，要猜其他的答案。其餘的技巧，請依此類推。

表 3-1

類別：國民小學
科目：國民小學課程與教學

題號	1	2	3	4	5	6	7	8	9	10
答案	D	A	D	B	C	A	B	C	C	B
題號	11	12	13	14	15	16	17	18	19	20
答案	A	A	C	B	D	D	C	B	D	A
題號	21	22	23	24	25					
答案	D	C	B	B	A					

祕密八：題目大部分都是「變形蟲」而來

教育類科雖然囊括相當多的科目，例如教育哲學、教育社會學、教育心理學、教育學、心理學、課程與教學、班級經營等，但是可以成為試題的概念在數量上有其固定的範圍。例如：教育研究院的歷年教師資格檢定考試，從 94 年到 101 年已經歷經多年的考試，在命題上已經達到飽和的程度。準教師在準備考試時，可以考慮將資格檢定考試的考古題做系統性的整理，並且將「考題的概念」熟讀，就

可以在考試中「如魚得水」。因為，教師甄試的命題委員由於命題時間的壓力、被外界質疑的壓力、專業方面的壓力等，都會將現有的試題做「變形蟲」式的調整。

例如：「可珍老師在主題活動結束時，請幼兒展示、發表、分享作品，這是單元活動進行的哪一個步驟？(A) 準備活動　(B) 發展活動　(C) 綜合活動　(D) 轉接活動」；「玉美老師在主題活動結束時，請幼兒展示、發表、分享作品，這是單元活動進行的哪一個步驟？(A) 發展活動　(B) 準備活動　(C) 轉接活動　(D) 綜合活動」。上述的二道題目，其實概念是一樣的，只不過將人名修改和標準答案的順序調整而已。

例如：「以『人智學』為理論基礎的課程是什麼？(A) 河濱街課程 (Bank Street Approach)　(B) 蒙特梭利課程 (Montessori Method)　(C) 華德福課程 (Waldorf Approach)　(D) 艾瑞克森課程 (Eriksonian Approach)」；「以『人智學』為理論基礎的課程是什麼？(A)Bank Street Approach　(B)Montessori Method　(C)Eriksonian Approach (D)Waldorf Approach」。

上述的二道題目，其實內容是一樣的，只不過將中文名詞去掉，且順序調整而已。因此，教師甄試在準備筆試時，要讀的是概念，而不是題目本身。

祕密九：你是敗在自己的手裡

如果參加中小學教師甄試多年，而無法如願的準教師，通常失敗的主要因素，都是敗在自己的手裡。例如：讀錯專業書籍，而且不夠專業的考試用書要注意內容的正確性，因為考試用書和一般的專業用書，在出版的流程上是不同的。專業用書通常是學者專家出版的，都需要經過嚴謹的寫書、付印、三校等流程。而考試用書多半是專門寫給考生用的書籍，裡面多半是考試題目和答案。在答案用 A、B、C、D 或 1、2、3、4 時，容易因為電腦打字或是校對時不夠細心而

給了錯誤的答案。此外，不夠嚴謹的題目也容易提供錯誤的訊息。所以，在準備教師甄試時，一定要購買「夠專業」、「夠權威」、「夠細心」的考試用書。

八　教師甄試筆試的準備

任何考試拿高分的要領和訣竅是相當重要的，如果不懂得其中的竅門（奇門遁甲），要拿高分榜上有名的可能性是相當低的（有關於筆試的分析與要領請參考本書相關篇節）。

(一) 事前的準備

教師甄試在筆試的事前準備方面，舉凡用哪一種品牌的筆、筆的顏色、筆的性質等都需要細心的考量。在考場上，如果使用的筆不是很順或者用筆常出狀況的話（例如：漏水、斷水、筆跡不順），則容易影響考生的心情，進而影響甄試成績。

1. 使用中性簽字筆

在任何考試時，最好是使用中性簽字筆（例如：利百代的簽字筆）對考生的筆跡是有相當正面的作用，此乃筆者參加國內各種重要教育類科考試的經驗談。另外，如果是電腦閱卷的話，依據考場規定就需要使用 2B 鉛筆。

2. 黑墨水的筆最佳

依據相關的研究指出，最適宜的顏色爲紅、藍、綠、黑，其中以黑色比較爲一般人接受。因此，教師甄試筆試方面最好使用黑墨水的筆，如此給閱卷的教授或學者的印象會比較好。如果用綠色或紅色、紫色的筆容易因視覺上的偏差而影響得分，尤其是申論題影響更大。

3. 使用修正帶為宜

　　教師甄試在筆試時，時間的掌握是相當重要的，若一位準教師可以有效掌握時間，克服時間上的限制，那麼拿高分的可能性就會增加。因此，建議考生採用修正帶，不宜使用修正液，原因在於修正液比修正帶使用的時間長，考生必須花一些時間等修正液乾之後，才能繼續作答，在時間上的運用是相當不經濟的。因此，考生必須在事前將各種可能影響成績的不利因素去除，為自己營造有利的環境。

(二) 致勝的關鍵

　　在筆試方面致勝的關鍵往往不是考生擁有多少的理論與實務，而是在「唬的功夫」。面對各種「艱難問題」，考生要能發揮各種吹、彈、掰、唬的功夫，將原本陌生或不會的問題，以各種策略、錦囊透過「唬」的功力，分析得頭頭是道，往往因為對題目的「不放棄」、「不死心」而能在些微的差距之間拔得頭籌，此論點可以在歷年的教師甄試成績發布時取得佐證。

(三) 參考書籍

　　教師甄試參考書籍不在多，而在於能否選對「聖經」，只要任何一本參考書能命中教師甄試的題目就是「聖經」，哪怕這本書有多麼不顯眼、多麼令人討厭，只要能幫助你考上教師甄試，那麼就應該奉為圭臬（早晚三柱香）。坊間出版的參考書籍其實是大同小異的，準教師不必過於拘泥於任何一本教科書，如果非要選擇的話，補習班中針對教師甄試出版的專書可以列入「教師甄試的聖經」，因為補習班整理重點的功力往往超過大學教授或專家。

(四) 申論題

　　申論題的命題往往需要結合理論與實際，很多申論題表面上看來是發揮題，其實是需要以教育理論為基礎的。例如：「請問在未來的

教師生涯中班級經營的重點何在？試申論之。」像此類的問題，一般準教師會以為是發揮題而任意發揮之，因此申論題拿高分的可能性就降低了。申論題的作答，任何題目都需要以理論為基礎、相關的研究作為佐證。在提出相關理論與論點之後，再舉出該領域的研究作為證明之後，才能取得評分教授的青睞，給予高度的評價。

(五) 選擇題

選擇題的命題往往是需要經過整理的，換言之學者專家在命題時都必須經過深思熟慮，才能讓選擇題具有高度的信度與效度。一般而言，選擇題在選項方面都需要符合「平衡原則」，所謂的平衡原則就是選擇題的各個選項都需要平均分配，四個選項的數目要平均。選擇題的答案不可以過於偏向 A 或 B 或 C 或 D。如此容易引起批評或造成考生的不滿。最理想的方式是選擇題所有 A、B、C、D 答案的數目要一致，才不會引起反彈。

(六) 簡答題

簡答題的出題方式是針對有具體明確答案的題型，通常會出的簡答題包括名詞解釋，例如：正增強、負增強等相關名詞解釋。通常簡答題在作答時，必須簡要地說明，並舉相關的例子作為佐證之用。如果時間允許的話，再針對相關問題做更完整的說明，如此得高分的機率才會高。

(七) 答題技巧

筆試的答題技巧口訣為「字能看、段落分明、思考向度廣、用字遣詞溫柔婉約」。準教師在答題時要掌握上述要領，才能在筆試方面得到高分。所以在準備教師甄試前，應該先將自己的硬筆字練好，以免寫出來的字活像被狗啃過好幾次一般，左看右看都不像是即將成為教師者所寫的字。

(八) 高分要領

　　參加教師甄試時，在筆試方面要拿高分是需要各種要領的。準教師在準備筆試前必須先將自己調整至最佳狀況，例如：寫字速度要快、標點符號要正確、字體要工整、用字遣詞要優美、立論要能言而有據、評論要能中肯入理等，這些都是平日要培養的基本能力。

九　教師甄試試教的準備

　　教師甄試過程中，真正能考驗教師的專業能力，而且具有鑑別度的就是試教。準教師在面對試教過程，必須要有周詳的準備，將各種試教的型態先弄清楚以方便做事前的練習。試教在教師甄試中越來越扮演重要的角色，國內各縣市在近年來已經慢慢重視試教的重要性，並且在每年教師甄試中納入複試的一環。其中，主要原因在於教師甄試中，只有試教才能真正評出教師的專業能力，透過試教才能了解教師的教學能力及在教室生活中的各項專業行為。有關試教的型態與準備要領簡要說明如下：

(一) 試教型態 —— 事前告知、臨時抽題、自由預備

　　教師甄試在試教時，通常採用事前告知、臨時抽題、自由預備三種主要的方式。「事前告知」是由主辦單位在簡章中註記試教的科目、單元、時間、年級等，讓準教師提前了解試教的內容，以做好各項試教的準備，因此，舉凡教具、教學媒體、教案、教學資料等，考生都可以事前準備，大家的機會都是一樣的。其次，「臨時抽題」是由主辦單位在考前幾分鐘時間，以臨時抽題的方式，要求參與教師甄試的準教師現場實施教學活動，並由評分人員針對教學活動進行評分。因此，單元、科目、年級、教材等都是現場才知道，考生必須做

各項臨場反應，此種試教方式是一般教師甄試最常見的，也是為了基於公平起見。最後一種方式，就是「自由預備」方式，由考生事前選定年級、科目、單元、教材等，在考場進行教學活動。不同型態的試教本身有不同的優缺點，考生必須針對不同型態的試教妥善準備。因此，準教師在試教階段的「課程轉化能力」及「現場教學能力」是相當重要的。這些基本能力都是平日要不斷累積的，比較無法臨時抱佛腳。

（二）試教時間

教師甄試的試教在時間上通常包括 5、10、15、20 分鐘不等，比較常採用的是 15 分鐘。考生必須掌握好 15 分鐘的時間，不斷地反覆練習，最重要的是熟悉教學活動進行的流程，並且多找機會練習，以累積臺風。筆者深信臺風是可以累積和練習的。

（三）試教的要領 ── 多看、多記、多解

試教應該以「因素分解」的方式進行，熟悉教學活動的流程，並且將教學活動的進行以固定的方式進行練習。例如：教學活動的進行是有固定流程的，教學活動第一步驟是「引起動機」（約 3-5 分鐘），其次是提示教學目標，接下來是發展教學活動（展開正式的教學活動），透過教學策略與方法，講解重要的概念，最後，則統整教學活動以便形成新教學計畫。這些教學活動的步驟，準教師都必須熟記並「形成習慣性的教學活動」，才能在教師甄試中的試教贏得評分者的賞識。

（四）春風化雨 vs.最佳主角

1.演活你的班級，不管那些「艱難」問題

試教時雖然班級不是你所熟悉的，或者是臺下根本就沒有學生，教師甄試時也要演得像真的一樣。將班級演活，運用各種豐富的

肢體語言、有趣的笑話、吸引學生的魔術，演活自己的班級，哪怕評分學者專家出的臨場問題有多麻辣，準教師都要視若無睹，給予專業方面的回應，才能顯現出自己在教學上的實力。

2. 服裝儀容

準教師在試教前必須先將自己的服裝儀容打理好，要先觀摩一般教師正式的服裝儀容，儘量不要奇裝異服，讓學生或評分者感到不適或可能招致負面的印象。服裝儀容以端莊、正式為宜。服裝是一種對人對事的禮貌，如果考生不尊重自己的話，相信口試委員也很難尊重考生。

3. 時間掌握

時間的掌握在教師甄試時是相當重要的，考生必須了解 3 分鐘有多長，5 分鐘有多長，才能在口試、試教時充分掌握時間。如果考生缺乏時間概念，不但在口試時無法有效掌握時間，在試教時也無法將重要概念教給學生，恐怕因此而影響分數。

4. 班級經營獎勵制度、口令歡呼、動作

教學活動進行時，教師別忘了運用各種獎勵制度、口令歡呼、動作等強化班級經營，促使教學活動順利進行。透過各種獎勵制度的實施與運用可以強化自己在教學上的實力，同時是促進有效班級經營的基礎，在教師甄試時可以贏得好的評價。

5. 避免做出一些「太抖」的事（手放口袋、摸頭）

教學活動的進行應該是相當順暢的，教學演示者應該儘量保持輕鬆的情緒，避免因過度緊張而出現一些不雅的動作，例如：手插口袋、不斷摸頭、常出現口頭禪（例如：了解嗎？有問題嗎？），教學者的舉止要端莊，避免各種不必要的動作。

6. 點出教學重點，教學流程通順

教學活動進行時，提醒學生教學重點何在，不斷透過各種教學技巧引導學生學習，例如：運用問答方式了解學生的學習情形，以不斷問問題的方式提醒學生注意教師的教學等。

(五) 經驗傳承與學習

「上等人，從別人教訓中得到經驗；平凡人，自己經歷教訓得到經驗；下等人，經歷教訓忘卻經驗。」經驗的學習與傳承是相當重要的，做任何事情，任何決策，參考他人的經驗是相當重要的。因此，即將準備教師甄試的準教師，無論如何要去看學長（姐）教師甄試的現場，不管是去幫忙也好、臨場經驗的體會也好，要先了解教師甄試的現場，以作為未來參加教師甄試的參考。

(六)「試教」舞臺的備課

教師甄試的試教在考前的準備是相當重要的，一般在考前必須做好下列準備，降低自己在教學現場的焦慮感與不安全感：

1. 養成鑑別及轉化「另類教具」的敏銳度

教師在教學活動實施時，在教具方面的使用是相當重要的，透過教具的使用可以強化教學的效果。在教具的使用方面，教師應該培養任何教具都可以在教學中使用的能力和經驗，可以透過任何教具進行教學轉化，強化教學效果。例如：常見的「愛的小手」就可以用在教學活動進行時，強化教師語調的時機上面，也可以用在強化學生的常規方面。

2. 隨手記下「點子創意王」的聯想

創意教學絕不是偶然的，必須教師平日不斷蒐集相關的創意點子，然後運用在教學活動的實施上面。因此，教師在平日應該隨時記下「創意點子王」的策略，或是寫教學備忘錄，將一些創意的教學點子以備忘錄的方式記錄下來，成為自己的創意點子，作為教學活動實施的參考。例如：在試教時引起動機方面，如果能以變魔術的方式引起學生的注意力，對教學動機的引起具有相當正面的意義。

3. 隨手撿人家不要的「教具箱廢物」

平日蒐集「專家教師」或「經驗教師」的教具，或者一般教師不用的但可以運用在各種單元教學上的教具，以廢物回收的方式，有時

可以運用在各種教學活動上，對教學效果的促進有相當的作用。

4. 作為生活媒體與教學活動的「轉換器」

在平日生活中可以透過各種媒體節目，將各種與教學有關的概念運用在教學中，例如：「麻辣教師」節目中有各種教師因應學生偏差行為的有效策略，或是教師在教學活動進行時的創意策略，都可以用在教學活動實施上。準教師應該可以不斷作為生活媒體與教學活動的「轉換器」，將媒體新聞與各種電視節目引進教學中。

5. 立志成為「教學的拾荒老人」

教學經驗的累積並非一日可及，而是需要時間的累積與經驗的傳承，準教師在教學專業能力的培養方面需要透過平日不斷地汲取其他教師的經驗精華，才能成就「專業化的教學」。在準備教師甄試時，不僅僅是各項闖關能力的培養，同時也是教學能力的培養與自我反省，試教可以真正評鑑出教師的教學能力，以及本身所具備的各項專業能力。教學經驗的累積必須教師以「拾荒老人」的精神，平時就隨時蒐集各種資料，包括軟性的資料、有效的策略、豐富的經驗等，不吝於將各種資料轉化成為教學上的參考，才能讓自己的教學更加多采多姿，讓學生每天對學習活動充滿期望、充滿信心。

十　教師甄試口試的準備

教師甄試口試和筆試一樣是最常出題的形式，準教師在準備教師甄試時必須針對口試進行考前的準備。口試是所有教師甄試中最容易事前準備的一項，同時也是最容易事先模擬的一項。如果準教師在教師甄試之前，可以將口試的各項準則、口試的相關作業準備好，相信在教師甄試中要拿高分不是一件困難的事。因此，以下針對教師甄試中的口試項目做深入的分析，並教導準教師做事前的練習與準備，以

便在教師甄試中可以拔得頭籌。通常策略聯盟的縣市為了避免考生過多的現象，所以會透過筆試方式先淘汰一些考生，在筆試通過後，再通知考生參加口試與試教的複試。

(一) 口試評分的成員

教師甄試的口試，通常主辦單位或學校會邀請教育界的學者專家和實務工作者參與口試工作。教育界的「學者專家」通常會商請與教師甄試縣市比較近的大學校院教授（例如：臺南市會偏向請臺南大學、嘉義大學、成功大學、中正大學的教授）擔任口試委員；而實務工作者通常會是學校校長或教育行政機關長官。近幾年，有些縣市教師甄試口試會將各級學校家長會長列為委員之一。因此，在準備口試時，有關家長對未來教師的觀點要花一些時間準備，才能準確回應家長代表提出來的問題。

(二) 口試進行的形式

教師甄試的口試進行通常會在筆試結束之後，準教師如果通過筆試或在筆試中取得高分就有資格參加口試。一般教師甄試在筆試和口試方面的作業都是相當嚴謹的，以筆者多年擔任口試委員的經驗，主辦單位會嚴守保密原則，甚至於口試委員在進入口試場地之前才抽場地編號，進入考場之後才提供準教師的編號並避免洩漏考生的名字。因此任何委員事先無法得知會口試哪些教師，考生只要針對口試可能問的問題做事前的模擬和準備，不必懷疑口試過程會不會作弊的情形。

(三) 口試進行的時間

教師甄試的口試時間，每一個人通常會限定在 10-15 分鐘左右，考生在時間的掌握方面要特別注意，尤其是明白 10 分鐘究竟有多久。如果考生在回答問題時不知道精簡扼要、有效掌握時間的話，很

容易影響自己的成績。口試委員有三位的情況之下，考生必須掌握每位口試委員的時間，並且針對口試委員的問題給予詳細的回應。最好的方式是以要點回應委員的問題，例如：有關班級經營的要點，包括班級氣氛、班級常規、班級教學等等。

(四) 口試成績的計分

口試在教師甄試過程中，通常分數不會占太大的比例，一般大約在 20-30% 左右。因此，準教師在參加教師甄試時，筆試還是占相當大的決定性。主辦單位為了使口試成績不至於「過於主觀」或是「落差太大」，都會在口試前提醒委員，口試的分數落差不要太大，分數請介於 80 分到 90 分左右。如果低於 80 分或高於 90 分的話，請口試委員在評分表上面加以說明。因此，口試委員為了減少不必要的麻煩，都會儘量將成績打在 80 分到 90 分左右。換言之，口試的成績對教師甄試的影響不會太大，除非考生的反應太差、答非所問，才會在口試時差距太大而影響錄取的可能性。此外，有部分縣市會規範委員打分數的界限與名額，例如：70-75 分 3 位；76-80 分 3 位；81-85 分 4 位；86-90 分 2 位。在口試方面，儘量不要讓自己的分數過低，或者因為比例的問題落在低分組，而影響錄取的分數。

(五) 口試的題目

教師甄試的口試題目，在形式方面分成二種：一種是由主辦單位提供口試參考題庫，另一種是由口試委員自行在現場出題。往年的教師甄試在口試方面，題目都是由委員在現場根據自己的經驗或考生的反應臨時出題，也有口試委員事先準備一些題庫或問題條，請準教師自行抽題自行回答。一般口試的題目不外乎與教師專業有關的三大項，即教學能力、班級經營、學生輔導等三方面，所以考生要朝這三個方向加以準備，並且事先多加練習。尤其是考試前的模擬活動一定要多，以降低自己的焦慮，提高口試時的精準度。

(六) 口試的因應對策

參加任何考試的口試通常考生都會敗在過於緊張、不知所云，或是因緊張而失去方寸。教師甄試如同談戀愛，而口試就像去約會。邁過了口試這道門檻，就能和一般準教師一樣邁向合格國小教師，享受無憂無慮的公教生活。

口試時，準教師不可以過於患得患失，必須保持平常心，告訴自己「我是最棒的」、「我是最好的」。口試時不可急於求成，不應該表現出孤注一擲或是非常急促的態度，如果太過緊張，造成事與願違，那就真的得不償失。口試最重要的是帶著一種非常平和輕鬆的心境去面對。口試前不妨先自我催眠一番：「不過是問問題，我也不覺得有什麼緊張。」也許心情就會比較輕鬆，反而會有更好的表現。口試反應要掌握「簡短、專業、切題」等要領，針對委員的問題提出自己的看法。

1. 服裝儀容要整齊

(1) 外表是一個人身分與地位的象徵，面試常是學校人員找一位「喜歡的同事」的關卡，因此口試者的主觀意識很濃，常常是作為錄取與否的決定點。根據哈佛大學的研究顯示，特別強調面試時，主試者在 7-30 秒鐘，便已將外表不合格的人選淘汰，而淘汰的原因通常是你的外表不是他們心目中要的人。如果考生在服裝方面過於隨便，當然口試委員也會在分數方面給個隨便的分數。

(2) 形象顧問法蘭克說：「從衣櫥取出衣服前，先問問自己，這是上司所想見到的嗎？」服裝整齊當然是面試最基本的要求，如果外表無法說服他人，無論你的經歷多麼豐富，還是無濟於事。服裝儀容是不可忽視的一環，買一套適宜的服飾去參加甄試，可以有效展示自己專業教師的穿著，事實上這也是尊重自己及評審委員的表現。

2. 回答問題要簡短、清楚、準確

(1) 口試時間通常是很短的，因此考生必須在回答問題時簡短、清楚、明確，一個問題回答的時間最長不要超過 3 分鐘，還要留時間給其他委員問問題。假如問到你不會的問題，也千萬千萬不要只說「我不會」或是「我不知道」，你要回答：「我對這方面的涉獵比較少，所以如果有錯誤的地方，希望各位老師給我指導，我對這問題的看法是……。」至少給人的印象是你的反應不賴，或是你的可塑性很強，你願意在不足之處加以學習成長，至少你是謙虛的。

(2) 假如問到你能力不及的地方，千萬千萬不要說你做不到，可以不會裝會，或者是「我對這方面涉獵不多，但是如果有機會的話，我很願意去學習有關○○○方面的知識。」而不要漫無邊際地瞎扯，應該事先排練一下如何回答主試人刁鑽的問題。

(3) 在回答問題時可以主動要求多談一些，但回答不要太教條、太死板。抓住適當的機會，告訴主試人你有哪些經驗和能力，簡潔地談談你過去做出的成績。尤其是和當教師有關的經驗，更需要在這個機會中講出來。當然，在講述過程中要言而有據，不可過度膨脹也不可以太誇大。

3. 說話要充滿自信，不可有猶豫的表情出來

(1) 語言是應試者在面試中與主考官溝通情況、交流思想的工具，更是應試者敞開心扉，展示自己知識、智慧、能力和氣質的一個主要渠道，恰當得體的語言無疑會增強你的籌碼，也會增加口試委員對你的印象。

(2) 說話的語氣要肯定自信，上臺後你就是專家，要由你來主導全場，千萬不要說出對自己不肯定的話，例如：「我也不知道對不對」、「我不太確定，要回去查查看」等。回答問題應該簡潔扼要、見解獨到，以「實務經驗回答」會比較具體，以取得口試委員的認同。

(3) 態度要積極，主動秀出自己的特色，若是遇到自己的弱勢之處應有合理解釋，若幸運碰到自己專長的項目應詳細發揮。最重要的是要胸有成竹、表現強烈的企圖心、對甄試學校的仰慕以及想一展抱負，並且充分了解該校的運作情況。

(4) 另外先在學校圖書館或是學校教育網站中了解有關資料，仔細研究該校的背景情況，或向熟人打聽學校的組織、人事及校風等情況。如果你能夠在面試中熟練地提及你從報紙上看來的關於該校的一些情況，那麼你會給主試人留下很好的印象。尤其是學校過去的優點及傳統、現在的表現以及未來的願景都是教師需要發揮的主題。

4. 千萬不要過於緊張

(1) 實際上主試人經常也會緊張，你應設法使他也放鬆下來。面試中不要吸菸，不要嚼口香糖，不要因為緊張用腳尖敲打地板。但也不要過分放鬆，看起來漫不經心，否則會顯得你對這份教職很淡漠，或者根本不感興趣。可仔細留意辦公室裡陳列的獲獎紀念品、照片等物品，想辦法從中找到線索，引出話題，趁機恭維幾句，緩解一下緊張的氣氛。

(2) 緊張是許多應試者最常犯的毛病之一，當然，緊張是在所難免，但是一定要克服心理障礙。你只有前面 30 秒可以緊張，但也要不著痕跡，若緊張就深呼吸，眼神投注在主考官的頭頂後的場景。有些教師手腳發抖，連坐都坐不安穩的大有人在，最好的解決辦法就是充分的準備。

5. 避免晃來晃去

俗話說：「男抖窮，女抖賤。」這是個人習慣問題，平時就要多注意。坐有坐姿，不要整場動來動去，好像有蟲子在身上爬一樣，這樣會顯現出你的焦躁不安，更會把你不端莊的一面給暴露出來，會讓主試者留下不好的印象。萬一過於緊張的話，也要運用各種策略協助自己鎮定下來。

6. 聲音清楚宏亮

　　面試回答問題的聲音至少要讓全部的評審聽到，男女教師天生有別，個人氣質也不同，但總是以不用麥克風就能讓全場聽到的音量為宜。若是回答聲音宏亮，音調能抑揚頓挫，則會讓別人覺得很有精神、朝氣及衝勁。

7. 記得時時面帶微笑

(1) 面試剛開始的幾分鐘是最關鍵的時刻，要努力留給主試人一個良好的第一印象，應該面帶微笑有禮貌地和主試人點頭問好，微笑是最好的開場白，常常微笑可以縮短人與人之間的距離。

(2) 換個角度來說，別人可能認為你在對待學生時也是十分和氣，讓人如沐春風，當然會有幫助。有些應試者可能因為緊張，從頭到尾臉都繃得緊緊的，讓人覺得氣氛十分凝重，多多少少會有影響。「微笑是拿高分之鑰；緊張是落榜之鎖。」

8. 展現你的教育專長

(1) 面試時，你需要傳遞給主試者認為你是學校未來的有利資產的資訊，你擁有幫助學校實現預期目標的潛在能力，你是學校的寶貴資產而非包袱。

(2) 學校招聘教師是為了尋找寶貴的資產，而不是慈善機關對失業的人施恩惠，所以可將你的專長加以強調，譬如：有童軍專長，可以帶童軍團；有語言專長，可以帶雙語班級等，具體明確地表達你在各方面的專長。

9. 注意陷阱題

(1) 不論評審教師怎麼問，怎麼設下圈套，都不可以上當。例如：曾有口試委員問及「在未來的教學中如果你體罰學生，家長到學校找你興師問罪的話，請問你該如何處理？」像此類的問題就是陷阱題，不管你怎麼回答都是有問題的。最好的方式是回答口試委員「我本人是絕不體罰學生的，所以像這樣的問題絕不會發生在我們班上，但是如果隔壁班的教師發生這類事情，

我會給他的建議是⋯⋯。」

(2) 在回答時一定要切記不能體罰，因為法令有明確規定，而且也要儘量表現出自己有愛心、富親和力的一面，所以要儘量把暴躁的本性給隱藏起來。

10. 要具備行政基本理念

　　行政是支援教學的，更何況學校常會詢問新教師願不願意接下行政工作，所以基本的行政理念一定要具備，才不會主試者問到有關行政方面的問題，會一問三不知，這樣可能就會在這方面吃虧。例如：口試委員問及「如果在教學和行政工作衝突時，你會做如何的選擇？」像此類的問題就要謹慎地回答，因為很多口試委員本身都兼行政工作。

11. 充滿熱情和教育愛

　　雖然在面試短短的時間內，不一定可以把自己的教育理念完整地表達出來，但是在談吐間充分顯現自己的教育愛心、耐心和犧牲服務的精神，可以獲得許多好感。千萬不要談到教師的無奈、無力感，要堅持自己的想法及對教育的熱忱。

12. 保持謙虛和上進心

(1) 主試者都是具相當教學經驗者，所以應試者在面試時雖然要有自信，但切忌把話講得太滿；反之，適當保有謙抑、虛心求教的態度，一定比較完美。

(2) 而且一間學校一定想要聘用對自己的前途有長期、明確目標的教師，具有積極自我成長概念的人，對教職較積極投入、努力進取，並充滿旺盛的事業心與鬥志，能迅速進入工作狀態，更易為學校賞識和任用。

13. 要有設計教學的能力

　　教學是教師三大專業能力之一，教師在口試時，必須隨時展現自己的教學設計能力，尤其是各重要議題融入各科的教學之中，是各個學校現在正在積極推廣的。一位教師如果能夠具有創意教學設計的

能力，必定能夠獲得主試者的賞識，當然就要將創意教學能力展現出來，贏得口試委員的賞識。

14. 蒐集教育相關問題

熟悉目前熱門教育問題，例如：十二年國教、轉型優質課程、教師專業發展評鑑、教學革新、資訊融入教學。教學實務問題，例如：班級經營、主題統整、多元評量等。教育新知：新的教育理論。但不要過於一廂情願偏向某一個主題，在口試時要能中肯表達對該主題的觀點以及可能產生的限制。

15. 事先了解甄試學校的發展特色

應考前，最好能夠事先了解應試學校（或者縣市）的發展特色，可以針對該特色，把回答的焦點跟學校發展特色做關聯，會讓主試者感覺你的用心與積極的一面。如果參加縣市聯合甄試的話，必須先針對該縣市的地理、歷史、風景、教育特色、縣市教育發展特性有一些初步的了解，作為口試的準備。

(七) 細數口試八忌

1. 忌遲到失約

遲到和失約是面試中的大忌。這不但會表現出應試者沒有時間觀念和責任感，更會令面試官覺得應試者對這份工作沒有熱忱，印象分自然大減。守時不但是美德，更是面試時必須做到的事。因此，應提前 10-15 分鐘或準時到達，若匆匆忙忙到甄試地點，心情還未平靜便要進行面試，自然表現也會大失水準。因此，準教師在參加教師甄試時，必須先到口試學校或場地了解一下，並熟悉場地和環境。事先了解場地不但可以讓自己熟悉場地，也可以降低對陌生場地所產生的不安全感。

2. 忌數落別人

切勿在面試時當著面試官數落誰人的不是或是怨天尤人，更不要把不如意全推給時勢逼人。這樣做，不但得不到同情，只會令人覺

得你記仇、不念舊情和不懂得與別人相處，反而更會招來面試官的反感。要表現得友好、善於交際、善於說話。要泰然自若，不受各種壓力的影響，不要嘻皮笑臉，不要發牢騷和批評他人。教師甄試口試時，當口試委員提及比較敏感的話題時，準教師要特別留意不要過於指責他人，或是責難別人。例如：「你覺得九年一貫課程的缺點在哪裡？」此類的問題要特別留意。不可以一面倒地只提到各種缺點、限制，也應將九年一貫課程的優點加以描述，再提出自己的看法。

3. 忌說謊邀功

(1) 不要自吹自擂，急於推銷自己，相反的，要讓主試人自己覺得他們需要你。主試人的任務就是物色人才，所以他們希望你就是他們要物色的人才。聽對方說話時要有耐心，不要與主試人搶話題，說話時聲音不要太大。

(2) 面試中要設法從談話裡發現該學校需要什麼樣的教師。面試時說謊、偽造「歷史」或將不屬於自己的功勞「據為己有」，後果可大可小。即使現在能夠瞞天過海，也難保謊言將來有被揭穿的一日。因此，面試時應實話實說，態度要誠懇有禮，不能以謊話代替事實。他們需要的是一個值得信任的人，任何躲躲閃閃的回答方式，對你都是不利的。例如：口試委員會問「○○老師來考這兒的學校之外，你曾考過其他學校嗎？如果有的話，有沒有考上？為什麼考不上呢？」此類問題考生不可以說謊，要據實回答不可隱瞞，至於沒考上的原因也不要否定自己，應該從「名額有限、角逐者眾」的角度回應，並承認自己仍有需要努力的空間。

4. 忌準備不足

(1) 無論學歷如何高，資歷如何好，工作經驗如何豐富，當主試者發現應試者對申請的職位了解得不多，甚至連最基本的問題也回答不出來或是回答的不完整，印象分數自然就會大打折扣。主試者不但會覺得應試者基本的準備不足，甚至會認為他們根

本無心在教育這個領域上發展。

(2) 面試之前應該做好充分的準備工作。最重要的是，面試中要保持冷靜，不要打斷主試人的談話或者與之爭辯，會讓主試者有不好的感覺。如果沒聽清楚問題，可以請對方再重複一遍。碰到出乎意料的問題時，不要急於回答，先好好地想一想該怎麼答。

(3) 教師甄試時面對口試，誰也沒有把握口試委員會在現場提出一個多「艱難」的問題考倒你，因此在考前不可放棄任何一個問題，將這些問題熟練的話，你會有意想不到的成績。

5. 忌長篇大論

(1) 雖說面試是推銷自己的時間，不過切勿滔滔不絕、喋喋不休，面試官最怕應試者長篇大論，說個沒完沒了。其實回答問題，只須針對問題重點回答。相反地，有些應試者十分害羞，不懂得把握機會表現自己，無論回答什麼問題，答案往往只有一、二句，甚至只回答「是、有、好、可以」等，這也是不可取的。如果性格膽小害羞，則應多加練習，以做到談吐自如。

(2) 可以用一句話就將事情講清楚的話，儘量不要超過二句話，這不是作文比賽，你也不是小說家，需要短話長說。這些都是需要經過練習的，除非口試委員要求你再多描述一些你的觀點。

6. 忌語氣詞過多

使用太多如「呢、啦、吧」等語氣詞或口頭禪，會把主試者弄得心煩意亂。語氣詞或口頭禪太多會有種吞吞吐吐的感覺，會讓主試者誤以為應試者自信心和準備不足。利用時間將自己的話語用錄音機錄下來，找時間聽聽看，你會發現自己有多粗魯，自己的話有多少口頭禪，而這些都是日常生活中自己容易忽略的。聽聽看坊間錄給小孩聽的故事內容，會有想像不到的效果。

7. 忌欠缺目標

(1) 面試時，千萬不要給主試者留下沒有明確教育目標的印象。雖然一些應試者的其他條件不錯，閱歷也很豐富，但是沒有明確的教育目標就會缺少主動性和創造性，可能給學校帶來損失。主試者倒情願聘用一個各方面表現雖較遜色，但具有教育目標和熱忱的應試者！

(2) 說話的內容要繞著目標轉，才能顯現出自己所要表達的意思。如果講了一大段的話卻又缺乏目標，又臭又長的話，容易引起口試委員的不耐。曾有口試委員在某一個口試結束之後，給應試者的衷心建議就是將來當主管之後，應該多做事少說話。

8. 忌拉攏關係

(1) 拉關係應該是屬於行政運作的黑箱作業，在口試時應該避免，不可過於鋒芒太露，以免遭忌。

(2)「我認識你們學校的 XX」、「我和 XX 是朋友，關係很不錯」等等。這種話主考官聽了會反感，如果主考官與你所說的那個人關係不怎麼好，甚至有矛盾，那麼你這話引起的結果就會更糟。

土 邁向正式合格教師

　　由於歷年來各縣市中小學教師甄試的辦理經驗，讓想要擔任教職的準教師經歷各種失敗經驗，對成為正式教師的夢想屢屢破滅。國內少子化對於中小學教師員額編制的衝擊，已經降至最低點。因此，未來的中小學教師甄試，具有相當的希望和契機。想要擔任教職的準教師，應該要掌握關鍵性的一年，積極準備各縣市的教師甄試，隨時掌握各縣市教育單位有關教師甄試的訊息，以同儕分享與共享的準備

模式，積極虛心且有計畫的準備甄試。未來，邁向正式合格的教師夢想，應爲指日可待。

　　成爲正式合格的中小學教師，是每個選修師資培育課程的準教師最終的夢想。這些夢想實現需要一段漫長時間的準備，在專業方面的成長，透過專業課程的培育，師資培育制度的陶冶等歷程，才能取得中小學教師的資格。準教師應該在選修師資培育課程時，將各種師資培育制度和作法納入自己的生涯規劃中，透過生涯發展策略的運用，以及專業方面的成長和努力，成爲正式合格的中小學教師，實現人生的夢想。

邁向正式合格教師生涯

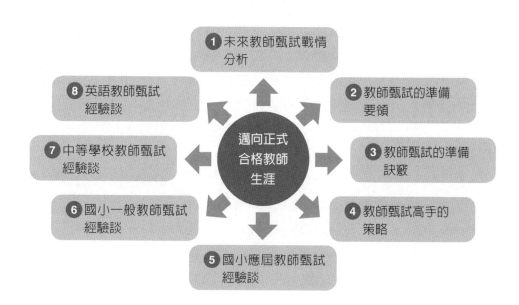

1 未來教師甄試戰情分析

2 教師甄試的準備要領

3 教師甄試的準備訣竅

4 教師甄試高手的策略

5 國小應屆教師甄試經驗談

6 國小一般教師甄試經驗談

7 中等學校教師甄試經驗談

8 英語教師甄試經驗談

邁向正式合格教師生涯

　　成為正式教師需要通過各種師資培育制度的考驗，從各種學程的甄選、教育專業科目的選修、教師資格檢定考試的通過、為期半年的學校教育實習，到各縣市教師甄試的考驗，完成各種甄選之後，才能邁向正式合格的教師。本章的重點在於分析教師甄試戰情分析、教師甄試的準備要領、教師甄試的準備訣竅、教師甄試高手的策略、中小學教師甄試的經驗談等，提供有意願成為正式中小學的準教師，在教師甄試上的參考。

一　未來教師甄試戰情分析

　　由於社會環境的變遷，國家相關體制與現實環境的改變，中小學教師供需問題有了大幅度的改變，此種改變對於未來一年教師甄試的辦理，具有相當的改變與影響。其中包括少子化時代的來臨、軍公教（含中小學教師）年金改革的實施、縣市合併新六都的成立、教師專業能力被質疑，以及學生學習落差加大等，在在影響教師結構與中小學員額的改變。有關前開改變及帶來的影響，詳加論述說明如下：

(一) 當教室沒有學生 —— 少子化影響的時代來臨

　　依據內政部與教育部相關單位的統計，近年來由於新生兒數量逐年驟減的關係，少子化時代提早來臨，對於社會人口結構、醫療單位用人、中小學教師的需求量等，皆受到直接與間接的影響。此外，軍公教人員退休制度由「75 制」改為逐年調整的「85 制」，對於國內各縣市中小學教師的需求量產生相當程度的改變與影響。正面的影響在於教師退休潮的湧現，負面影響在於中生代教師延退的現象產生，在正負相互增減的情形下，因為少子化導致的教師需求量低，應已進入所謂的「谷底現象」。換言之，未來幾年的中小學教師需求量，與

過去幾年相比，明顯有大幅增加的現象。

(二) 當縣市合併衝擊——偏遠地區不再偏遠

　　由於經濟的快速成長，資訊時代的來臨，加上國內交通網絡的暢通，以往偏遠地區與交通不便的窘境儼然成為過去式。中小學教師在服務學校地區的選擇與決定方面，產生微幅的改變。資深教師不再將偏遠地區學校視為生涯服務的畏途，甚至將以往偏遠地區視為生涯服務的「黃金地段」。因此，新手教師在服務學校的選擇上，已經和以往的「鳥不生蛋、車不抵達」的現象不一樣。尤其，當高雄縣市、臺南縣市、台中縣市、桃園縣市合併之後，教師員額編制擴大，未來幾年的教師甄試，在率取機會增加，教師員額釋出之後，掌握未來一年的教師甄試機會，對於擁有中小學教師資格的準教師，提供成為正式教師的良好契機。

(三) 當教學品質低落——教師專業能力降低

　　教師專業能力的開展，影響教室層級的教學品質，與學生本位的學習品質。相關的研究指出，近年來學生在學習品質方面的落差，導致學習成效普遍降低，以及學生個別學習成就的差異性大。因此，提升學生的學習品質與教師專業能力的呼籲聲，隨著政府單位重視學習的程度，有逐漸增加的現象。在提升教師專業能力與學習品質的同時，增加中小學教師員額編制，以及將教師正式缺額釋放出來，並且降低代課教師的比例，是未來幾年教育施政的重點。換言之，中小學教師甄試在此種政策轉變之下，勢必提高甄試的名額，增加準教師成為正式教師的機會。

(四) 當學習品質低落——學生學習困難增加

　　過去幾年行政院國科會指出，相關的研究（例如 PISA）發現臺灣地區的學生，在學習成效方面，低於世界上同等級的國家（例如韓

國、上海等），學習品質低落的問題，值得國內學術界與實務界的重視。研究發現，臺灣地區的學生在學習品質方面，近年來素質與成效方面的下降，已然成為「垂直差異」的現象。學習落差與學習困難學生，需要透過教學理論與策略的運用，提升教師的教學品質與學生的學習成效。因此，在未來幾年的教師甄試中，所代表的意義不僅僅是教師名額的增加，同時也是教師編制提升的契機。這些對於希望參加中小學教師甄試的準教師，皆為全心準備教師甄試的良好機會。

二　教師甄試的準備要領

歷年來的中小學教師甄試，不管在內容的篩選與方式的決定，大都圍繞在教師專業能力方面，表面上以教育專業科目作為初選的標準，實質內涵包括教師教育專業能力的重視、班級經營與學生行為管理的技巧，以及教學能力與課程及教學領導能力等方面的基本專業能力。有關教師甄試的準備要領，下文將從五個重要層面提出高效能的策略與方法。

(一) 掌握教師甄試辦理的明確消息

依據以往的經驗分析，以及縣市合併之後的教師需求量，未來中小學教師甄試在名額方面，比往年有增加的現象。在準備中小學教師甄試過程中，準教師應該要隨時留意各縣市發布的「教師甄試消息」，作為準備甄試和考試的參考。

(二) 關心教師甄試辦理與否的訊息

中小學教師甄試辦理，需要一段相當長的籌備時間。因此，各縣市教育處（或局），必須將教師甄試的流程表作為教育處施政的依

據。教師甄試從名額的決定、甄試內容的研擬、相關命題委員的遴聘、試務人員的商聘和延請、事務工作的規劃和進行，需要一連串緊湊的工作流程。根據以往的中小學教師甄試經驗，各縣市在辦理甄試時，需要透過相關的新聞發布，讓全國準教師了解甄試的相關訊息。準教師在準備教師甄試當中，需要聯合志同道合的同儕，隨時掌握中小學教師甄試的相關消息，作為讀書和準備的參考。

(三) 探討教師甄試辦理內涵與階段

依據辦理中小學教師甄試的經驗，從籌備到正式實施，通常包括籌備階段、會議階段、實施階段、檢討階段等。在甄試內涵方面，通常包括基本資格審查、專業科目筆試（作為進入第一階段的門檻或標準）、口試、試教、專案檔案審查等。前開項目通常會採用重點項目整合方式，或是筆試加口試、筆試加試教等方式進行。有鑒於此，準教師在準備教師甄試時，應該將大部分的時間用在專業科目的閱讀上面。由於各縣市的教師甄試都將教育專業科目筆試作為第一階段錄取的門檻，因此先取得「第一階段的入場券」，在甄試階段是屬於關鍵因素。在甄試過程中，為數不少的準教師，因為筆試未通過門檻，連參加口試（或試教）的機會都沒有而飲恨。

(四) 瞄準教師甄試核心與關鍵議題

中小學教師甄試的核心，歷年來各縣市大都將焦點放在教育專業理論與專業技能方面。由於擁有教師資格的準教師人數逐年累積，以及在甄試過程中的錙銖必較，因此試務人員的壓力特別大，唯恐因為人為疏失而導致無法收拾的結果。在甄試的核心與關鍵議題方面都會特別留意，並且將可能的爭議性降低。準教師在準備教師甄試時，不必過於鑽研艱深議題，或是少見的理論，只要將各種教育理論實際的議題掌握好，並且留意教育理論的應用等，就可以在甄試過程中取得理想的成績。

(五) 分析全國中小學教師缺額現象

中小學教師甄試最後階段，在於掌握全國各縣市教師的開缺情形。透過各縣市開缺情形以及甄試日期的決定，可以提供準教師在報考甄試時的參考。一般而言，中小學教師甄試的日期，會分成「北、中、南三地區聯合甄試」的方式，日期不會在同一時間，以避免讓準教師在報名時產生混亂或無所適從的現象。因此，在準備教師甄試期間，要針對不同地區的考試內容、形式、科目、內涵，做不同形式的準備。此乃肇因於不同地區的教師聯合甄試，在學科內容的決定、甄試類型的選擇、甄試型態的研擬，會因為不同地區與不同縣市政府的教育政策，而有不同的型態出現。準教師應該要隨時掌握不同地區的甄試消息，調整自己的讀書計畫，做不同樣式的準備，才能在甄試過程中取得優異的成績，並完成成為正式教師的夢想。

三　教師甄試的準備訣竅

教師甄試的準備，需要一段長時間的規劃，透過有系統、有效率、有方法、有訣竅的運用，才能在教師甄試拔得頭籌。茲將歷年來教師甄試高手的方法和訣竅，透過文字分享與經驗傳承方式，提供準教師在教師甄試中，作為沙盤推演與考試準備的參考。

(一) 透過有效率的方式檢視讀書計畫

做任何事情都需要一套完整的計畫，教師甄試的準備需要一套有效率的準備規劃。在準備中小學教師甄試中，必須為自己擬定一套瞄準目標的讀書計畫，內容包括讀書時間的規劃、專業科目的閱讀計畫、考古題模擬的準備計畫、高效能的讀書計畫等。上述的計畫，必須以「效率」和「效能」作為規劃的依據，讀對的書、做對的題目、

用對的方法，才能在甄試中得到高分，在口試和試教中贏得委員的青睞。

(二) 運用精準的策略提高讀書效果

想要提高讀書效果，必須針對讀書習慣、讀書方法做自我反省工作。先了解在讀書過程中的五個議題，包括：(1) 讀對專業課本嗎？(2) 讀對課本的重點嗎？(3) 讀對未來可能出題的重點嗎？(4) 讀對專業課本的核心概念嗎？(5) 讀對課本的精華嗎？上述的五個反省議題，必須在讀書過程中隨時提醒自己，並修正自己的閱讀習慣。

(三) 選擇正確的方法提升考試成績

運用正確的方法提高自己的考試成績，對於任何類型的考試都是主要的關鍵要素。歷年中小學教師甄試，在學科、類型、方式等方面，都是大同小異。因此，準教師宜從自己的考試經驗中，深度反省自己有哪些是需要調整的，包括準備方向、讀書要領、考試方法、考試策略等。比較理想的方法，是從教師甄試的歷年考古題開始，熟讀歷年考古題之後，再進而求其次，將專業科目熟讀。

(四) 依循系統的流程精進教育專業

考試的準備，不僅僅需要具備高效率的讀書方法，同時也需要精進專業能力的培養，因為專業能力的培養有助於提升專業能力內涵和各種專業技術。想要精進教育專業能力，必須先從熟讀「教育經典」做起，其次熟練各種專業技巧，再而熟稔專業知識。準教師在準備教師甄試中，如果將所有時間花在準備筆試上面，忽略專業能力的培養，在考試中容易因小失大，錯失被錄取的機會。

(五) 建立效能的模式增進考試技巧

依據歷年考上教師甄試的相關研究，教師甄試的高手在準備考試中，透過經驗的累積和能力的培養，建立屬於自己特色的效能模式。這些模式和技巧包括「熟讀教師資格檢定考試的題目」、「熟讀各縣市歷年教師甄試題目」、「平日在教室中熟練班級經營技巧」、「將每一節課的教學視為教學觀摩」、「蒐集彙整各媒體對於中小學教師方面的報導」、「建立屬於自己的教學備忘錄」、「留意教育部和各縣市教育局的重要教育政策」、「蒐集各國中小學教育發展的訊息」等。

四 教師甄試高手的策略

在任何競爭激烈的考試中，純粹靠「運氣」和「僥倖」並不會讓考生出類拔萃，只會讓考生更為沮喪。因此，在準備考試中必須透過「積沙成塔」、「日積月累」的讀書精神，才能讓自己金榜題名。有關教師甄試高手的策略，說明臚列如下：

(一) 筆試高手的高分祕訣

筆試高手的高分祕訣，包括如下：
1. 熟悉筆試科目的性質和主要核心概念；
2. 將筆試科目的重要知識、概念、原理原則、應用勾勒出來；
3. 彙整所有考試中該科目的考試題目和官方公布的標準答案；
4. 將考試科目的題目和標準答案熟讀；
5. 將各種考古題熟讀，並且將容易混淆的題目釐清主要的概念；
6. 透過考古題測試自己的實力；
7. 將測試中容易錯誤的題目做成讀書筆記；
8. 將教師資格檢定考試的科目做到完全熟練為止。

(二) 口試高手的高分祕訣

口試高手的高分祕訣，包括如下：

1. 平常就要隨時隨地訓練自己的口才；
2. 遇到各種必須辯論的場合，一定要掌握可以練習的機會；
3. 蒐集各縣市教師甄試口試的題目，並且做成簡要的備忘錄；
4. 每天利用固定的時間練習自己的說話能力；
5. 經常性的和學校教師雙向對話；
6. 將中小學學校中最常發生的問題做成發表意見的題目，並且經常練習；
7. 和志同道合的準教師相互練習臨場反應；
8. 請師資培育的教授指導自己的口試要領。

(三) 試教高手的高分祕訣

試教高手的高分祕訣，包括如下：

1. 了解教師甄試試教的科目和形式；
2. 不管對方需不需要教案，一定要寫教案作為引導試教之用；
3. 熟悉試教的一般性流程（例如：(1) 點名確定全班學生到齊；(2) 將教學單元名稱寫在黑板上；(3) 提示教學目標；(4) 引起學習動機；(5) 進行教學活動；(6) 實施形成性評量；(7) 進行分組討論；(8) 實施分組總結歸納；(9) 綜合本節教學重點；(10) 提示下一節課重點；(11) 宣布本節課各組表現；(12) 下課並提醒安全事宜）；
4. 運用各種行為改變技術（例如鼓勵措施）；
5. 使用各種甄試單位準備的教學媒體；
6. 熟悉各種教學理論與方法；
7. 明確掌握教學時間；
8. 運用創造力並融入教學活動中，例如：世界盃足球賽的保羅；
9. 展現教學專業能力，例如：準備粉筆夾、運用教具箱、正確的板書等。

(四) 考試高手的天龍八部

在教師甄試中，取得高分且榜上有名者，在考試過程都能熟練運用各種技巧，考試技巧的正確運用，有助於提高考試成績、降低對於不熟悉題目的「錯誤率」。筆者歸納歷年來考試高手的經驗和技巧，將考試高手的天龍八部整理歸納如下：

1. 有計畫性的讀書，並且持之以恆；
2. 正確選擇各種專業科目的課本，例如：先讀教授出版的書，再讀出版社的考試用書；
3. 筆試一定要拿最高分，以拉大和考生之間的距離；
4. 國家級的考試題目一定要達到完全熟練的階段，例如：要達到直接反應的程度；
5. 口試要在平時就反覆練習到精熟的階段，例如：任何難題都可以專業性的反應；
6. 將自己的試教水準提升到專家教師的程度，例如：每一個教學步驟都符合專業的要求；
7. 一定要讓自己達到專業成熟的水準；
8. 不可以錯過任何可以拿高分的題目，例如：不會寫的題目也要設法拿高分。

(五) 考試高手的訣竅要領

「頂尖高手之所以頂尖的關鍵，乃在於將對手遠遠拋在後方。」

在任何考試中，可以取得高分的考生，除了平日的努力耕耘之外，還需要加上有效的策略和精準的方法。想要成為考試高手，在建立屬於自己特色的考試模式外，也應該深入了解考試高手的要領和訣竅。歷年的中小學教師甄試上榜者，泰半具有下列特色：

1. 積極正向的讀書態度，並且和他人具備不一樣的耐力；
2. 肯於向專業人員請教，並且具有虛心學習的態度；

3. 讀書求甚解和理解，並且有做筆記的習慣；

4. 對於任何考試都能充分準備，不會「心有旁鶩」且怨天尤人的心情；

5. 熟讀每一門科目的核心概念，並且勇於和他人分享自己的經驗；

6. 經常性地向學習高手請教，並且轉化他人成功的經驗，成為自己未來的成功經驗；

7. 適當且精準的時間規劃與管理，善用生活中的每一時刻，讓每天24 小時的收益最大化到 48 小時的效率；

8. 勇於面對自己的失敗，虛心深度反省失敗的關鍵，並且透過自我檢核修正原先的計畫，以便形成新的計畫。

五 國小應屆教師甄試經驗談

我的專業我的教師夢

林郁珊
臺南市喜樹國小教師
國立臺南大學教育學系課程與教學研究所碩士

● 學生時代的學習經驗談

「學習是為了在未來能有更多的選擇」這句話是高中教師送給我們最珍貴的禮物！從那時候起，我便帶著這份信念求學，每天熟讀寶典「搶救國文大作戰」、規律練習數學題目，在高中時期累積最扎實的國文與數學學科知識，當時還真沒想過原來這些努力竟然能在未來教師甄試時助我一臂之力！

大學就讀百年師範老校 —— 臺南大學教育系，學校承襲優良師範

傳統，培育優質國小師資及教育相關工作者，秉持著「專業培育、多元發展」的精神，以教育專業課程爲主軸，兼重理論和實務的學習。大學四年，我除了學習教育理論基礎，師資培育課程更讓我有機會將所學理論基礎與教學實務結合。大四集中實習的那兩週，我確信自己想成爲一名正式教師。我喜歡與學生互動交流，無論是學業或茶餘飯後，學生們能在教師的教學與陪伴下慢慢進步，對於身爲教育工作者的我們，無非是最珍貴的成就與堅持的動力！

大學畢業後的我，需要半年教育實習才能報考教師資格檢定考試，因此沒有懈怠一丁點兒的時間，初步完成自己的讀書計畫後，便每天把握時間讀教檢考用書，爲教師資格檢定考試做準備……。

● 教師資格檢定考試經驗談

教師檢定又稱教師資格考試（教檢），是擔任正式教師必須取得教師資格證照的重要考試。教授們總是耳提面命對我們喊話：「教檢一定要通過啊！一年才舉辦一次，拿不到這個證照，就要再延後一年，連正式老師的門票都拿不到啊！」所以大學畢業後，也不敢怠慢學習，在半年教育實習期間，仍然把握零碎時間讀書。

國小教檢考科爲「國語文能力測驗」、「數學能力測驗」和「教育專業科目」。國語文的部分，我複習高中寶典「搶救國文大作戰」以及國音學，再搭配考古題；數學的部分，我大量練習國中會考考古題，增加題型熟悉度；教育專業科目的部分，我複習張春興老師的教育心理學專書、陳嘉揚老師的考用書，再搭配紙本教檢考古題以及線上阿摩試題，並做成錯題本，供教檢當天帶到現場做最後溫習使用。

● 教師甄試考試經驗談

讀教育系畢業後，常聽身邊的親朋好友說：「現在流浪教師那麼多，你還要考老師喔……」，每每聽到這些字句都會覺得格外刺耳，也因爲自己好強的個性，我內心便告訴自己：「我一定會應屆考

上正式老師，不能讓別人看衰！」這樣的信念陪伴著我走過這場看似艱苦又無盡頭的戰役，最後順利應屆上榜，也留在我最愛的臺南服務。

準備教檢時，因為多讀了一些專書，把基本功打得十分扎實，讓我在準備教甄時如虎添翼。第一年參加教師甄試，為了提高考上的機會，所以我選擇只要在考試期程不衝突的情況下，各縣市我都會報考。印象最深刻的是第一場桃園複試，48 課的試教對於第一次進複試的我而言，根本焦慮到不知所措，還好我實習學校的主任及教師們願意幫助我，幫我訓練口試、陪我一起備課，再加上南大聯電輔導團的前輩們不吝嗇分享資訊及輔考，讓我當時慌亂的心安定下來。

別人總說我應屆考取正式教師是實力好，但我更想說，是因為我遇到一群貴人，給我機會成長，再加上命運之神的眷顧，讓我實現踏入教育現場成為教育人的夢想，用己之力幫助更多需要幫助的學生！經過桃園教甄的洗禮，首次成功的經驗助長我的信心與士氣，接下來，臺中教甄及臺南教甄也都陸續傳來好消息，最後，我選擇留在自己熟悉的家鄉，為家鄉奉獻。

● 夢想成真、築夢踏實

一切就是那麼的剛好，也許是命運的安排，我第一間分發的學校就在離家裡不遠的地方，也是我當初半年實習的學校！

初任教師的第一年，帶著滿腔的熱血來到教學現場，可惜理想與現實總有所差距，所以在教書的前幾年因為血氣方剛、想給得太多，卻忽略是否因時制宜，學生是否能一一吸收，搞得師生筋疲力盡。漸漸地，我明白何謂「教學相長」，教師雖為教學者，卻同時也在學習如何成為更完善、能隨機應變的教師；學生也在教師的教學下，習得多元知識以及待人處世的方法，學生的回饋更促使身為教師的我們成長，是「雙向」的互動交流。

帶了三屆的導師班，每一屆的教學風格也都有所差異，從第一

屆的「照書養」（效仿前輩經驗），到後來根據班級學生的特質來做調整，慢慢找到了屬於自己的帶班風格（自我轉化），雖然過程不容易，但是對於不斷在教學現場嘗試改變、追求教學創新的自己，始終覺得值得肯定！當初想成為教師的那份初衷，也有了發揮的舞臺。願我能莫忘初衷，在這新世代不畏各種艱辛與挑戰，當一個為自己和學生負責的教師！

● **給學弟妹的建議**

身為一名考生，壓力絕對無所遁形，對未知感到惶恐，更是考生的致命傷，當你亂了陣腳，所有的準備也將無法發揮得淋漓盡致。所以，當時身為考生的我總是告訴自己：「不要怕，我是最棒的，一定可以考上正式老師！」

成為正式教師之路看似漫長，但我想對你們說：「心理素質要夠高，要永遠相信自己做得到。」「當你想做一件事的時候，全宇宙都會來幫助你。」努力讀書、廣結善緣和正向的自我肯定（對自己信心喊話），伴我度過那最地獄、不堪回首的教甄準備期，祝福你們也能從眾多前輩們的分享中，找到適合你的方式，夢想成真、築夢踏實。未來，我們一起教學現場見，不見不散喔！

我的專業我的教師夢

林梓容

臺南市裕文國小教師

國立臺南大學教育學系課程與教學研究所碩士班研究生

● **學生時代的學習經驗談**

高中畢業後，許多長輩拍拍苦讀了三年的我，半開玩笑的說：「大學由你玩四年啦！多參加社團、多參與活動，培養人脈與人際關

係，增加社會經驗。」然而已經習慣了高中的「奮戰」生活，大學四年仍以「師培卓越獎學金」以及「書卷獎」為努力的目標，我沒有參加社團，但從每年寒暑假營隊的籌備、辦理過程中，亦得到了社團活動能帶來的「人脈建立」、「人際互動學習」、「做人處事道理」等知能。因此，在潛心於課業與領取獎學金所需完成之各項義務（例如：國小課輔班志工、參與營隊、通過各類檢定）的過程中，我不僅築起扎實的理論基礎，也豐富了教學相關實務經驗。

　　具體學習方式的分享：

1. 除了大家都熟知的課堂中專心、課後複習，我會在讀書苦悶時換換口味，查找教育相關的新聞、期刊、專欄、書籍……閱讀內文之外，其實我更喜歡看「留言區」，看大家「辯論」很有趣，且能透過了解各種不同面向的想法，以形成自己的觀點，活絡自己對事物的思考能力，亦是面對未來教檢、教甄考試的重要能力。

2. 大學三年級就可以開始規劃教檢的讀書計畫，將各考科複習過一遍；大學四年級實習課會更加忙碌，學弟妹們最常問的問題是——要不要擔任實習幹部呢？我個人擔任過的心得是，實習幹部會接觸到更多的業務，扛了更重的責任，讀書的時間也比其他同學更壓縮，但「多做多學」，自己學到的自然比他人豐富，而這有利於考教檢、教甄時申論題的發揮。

3. 畢業後實習——大五實習依然是個忙碌又焦慮的階段，建議找夥伴在下班後一起讀書，一個人回到家，真的會疲累得渾身癱軟，毫無備考的動力與精力。我個人的經驗是大五實習前就複習完各教育類科，所以大五實習時的讀書計畫主要是「刷題」以及一邊讀其餘考科（國語、英文、數學）一邊做題，以「錯題訂正」的方式複習，能更快的抓到考試方向。

● 教師資格檢定考試經驗談

教師資格檢定前，我最擔心的不是題目不會寫，而是體力不支。除了國語文因包含作文所以考 100 分鐘，其餘各科考試時間皆 80 分鐘，一天考完 5 科，且各科都有申論題，不論會不會寫，若頭昏眼花該如何思考？因此考前讀書時模擬考非常重要，鍛鍊自己長時間的腦力輸出，也培養自己對考試的時間感。在寫申論時，可善用「表格」整理、前言與結論統整說明的方式，能讓批閱的教師一目了然，也能省去自己著墨文句如何通順陳述的辛苦。另外，若有相關經驗也可以加入陳述，但要注意「不離題」且要連結經驗與題目的重點。應試心理的部分，若你容易緊張，甚至緊張到身體不適，那麼各考科間的休息時間不要再埋首書堆，也不要留在人群中，找個安靜、寬敞的角落、空間……深呼吸、閉眼沉思，遠離兩種人群——討論前一科的作答內容，以及埋首複習的人們，此刻讓自己的心靜下來，才能在考試時有效提取腦袋中儲存的知識。

● 教師甄試考試經驗談

不孤軍奮戰，但要選擇自己適合的軍師和盟友。

考試絕不能孤軍奮戰，不論是筆試或複試的教學與口試，有旁觀者協助，才能找出自己的盲點。而軍師和盟友怎麼選？或許你會找到一些大團體，例如：大學教師和學長姐帶領的「衝刺班」為考生找到校長、教師們指導教案和模擬口試，但我個人的經驗是，因為團體中排隊等資源的考生太多了，有時是我已經準備好，但等不到資源，有時是資源好不容易傳到我這裡，但我還沒準備好，那就很可惜了，沒辦法獲得最有效率的指導，且備考時間非常緊迫，若沒有一位可以及時提供協助的軍師，會加深考生的焦慮感。因此我當時「斷捨離」，離開大團體，轉而尋找認識的教師們協助，親戚朋友認識的教師們也無妨，此刻想成功就沒有內向害羞的權利，能找到軍師、指揮官才是

最重要的。教具的部分，盡己所能地找到值得信任的教具團員，在你寫教案的同時，教劇團開始製作教具，邊做邊修都沒關係，教案定案了才做，會非常急迫。

● 夢想成眞、築夢踏實

備考絕對是「既痛苦又絕望」的過程，我當時對自己喊話：「沒有什麼事做不到，每個考生一樣辛苦，就這三個月而已，相信自己的身體撐得住，這一次所有努力都投注下去，堅持過了，考上了，我有大半歲月好好彌補自己。不要想『如果失敗了怎麼辦？』這些想法無濟於事，就儘管往前衝！往前撞！」而成功了，也必須記住自己在考試時的那股決心。

我考上後，長輩送我一個「莫忘初衷」的題辭，希望我能一直保有對教育的熱忱，不懈怠於教育，將自己得到的福報（考上教師）回饋於孩子們、回饋到教育界！「教書、教人、教心」並持續精進自己，讓自己的教學能與時俱進。

● 給學弟妹的建議

還沒確立「教師」這條路的學弟妹們，既然還在教育系，就請你認真地打手中的牌，同時探索其他領域，若找到了心之所向的領域，那在教育系學到的知能一樣在做人處事各方面有正向的幫助；若沒有找到更加嚮往的路，或探索了一圈，確定自己屬於教育大家庭，那至少你手中還有一副好牌能繼續努力。「教師」這份職業相對穩定，所以想獲得必定也得付出努力，請以堅毅的態度迎向未來的挑戰，這份成功是屬於勇敢、堅強、不輕易投降的你！

六　國小一般教師甄試經驗談

　　下列經驗敘說之國小現任教師，雖然在教師甄試中並非「一試即中」，但準備考試的經驗和歷程，可以提供想要成為正式教師的準教師在師資培育階段與教師甄試過程中，一個寶貴且良好的經驗談，透過這些經驗模式可以引領大家有效地準備教師甄試，邁向正式的教師。

我的專業我的教師夢

蔡克旻
臺南市將軍區苓和國小教務組長
國立中正大學課程與教學研究所博士班研究生

● 道路的選擇與分歧——學生時期學習經驗談

　　在尚未考取正式教師前，曾經幾度思考著要轉換人生的跑道。大學放榜後，「教育系」這個名詞似乎成了現今社會上許多人認為的夕陽產業。隨著師資培育開放，各個科系皆可以修習師資培育課程在未來的中小學任教，相對於其他科系來說，教育系似乎成了一個不上不下的位置，在當時的我是這麼認為的。

　　所謂的專業，是指在某一領域有著比他者更加專精的知識或者能力，畢業後的我在成為正式教師的路上並不順遂，接二連三的落榜以及身旁朋友的上岸，漸漸地讓我懷疑是否在人生的道路上有其他的選擇。雖然以現在的身分檢討過去的缺失顯得格外諷刺，但是我很慶幸自己的選擇是正確的。

● **進修或就業——教師檢定及教師甄試準備經驗談**

大學畢業後，我抱持著邊走邊看的心態踏入了研究所，教師甄試的壓力使我在就讀研究所的過程稍微得到喘息的機會，在研究所中我並沒有積極的準備教師甄試，反而是用一種逃避的心情來面對。「因為我還沒畢業」，這樣的想法侵蝕了我原本渴望成為正式教師的理想及規劃，也是因為這樣順理成章地在過程中走馬看花，順其自然而少了對人生積極努力的動力。

研究所畢業後，在機緣之下到了某所國小擔任六年級的「日代教師」，也是這樣的機緣讓我理解到教育的可能性。那是個半學期換過七個教師也沒人願意接任的班級，或許是秉持著初生之犢不畏虎的想法，在這個「人生第一個導師班」的經驗中，我順利的讓這些孩子找到了未來的目標及想法，是因為這個班級更加刺激我希望考上正式教師，也是這個班級的畢業典禮讓我放棄了臺北市教師甄試複試。

結束了考季，迎面而來的三年代理經驗又是個無限循環，曾經的教師夢已從理想轉為夢想，好像每年的固定行程一般，考試漸漸成了一個到各縣市走訪的過程，這個過程現在回想起來依舊讓我恐懼。各縣市的考試時間不一，又須在時間重疊的考試中做抉擇。簡章公布後的報名繳費，交通工具及飯店的預定，考試後與同學及戰友討論著認為有爭議性的答案，在回程的路上等待正式解答的公布，隔天繼續準備面對代理教師的工作。這樣的人生持續了三年，三年間代理過的學校以及負責的業務其實早就磨練出一個準備好成為正式教師的心境，但事實就是，分數決定一切，也決定人生。

● **失敗不可怕，可怕的是害怕失敗——面對教師甄試的失敗建議**

如前所述，一次一次等待複試的機會以及失落會使人失去信心，雖然我沒有獲得成功的機會，但我在失敗的經驗中深刻地意識到了許多重要的教訓。

首先，我明白寫題目是成功的關鍵。儘管我在日常生活中是一名代理教師，但是對於甄試，沒有真的花時間是遠遠不夠的。

如果沒有時間，就要強迫讓自己有時間，讀書會、補習班、題庫班、函授課程等，在僅存的時間中壓榨出來的時間強迫自己面對書本。每個縣市的考試需要各種不同方向的準備，提前讓自己沉浸在念書的氛圍，才得以確保在考試中能夠充分展現自己的能力和記憶。

失敗並不代表結束，而是一個學習和成長的機會。雖然我在每次的甄試中沒有成功上岸，但我會將這次經驗視為一個寶貴的教訓，並從中吸取教訓，進一步提升自己的能力和水準。

● 轉換思考，發現問題，並在逆境中尋覓希冀 —— 給學弟妹的建議

在上岸前的那年，我就任某校科任代理教師，機緣之下認識了在國教輔導團服務的資深英語教師。在偶然的談話中得知英語教師的報考條件並非需要本科系，而是僅需要達到相對應英語能力資格便能報考。我在那年同時準備著教師甄試及英語能力檢定，在報名教甄前拿到了英語能力資格並選擇報考英語教師，在那年，我以英語教師的身分考上了教師甄試，也如願在我的家鄉服務。

面對教甄的過程中，轉變思維及正向思考非常重要，或許你會失望，但過程中的努力絕非徒然，教師甄試雖然充滿了挑戰和困難，但在失敗中也需要去檢討自己應調整的問題，每次的失敗都是讓自己發現問題、成長的寶貴經歷。

學習轉變思考方式，在你面對甄試中的各種問題和壓力時，別讓消極的心態阻礙自己的成長。應該要學習將負面情緒轉化為積極的動力，將挑戰視為成長的機會。要從不同的角度看待問題，尋找解決問題的方法，而不是在問題中消極沉淪。

其次，教甄的結果可以更深刻地了解自己的不足之處。發現了自己在準備上的不足，這成為下一次提升自我的可能。主動尋求反饋，

從失敗中吸取經驗教訓，並努力補足自己的不足，以更好地應對未來的挑戰。

最重要的是，把握每次教甄的經歷，讓自己更加堅信對教育的熱愛和渴望。即使面對失敗，也不要放棄任何一絲希望，不論是任何可能。失敗並不等於結束，而是一個重新出發的契機。在下次以更加積極的態度，堅定地走向自己的夢想，不放棄任何可能。

不論是教檢、教甄，失敗的經歷對人生是磨練，將讓你更加成熟，更加堅強。不要讓幾次的失敗就讓你的教師夢破裂，也別因為這些挫折就否定了自己踏入這個行業的選擇，堅持己見，正向面對，相信這些將成為你們未來成長和成功的重要基石。

我的專業我的教師夢

劉家伶

臺南市安南區海東國小教師

國立臺南大學教育學系課程與教學研究所碩士

● 學生時代的學習經驗談

我是隔代教養之下成長的小孩，由於父母忙碌的關係，自己以前住在外公家受外公外婆照顧。外公是一位退休小學教師，很常和我分享他以前學生的故事，受到耳濡目染下，「成為教師」逐漸成為種子在心中發芽，當時沒想過它最終能在許多貴人提點與幫助下，一步一步灌溉開花。

家中外公與母親皆是國小教師，因此教師總是小時候夢想職業中的第一志願，很憧憬未來的自己也能像學習道路上看見的教師們一樣，站在講臺前侃侃而談。上了高中之後受到環境影響，認為好像讀商科或管理未來才有出路，每每填志願都是會計或企業管理。直到高三學測結束以後，數學成績失常，志願才從商管落到了教育。那時候

是懵懵懂懂的高中生，對於教育的領域是一無所知的，只能從自己喜歡的學生年齡層去選，發現自己很喜歡天眞的幼兒園孩子，於是最終選擇就讀幼教系。

在大學求學過程中，大一暑假因緣際會接觸了教育部的史懷哲計畫，被派去嘉義梅山的小學服務一個月。那一個月中住在山上的學校，和所有參與計畫的志工一起備課、寫教案，這是學生時期第一次長時間接觸國小學生，也是自己第一次站在臺上教課。當下開始感受到成爲一位教師的樣子，也得到學生學會解題時的成就感。幼教教師著重在帶領幼兒探索世界，國小教師則能進一步引導學生有更深的思考，意識到兩者差異之後，自己毅然決然報名了學校師培中心的國小教程考試，立志成爲國小教師。

考上師培的教育學程之後，大二、大三加上本科系，每學期都修三十多學分，就是爲了在大四幼教實習之前完成國小教程。修課的兩年課業很多，但也因爲如此認識了很多一起在國小教育路上前進的朋友，彼此互相學習與打氣，這兩年也成爲日後考教師很重要的養分和回憶。

● 教師資格檢定考試經驗談

國小教師資格檢定考試總共分爲五個科目，分別爲「國語文能力測驗」、「教育理念與實務」、「學習者發展與適性輔導」、「課程教學與評量」、「數學能力測驗」。這之中的準備，國語文與數學考的是國中和高中的範圍，因此國語文在準備上需要重新複習古文經典，數學則要多花時間回憶公式和基本函數、機率等概念。因爲距離高中已經有一段時間，所以當時決定把大部分時間放在投資報酬率較高的科目「教育理念與實務」、「學習者發展與適性輔導」、「課程教學與評量」上。

所幸這三項考科與幼教本科系的課重疊，所以有很多上課講義能夠複習。在準備上自己認爲特別需要注意時間配速，由於教師檢定

和教師甄試考試題型最大的差異在於教師檢定需要考「手寫題」，考試題型分為三大類：選擇題、綜合題（簡答）、申論題（詳答）。當時在練習配速上，會把三分之一時間放在選擇題，其餘三分之二放在非選擇題。知道自己因考試當下心情容易緊張，因此平時就練習能盡可能有充足的時間，才能在戰場上將實力發揮到最大。另外，申論題也需要花功夫練習，選擇題考知識、理解，非選擇題著重考應用、分析、評鑑，所以我認為在準備非選擇題上的難度會比較高。當時學長姐說申論題的架構很重要，內容要完整，理論也要熟讀，至少字跡也要好看，因為表面效度也很重要！

● 教師甄試考試經驗談

教師甄試考試期間，我一共報名了臺北、新北、桃園、臺南、新竹五個縣市。當時臺北、桃園初試沒有通過，尤其桃園只差一分進複試。由於桃園這一年基本上進入複試就等於上岸了（複試通過率為六分之五），且桃園進入複試之後不看初試成績，所以桃園沒有通過，被大大的打擊！當下覺得沮喪之外，也沒有多餘收拾心情的時間，只能咬緊牙繼續下一個縣市的考試。

考進新北複試之後，卻面臨新北複試和臺南的初試在同一天的殘酷事實，身邊的人認為自己應該要把握能進複試的機會去考新北。但從長遠之計看來，如果能待在臺南就能繼續把研究所學位完成，因此自己決定放棄新北複試的機會，選擇考了臺南初試。歷經只因為一分和複試擦身而過的慘痛經驗，知道自己努力不夠，在準備筆試上更加認真，之後臺南、新竹都考進了複試，歷經口試和試教之後，最終在臺南上岸。

臺南教甄放榜後非常感謝幫助過自己的貴人，有和自己一起準備的戰友、幫忙看試教的教師、教導我口試準備的前輩與教授。除此之外，隨之而來要面對的是初任教師的準備，因為沒有當導師的經驗，

所以花了很多時間詢問資深教師教學規劃、高年級的帶班技巧、教室環境安排等等。教育的道路很長，教師不只教書也教人，唯有不斷累積經驗和學習，才能成為學生們的榜樣。

● 給學弟妹的建議

從修教育學程到半年實習、準備教師檢定到教甄上岸，以下給學弟妹建議：

1. 擁有一起並肩作戰的戰友

如果有能夠一起準備考試的好友一起努力，這一路上會輕鬆不少！除了能一起規劃讀書進度，也能一起互相備課、做教具，還可以多很多不同的視角幫忙修正試教，多很多教學上的建議與方向。

2. 提早規劃考試進度

教甄初試過了之後，大約僅剩兩星期準備複試。之中有十幾課的試教範圍，也要花時間練習口試，因此在筆試之前如果能越早安排好練習時間，就能讓之後的準備上有更充分的練習與掌握。

3. 建立自信心、調整生活作息

教甄這一路上，我認為很容易被打擊自信心，但是足夠的自信才能面對每一次考試。有充足睡眠、吃得營養，才能把自己照顧好，迎接每一個挑戰。

教育路途中需要很多貴人相助，每一份努力都能成為未來的養分，我相信堅持下去就能一步步達成自己的目標、築夢踏實。加油！一起在教育路上繼續為孩子們努力！

我的專業我的教師夢

郭育樅
高雄市阿蓮國小教師
國立臺南大學教育學系課程與教學研究所碩士

● 學生時代的學習經驗談

指考放榜時得知自己錄取教育系，接下來可能會成爲國小教師時，心裡最先跳出的卻是「這眞的是報應」這樣的念頭。

小學時期的我非常調皮，沒少惹過麻煩，盡做些無厘頭的事，惹得教師們是又好氣又好笑，但也因著教師們的包容，使我度過了非常愉快的小學時期，直到現在那段美好的時光依然是心中清晰且閃閃發亮的存在，非常感謝當年對我如此寬厚的師長們。也因此得知自己考取教育系、未來也有機會到國小服務時，只覺得一切彷彿是命運之神的安排，實在是太有趣了！

在南大教育系就讀期間其實是選修教育經營與管理組，只因爲覺得教師是非常偉大神聖的職業，自己如此脫線的性格還是別誤人子弟，壓根沒有想要成爲教師。話雖如此，但我依然按部就班的修習教育專業科目，也跟著大夥一起完成教育學程的各項任務門檻，甚至帶著純粹湊熱鬧心態的我竟然還考取了特教學程，雖然需要額外多負擔好多學分以及參與特教實習，因此少掉許多玩樂的時間，但那時的我也沒想太多，抱持著像玩遊戲破關一樣的心態努力應對每項挑戰，就這樣熱熱鬧鬧地過完大學四年。

● 教師資格檢定考試經驗談

本身是教育系或是有修習教育學程者對於教檢科目多半不陌生，除了國語、數學科之外，其餘各學程皆有開設相關專業課程。因此在大學期間基本上就已經掌握教檢考科的主要內容，不需要額外花

費太多心力重新建立基礎。當時的制度仍是先實習再教檢，並不能全心讀書，所以在實習期間我主要將時間放在大量做考古題，並配合參考書、阿摩線上測驗等資源仔細訂正，利用考古題幫助自己鞏固專業科目的內容。同時也強迫自己要練習申論題，一樣是配合專書並試著模仿詳解的申論模板來培養手感。

● 教師甄試考試經驗談

　　一路走來遇到了許多貴人，沒有歷經太多磨難就順利上岸，現在想想實在很神奇。當初打定主意不當教師的我結束半年實習之後一邊做著研究助理工作一邊準備公職考試，看著同學們陸續上榜神采飛揚的樣子，對比前途仍處於虛無飄渺狀態的自己，思想著「反正再糟糕也頂多退回原點而已，就當作給自己讀了四年教育系的成果驗收吧！」便決定投入教甄行列。當年考取了臺北市以及臺南市兩縣市，以下為應試過程中的心得分享：

　　首先，教甄分為初試及複試兩關，初試沒過什麼都免談，所以要盡可能地拉高筆試成績。但好在當年教甄筆試僅有選擇題，因此我採取搜羅各縣市歷屆考古題方式大量刷題，當練習過的題目數累積到一定的量時，便能發現出題的趨勢。

　　再來，複試關卡的考試項目不同縣市各有其要求與重點，這部分必須詳讀簡章。當年的我起步較晚，錯過了加入教甄應試團的機會，少了團隊支援只能單兵作戰，加上從初試通過到複試時間緊迫，因此我放棄做教具，改以純板書方式進行試教演示。但也因為只能靠一張嘴跟一方黑板，使得我對教材內容鑽研得更加透徹，這也有助於我應對試教後委員的詢答。當初花費好多心力在設計板案，目的是要能在短短十分鐘之內展現教材亮點以及個人特色。

　　最後，試教的部分一定要真正上臺完整跑過流程，不能僅在腦內小劇場激盪。很感謝當年實習夥伴引介我認識一位相當資深的國小

教師，她大方出借教室供我使用之餘，還以多年任教經驗揪出我教學演示過程的盲點。能遇到這麼多貴人相助，想想自己真是幸運的傢伙啊！

● 夢想成真、築夢踏實

通過教甄，成為正式教師之後才是考驗的開始，理論和實務之間真的存有差距，實際教學現場是瞬息萬變的，隨時都有新挑戰，有時更可能遇見足以磨滅教學熱忱的事。不論外在如何變動，只要抱持著身為教師目的就是在幫助孩子成為更好的人，教師能對孩子產生的影響何其深遠，一旦意識到自己背負著這樣重要的使命，便會湧現源源不絕的動力促使自己要為了孩子們更加努力。

● 給學弟妹的建議

以過來人經驗提供幾點拙見供參考：

1. 修讀教育學程時認真熟讀各專業科目

大部分教檢、教甄專業科目課程例如：兒童發展、教育心理學、教育哲學等都安排在大一或學程初始，這都是教育專業相當重要的根本，其他都只是延伸，因此不需要額外閱讀過多參考書，只要耐著性子將專書讀熟便能觸類旁通，若準備時間實在不足，必要時也可利用坊間補習班資源。先苦後甘，之後便能替自己爭取更多試教準備時間。

2. 凡事超前部署（這是來自資深拖延症患者的誠摯建議）

凡事提早準備便能游刃有餘，若想在成為教師這條路上保持從容不迫，從修讀學程那一刻起須先了解學程課程安排以及畢業門檻，並提早準備教檢，或是透過擔任課輔教師、家教或是到學校擔任代課、代理教師等管道累積教學經驗，皆有助於日後教甄表現。

成為正式教師，是夢想成真的一大里程碑；成為正式教師並非易事，但現在正閱讀這本書的你相信已經開始思考未來，這已經贏過許

多人了。在這個充滿挑戰的旅程中，堅持夢想，持續努力吧！機會是留給隨時都在做準備的人，儘早認識自己、立定志向，並提早著手規劃，勇敢的走在光明的教育之路上，你將成為孩子們的啟蒙者，影響著未來。加油，讓夢想綻放光芒！

我的專業我的教師夢

許游雅

屏東縣新庄國小教師

國立臺南大學教育學系課程與教學研究所博士班研究生

● 學生時代的學習經驗談

　　記得國小一到三年級的時候我的父母非常的忙碌，但是他們仍然不忘極力地栽培我，舉凡音樂、美術、舞蹈、運動、書法、作文、數學等等各式各樣的課程排滿我的每一天。然而，我從小就不是一個聰明、反應靈敏的孩子，相反的，我不擅言詞、學習緩慢，我總是「很差勁」，班上有 53 名學生，我幾乎每次考試都是班上的第 53 名，所以座位是坐在第一名同學的旁邊——座位是依照成績來安排的。在學校，我幾乎不與任何人說話，教師告訴我的母親，這個孩子應該是一位自閉症的孩子。

　　後來我轉學到住家附近的小學，我跟父母有更多的相處，也有更多的空閒時間——因為我媽媽放棄讓我繼續念「明星小學」，同時減少了一些補習。意想不到的是，我開始名列前茅，並且常常代表班上或是學校出去參加各種比賽，包含辯論比賽——而我的新班級共有 57 位學生。

　　國中時我就讀資優班，每一科的教師都非常的嚴格，教師們手上也都會拿著一根藤條，只要沒有達到標準就是得挨打，而大家上課就連坐姿也得保持端正，不敢隨意亂動。在這樣的讀書氛圍中，我每天

幾乎都是凌晨就寢，天一亮就起床讀書。只是，這樣努力的讀書，我仍然只維持中等的成績。而這樣沒日沒夜的讀書生活，直到我考上高中第一志願的音樂班才停止。突然擺脫國中嚴格的教育環境，讓我高一、高二的時候玩得很開心，不認真練琴也不認真讀書，對於成績也不在意了。記得高二即將結束要放暑假的前幾天，與一群好朋友聊著未來的夢想，我才發現自己已經脫序這麼久了。於是，我開始積極地擬定讀書計畫，也決定和我一位好朋友在學校旁邊租房子，讓自己方便到學校琴房練琴以及到圖書館讀書，就這樣，我們兩個在高三的時候，一直維持班上第一、第二名的成績。

　　很順利地，我考上了我的第一志願——東海大學音樂系，因為我的目標很明確，那就是成為一位音樂家——一位豎琴演奏家。因此我上了大學之後，非常的努力練琴，也非常努力讀書。然而，我開始發現自己演奏之餘，似乎更加熱愛教學。一察覺自己的轉變，我最後也很勇敢地決定轉換跑道，即便我完全沒有教育的背景，且已經為出國留學做好準備。大學畢業後，我用一年的時間，很認真地自修教育相關書籍，後來也終於如願考上音樂教育研究所。

　　這一段求學經歷之於我現在的教學，真的是很寶貴的歷程。我能感受最後一名的無助，也能知道如何透過努力翻轉逆境，這些成長經驗，讓我在教學的路上能擁有滿滿的包容與愛，願意站在每個孩子的高度，看見他們的世界。

● 教師資格檢定考試經驗談

　　因為我的教育相關訓練並不是非常的扎實，因此在有限的準備時間內，我常常會不斷反思與調整自己的「作戰計畫」。我發現教育哲學的內容能涵蓋解釋所有教育類其他科目，例如：教育心理學、教育概論、教育社會學等等。只要能了解每一個教育家其背後最核心的教育信念與教育價值觀，對於教育家所提出來的理論便不難理解，也更能幫助記憶，甚至能透過教育家所信仰的核心教育信念與價值觀推估

其可能提出的相關論述。也因爲這樣，我雖然只來得及好好準備教育哲學，但我在教育類科的成績也得到八十幾分的成績。

「準備考試時，得先認識考試。」這眞的能替自己節省許多時間，也能確保自己是在正確的跑道上衝刺，心情上也能更加穩定與確信喔！

● 教師甄試考試經驗談

我是一位非常非常認眞的考生。但是，我也曾經面對猶豫不決的時期，畢竟錄取率這麼低，評估自己之前的求學經驗，我眞的不認爲自己能夠金榜題名，只是又覺得想試試看，於是也買了補習班的影音課程。可想而知，這樣的心態，讓我在第一關的筆試總是鎩羽而歸，而且還都是不及格的分數。這樣的考試生活眞的讓人感到煩躁，因爲出去玩，就覺得不安心，但都不出門，也讀不了多少書。

痛定思痛，我決定先確定我自己的「心」，確認自己眞的很想要、很渴望這份職業之後，我調整心情，重新出發。這次，我報名了補習班的實體課程，星期一到星期日，每天都要上課，而我每天也都會提早到，坐在教室複習前一天的上課內容，還有時間，我會先預習上課內容。通勤的零碎時間，我也會邊做幾題題目，或是一邊休息一邊聆聽上課的錄音內容。

只是，生完孩子後，我有發現自己記憶力變差了，讀過的內容很快就忘記了。於是，我會設計許多口訣方便記憶，也會製作一些小卡，隨身攜帶或是貼在房間的任何地方。我想，念一次會忘記，但念十次、二十次，總會有點印象了吧！此外，我也會善用網路資源，例如「阿摩」網站，或是網路上所分享整理好的題庫等等。

我想是因爲有一個確定的夢，所以即便如此，我也甘之如飴。「愈用功，愈輕鬆。」這是眞的！

● 給學弟妹的建議

「一鼓作氣，再而衰，三而竭。」教師甄試是一場硬仗，自己若沒有下定決定，看再多的經驗談可能幫助都有限。首先，一定需要下定決心才有成功上岸的可能。這樣的決心，絕非一時的衝動，而是至少需要「持續一年 365 天」。還沒上岸的每一天，都不應該任意的浪費每一分每一秒，相信抱著這樣的決心與信念，堅持努力不懈，一定有上岸的一天。偷偷告訴你們，觀察一下榜單就會發現，明年上榜的教師，大多都是今年備取的那些教師們。加油，努力往前奔跑不要向後看，不要讓錄取率影響你。夠好，錄取率再低都不用怕，否則，錄取率再高也沒有你的份啊！

七 中等學校教師甄試經驗談

中等學校的教師和國小教師的班級教學型態不一樣，國小教師屬於包班制，每一個重要的學科都是由級任教師擔任；國中屬於分科教育，不同的學科都有專任的教師擔任教學。因此，國中和國小的教師資格檢定考試、教師甄試等有所不同。下文是幾位中等學校教師的甄試經驗談，提供給大家作為參考。

我的專業我的教師夢

陳敏銓

臺南市立中山國中教師

國立臺南大學教育學系課程與教學博士

● 學生時代的學習經驗談

我是一個自由自在、不想被傳統束縛的人，當我在大學聯考放榜上國立臺灣師範大學時，高中導師跟我說了一句話「考上師大不一定要當老師」，而確實，我也從來沒有把成為教師當作我的人生目標。

雖然我沒有把教師當作我的人生目標，但是我知道我應該要認眞扮演好學生的樣子，所以我的大一上學期修了 24 學分，這是我大學四年修課最少的學期！最後，我大學畢業學分數是 211 學分，總共拿了五張教師證！

如果單看我的修課，或許覺得我是一個書呆子，但事實上，我是個熱中於學習、關心社會公益與公共事務的人，因此我積極參與許多社團活動，如以營隊服務來看，大一上學期就參與到南投辦育樂營的向陽服務隊，大一下學期則參加基層文化服務隊，總共 10 個人在暑假的臺東兩個部落各辦了兩百多人的育樂營；除此之外，大一下學期的民生建設訪問服務隊，也出隊到南投服務，我並於大二時被選爲民訪隊的隊長。如果從學校社團的經營看，我大二時是學校雲林同鄉校友會的會長，大三的時候是童軍社的社長，也是師大羅浮群的群長，除此之外，我從大三就擔任系學會的代表到畢業。而從學校的組織來看，我大三擔任宿舍委員會的系上代表，大四的時候則爲師大校務會議的學生代表。這些都是因爲我的努力和認眞，其他人認爲我非常合適而票選我擔任這些職務。

雖然我沒有將成爲教師當成我的人生目標，但是我在滿滿的課堂學習（最少的 24 學分，如果中午不休息，大概也要整整三天），其

他時間都是在課堂報告的討論、籌辦營隊、參與社團中度過。在課堂中學習專業知識和技能，在課堂外學習活動的籌畫和演練、人際溝通和衝突解決、時間管理和運用，所以就算我沒有想著當教師，但我也都在往教師之路上邁進。

● 教師甄試考試經驗談

在教師甄試時，我陸續考了高雄市、高雄縣和臺南縣，最後是落腳在臺南縣的國中，當時的我也算是幸運，因為臺南縣有考臺南文史，而考的題目我剛好都會。

坊間有許多應試技巧的書籍，在此我以經驗大略的羅列重要的心態：

1. 筆試篇

筆試準備不僅是教師甄試重要的關卡，也是拿取教師證，通過教育檢定的重要準備事項，因此，一定要熟讀、細讀、反覆練習，並且整理重要的相關概念。

(1) 篇章和概念：很多人讀書就是這樣按照年代或是按照章節來讀，但這樣沒有經過整理的知識，最後讀完還是什麼都記不得，因此建議把每個科目都整理出相關的概念，然後再將考古題依據這些概念整理出來，這樣會對這個概念更熟悉，也會知道出題方向。

(2) 申論和選擇：每個縣市的教甄考題都不一樣，雖然多數縣市都是考選擇題，但是有些縣市會考申論題，如果未來有想要去考申論題的縣市，就要練習寫申論題，因為申論題的寫法還是要練習過的，否則不容易拿高分。但如果字本身就不好看，又無法長篇大論的人，可能就建議不要花太多時間準備申論題，避免事倍功半。

(3) 重視修課教材：很多人準備教檢，會至坊間買考試用書，然後一直到教師甄試也是如此，而從沒想過要去翻翻以前修課的資

料。或許會覺得修課教材沒有用，但一個學期的學習經驗如果真的沒有用，可能就是你當初沒有很認真在學習，因此你也根本沒有做筆記，如果可以，還是翻翻以前的修課資料，或許會有額外的收穫。

2. 試教篇

因為從大學就一直在帶活動，所以試教對我來說從來不覺得可怕，因此在試教的準備，我會建議大學一定要參加社團或營隊活動，從設計活動課程、帶領活動中學習如何教學。

在準備教甄期間，應該要拆解各「主題」來設計 10-15 分鐘「概念」的教案及教具，如果可以，每份教案應該要有一份學習單，這樣在施行的過程中較不易緊張，且較具有結構性。

● 夢想成眞、築夢踏實

成為正式教師，雖然辛苦且漫長，但如果是要找一份教職，目前應該還算容易。所以如果眞的無法成為正式教師，應該試著參加代理教師甄試，透過這樣的歷練，肯定在教甄的時候有所幫助；如果還是想以準備考試為方向而一直讀書（畢竟筆試算是第一個大魔王），最好還是去學校擔任兼課教師，至少教甄的試教會較有臺風和氣勢。

教育，是百年大業之本，期盼你我都能一同為此努力。

● 給學弟妹的建議

或許我不是一個會將達成某件事情當成一個目標的人，但我是一個認真生活與熱愛學習的人，成為教師不是我的目標是因為我覺得我可以、也願意做任何的工作，如果把教師當成我的唯一目標，恐怕是自我設限；因此，我也積極的在大學階段像海綿般的不斷吸取養分。所以在大學階段，學習讓我獲得最大的成就就是「培養了學習的能力」；張忠謀也曾經提到他這一生最大的財富，就是「培養學習的能力」，這也是他認為所有大學生都要學會、要具備的。

　　而你呢？或許現在的你會有些徬徨，尤其不知道要拿取什麼樣的教師資格，或者要不要繼續念研究所，但不管如何，都應該在當下好好的學習，因為現在的學習都是未來成功的基石，與其不知如何是好，不如事事都做好。

　　現在，放下你的手機，開始好好寫報告、參加社團活動，這些有益於學習的事情吧。

我的專業我的教師夢

管曉眞

臺南市立文賢國中教師

臺南大學教育學系課程與教學博士班研究生

● 學生時代的學習經驗談

　　我畢業於國立臺灣師範大學，在大學期間已立定志向要擔任國中教師，很幸運的是大學時就讀公民教育與活動領導學系（簡稱：公領系），是在培養一個國中公民與社會科、童軍科及高中公民與社會科的教師。公領系是一個溫暖且多元發展的科系，因此培養出我活動領導與規劃設計能力、關心社會多元議題、建立全球素養的相關能力。在大學期間，我透過修課加強自己的專業科目與能力的培養，除了自己系上的專業課程之外，亦加修心輔系、人發系、地理系、歷史系等相關科系的課程，以充實自己的實力，培養自己多元發展的潛力；除此之外，更因為興趣及生涯，輔修特教系，期許自己關心社會弱勢身心障礙者生活、教育與福利，能為社會做出小小貢獻；另外，大學的社團參與及系學會的參與絕對是培養自己軟實力的不二法門，透過社團的大小活動籌辦、偏鄉的營隊課輔等，也培養未來在班級經營和行政工作的超能力，例如：人際間的協調能力、換位思考能力及活動組織能力、應變能力等。學生時代的我期許自己要像海綿一樣，努力學習吸收，勇於接受挑戰，才能把握機會。

● 教師甄試考試經驗談

　　在面對各縣市教師甄試考試規則並不相同的情形下，準備教師甄試若是單打獨鬥將會非常艱辛。因此，建議可召集志同道合的夥伴，共同成立讀書小組，善用團隊的力量，和夥伴之間互相學習與成長、善用分工與資源共享，創造出教師甄試的一片藍海。

1. 筆試篇

　　筆試是各縣市教師甄試的第一關卡，倘若無法通過第一關卡，將拿不到教甄的入場券，所以考生必須將筆試放在第一要務，積極準備。在此提供一些準備方向做參考：

(1) 心態與習慣：把自己定位在「專業考生」身分。教師甄試是長期抗戰，期許自己能「一次就上」，建立自己的決心和信心，同時培養讀書的好習慣，推掉多餘的交際應酬，專心應戰。

(2) 熟讀經典書籍：可針對教育科目以及各自的專業科目準備相關書籍。現在教師甄試競爭日益激烈，除了熟讀之外還必須細讀，唯有透過反覆練習，內化成自己的知識，才能穩紮穩打。

(3) 勤做考古題：做考古題的用意在於發現自己尚有哪些不熟悉的部分，知道自己不足的地方，再重新回到經典書籍查看，解惑自己的盲點。一定要將題目搞懂而非死背，這樣寫考古題才能真正挖掘自己的不足、提升自己實力！

2. 口試篇

　　事先擬定一分鐘自我介紹，展現自己的特色與專業，讓評審印象深刻。除此之外，蒐集教育相關時事與議題，練習陳述自己的觀點與看法；邀請指導教師、實習學校主任、教師擔任口委進行模擬考試，建立臨場感，並要求教師及主任給予回饋及指點。可以攜帶簡易履歷，履歷也可以提早製作，可以美編成讓人印象深刻的三折頁、傳單，更具特色。

3. 試教篇

在準備教甄期間，與夥伴一起分工寫教案，可針對某一版本的各單元設計成 10-15 分鐘的試教主題教案，同時製作相關的簡易教具，事先準備起來，將來到了試教準備時就會輕鬆許多。練習試教時，可以請夥伴與指導教師一起給予建議，才能更臻完善。每個縣市的試教時間可能不一，是否有學生在現場也不一定，但可以建立屬於自己課堂的 SOP，如引起動機、發展活動、綜合活動，同時在試教時能流暢自信地教學，並能展現出自己關心學生學習狀況給予回饋的情境。同時，試教練習時務必計時練習，才能在時間之內展現出自己充分準備、從容教學的態度。

4. 申論題準備

有些縣市及獨招的學校會考申論題，建議平常蒐集相關題目，並熟悉申論題的寫法，前言、列點陳述要點、結語，並結合自己在教育現場的實務與經驗，理論與實務並寫。考場作答時須根據考試時間分配各題作答時間，每一題都必須作答，切勿有未作答之題目。

● 夢想成真、築夢踏實

教甄之路雖然漫長辛苦，但因為有夥伴的一同陪伴，才能堅持走下去。想當初，也是南征北討各大考場，參加聯合甄試也參加各校獨招，不放棄任何機會。看到同學順利上榜時，當然心情會有些低落，但是保持著「老天爺會替我安排最佳選擇」的心態，將每一次的失敗都當作自己的養分，堅持努力不放棄，相信「機會是留給準備好的人」，最後，順利應屆考上教師甄試，而且是錄取在自己的家鄉。

● 給學弟妹的建議

《牧羊少年奇幻之旅》一書說：「**當你真心渴望某樣東西時，整個宇宙都會聯合起來幫助你完成。**」當我們下定決心要努力當上正式教師時，調整好自己的步伐，擬定好自己的計畫，替自己規劃準備過

程。同時，善用團隊合作的力量，一起與夥伴同時準備筆試、試教，一起成爲互相支持合作的夥伴。也建議學弟妹在大學修課以及未來實習生涯或代理過程等，謙卑學習，多向資深教師請教，多參加教育相關研習，吸收新知，熟悉時事議題。無論筆試、口試、試教，除了練習還是練習，Practice makes perfect.

　　教師是一個終身學習者，所以當你準備好要踏入此教師行業，努力充實自己專業及教育知能，才能征服教甄考場。信心、毅力、勇氣三者具備，則天下沒有做不成的事。

八　英文教師甄試經驗談

我的專業我的教師夢

田婉曲
國立臺南女中英文教師
國立臺南大學教育學系課程與教學研究所碩士班研究生

● 學生時代的學習經驗談

　　當教師的夢想，在高中求學階段悄悄萌芽。那時，我就讀綜合高中。高一時，雖然努力聽講、認眞複習，但學業成績總不盡人意。不過，也在預期中啦！畢竟，國中的學業成績本來就沒有很突出。那時，常安慰自己，讀書也許需要一點天分吧！

　　雖然這樣說，我還是有一個引以爲傲的科目，那就是英文。在所有科目中，我的英文成績最好。因爲學業表現好，所以可以得到成就感。此外，那時候的英文教師不斷鼓勵我，而且提供我參考書，讓我十分感動，也萌生想要成爲英文教師的念頭。

　　高二時，我選讀應用英語學程。這個決定不被看好，因為教師及父母都認為讀普通高中，可以選填的科系比較多，未來也會好找工作。然而，我很喜歡英文，一來是因為我可以得到成就感，二來是因為我發自內心喜歡這個語言。進入應用英語學程後，我更加用功讀書，希望能考上第一志願。

　　高三那年，我做到了。順利錄取臺灣科技大學應用外語系之後，我努力向學。除了修習校內課程外，也到校外增廣見聞。在大二那年，我修讀校內的教育學程，為的就是能一圓當上教師的夢想。大學畢業後，我回到高中母校進行一學期的教育實習。

● 教師資格檢定考試經驗談

　　教檢是成為教師的第一關。為了能順利通過，我從大學就開始積極準備，例如：參加研習、讀參考書、練習題目。

　　參加研習時，我會仔細聆聽講者的分享，並且吸取他們的考試經驗。研習結束後，我也會詢問講者是否願意分享研習的資料，例如：簡報、筆記等，方便日後參考。

　　讀參考書時，分成兩個階段。第一，我邊閱讀，邊在參考書上劃記重點並寫下我自己濃縮的筆記。第二，我邊閱讀，邊在電腦上用表格整理精華，變成參考書筆記，方便我考前快速、有效率地複習。

　　練習題目時，分成兩個階段。第一，我計時考試，不翻書，體驗臨場考試的感覺。第二，我批改題目後，地毯式檢討答對及答錯的題目。答對的題目，我歸納到我的參考書筆記。答錯的題目，我上網找答案，整理自己的迷思與誤解，歸納成錯題筆記。

● 教師甄試考試經驗談

　　實習結束後，我馬不停蹄投入教甄考試。我考了四間學校，分別是新竹女中、竹北高中、文華高中、臺南女中，當年順利上岸。這一路要感謝的人太多，例如：實習指導教師、學習夥伴、家人朋友等。

在過程中，我體認到幾件事情：

首先，第一關筆試成績非常重要。假如第一關就不幸被刷掉，便無法上臺試教與面試。因此，要想辦法提高筆試的成績。除了閱讀英文文章之外，我練習選擇題與手寫題（出題目、教案設計、教育議題等），並嚴格計時，逼自己在 20 分鐘內完成一個大題。久而久之，寫題目的速度越來越快，信心也隨之提升。

再來，第二關上臺試教與面試要有個人特色。能進到第二關的考生很厲害，要讓自己在眾多強者中突出，就是要找出自己的特色，才能讓評審有印象。例如：上臺試教的開頭不一定只是複習上節課，可以融入日常生活的英文會話。面試的時候，會被問到想要開什麼樣的彈性課程，這時候就需要展現出創意。

最後，好的結果需要天時、地利、人和。如果選擇題剛好是熟悉的題目、手寫題剛好有練習過類似的方向、上臺試教抽到的課次剛好是好發揮的單元、一路上有遇到願意幫助你的貴人、學校想要找的教師特質剛好與你吻合等，能夠上岸的機率便會提升。舉例來說，我進入文華高中的第二關面試時，體認到這間學校想要找學經歷好的教師（師大體系、有留學背景、教學資歷豐富），而我不是他們的理想人選。所以，即使筆試成績不錯，最後還是陪榜。而臺南女中想要找新鮮人，往年錄取的都是新手教師，我剛好符合這個條件，最後順利上榜。

● 夢想成真、築夢踏實

進入臺南女中的第一年，許多事情都是第一次，例如：第一次當導師、第一次教自然組的學生、第一次接行政工作。雖然繁忙，工作也屬充實。

第一次當導師，我還在捉摸如何與學生溝通。帶領全女生的班級，溝通的方式不能太強硬，要試著了解、關心他們，才能讓學生體認到教師的用心。這樣一來，帶班會比較順利。

第一次教自然組的學生，我還在捉摸如何幫助學生掌握考試重點。任教學校注重升學成績，因此教師要幫助學生取得好成績，需要努力備課與反思課程。

第一次接行政工作，我還在捉摸如何批發公文與承辦活動。我擔任的是雙語班協行，有許多公文與國際交流，需要細心協調與溝通，才能順利完成行政事務。

● 給學弟妹的建議

考教師的這條路，著實不易。以過來人的角色，提供三點拙見：

第一，提早準備。教甄的錄取率不高，要能夠在眾多競爭者中，殺出重圍，只能比別人更早準備。建議在大學時，可以開始研究考試方向與準備方法，並擬定讀書計畫。

第二，努力不懈。為了在眾多競爭者中殺出重圍，除了提早準備，努力不懈當然也是很重要。為了早點上岸，只能不斷付出努力，還要能繼續保持下去。能夠撐到終點，收穫必定不會太差。

第三，廣結善緣。在這條路上要成功，單靠自己太難了。要多認識現職教師與結交一起準備考試的夥伴。現職教師可以提供教學現場的實務建議，而夥伴可以提供陪伴與支持。

我的專業我的教師夢

梁玉玲
臺南市勝利國小英文教師
國立臺南大學教育學系課程與教學研究所博士生

●「最佳負面教材」

通往正式教師之路對我而言，是條相當漫長也看似無止境的路，我的學習不僅是一路的坎坷，更是一連串離譜的錯，而一路上的

崎嶇和屏障，都歸咎於沒有細讀相關的規章或辦法所致，我相信這是很多人難以想像的，導致原本可以 2-3 年修業完成，我拖了接近修業年限才完成教育學程，而沒有清楚閱讀所有規章的缺失，也讓我在教師檢定和教師甄試的路上多次受到教訓，慶幸的是這個毛病最後沒有成為阻礙。

● 學生時代的學習經驗談

在修習學程的過程中我犯的第一個錯誤，是我不曉得當我提出碩士班的口試，就喪失了學籍資格，也就是說無法繼續還沒完成的教育學程，詢問了辦公室得到的解決方法是再次擁有學籍，也就是再成為該校學生，當時沒有多想，就決定報考我認為可以輕鬆讀的夜二技，是我犯的第二個錯，因為不同於碩士班，夜二技是需要畢業才能夠實習（我是舊制，先實習後檢定），也因此除了可以抵扣的學分之外，我還需要補足將近 20 幾個學分，加上教育學程，足足有 40 幾個學分之多，而當時因為我有工作，所以可以修課的時間相對受限，這也是差點超過修業年限的主因。我還記得在第四年新的學期開始，一位我曾修過她的課的教授，見到我的第一句話是：「妳怎麼還在這裡？」因為和我同期考上學程的人，幾乎都已經完成實習了。

● 教師資格檢定考試經驗談

由 106 年起長達 4 年長期抗戰的教師資格檢定考試，當我第一次有資格參加考試，卻因為沒有寄出紙本資料，而失去了第一次機會，這也是沒有讀熟報名規章所導致。之後，總共參加了三次考試，第一次因為手機未關機且發生震動聲響（是的！我知道非常離譜！）在那一節課確定會被扣分之後，我就整個在懊惱中考完全程，可想而知結果是「未達通過標準」；第二次考試，則是以 59.8 分依舊「未達通過標準」；第三次以 60.80 分低空飛過門檻，收到成績的那一剎那

我立刻爆哭，因為這整個過程太漫長也太辛苦了。其中「數學」一直是我最大的罩門，也是我花最多時間練習，而且三次的成績無一例外都是分數最低的科目，而為了搶救，我曾經去補習班由教師從國一的課程內容教起，最後因為費用太高，我決定自主學習，可是即便我花費大量時間計算和解題，通過教檢的那一次，數學成績也才僅僅 49 分。如果你也跟我一樣數學真的很糟糕，千萬不要放棄！因為一旦放棄了，就很難用其他科目補足。在每一個考科都有申論題，且占 40 分，它的答案不是非黑即白也是不可控的的情形下，一旦放棄數學，其他科目至少得有兩科 70 分以上。所以，我土法煉鋼的學習，是任選一本「國中學測總複習」自修，從頭到尾的練習，遇到不會的題目就上網尋求解答或找尋高人指點，之後再找類似的題型再練習。

● **教師甄試考試經驗談**

就在 110 年我終於能夠報考教師甄試時，卻遇上了當時感覺世界末日的 COVID-19，那年多數縣市的教師甄試包括臺南都停擺，隔年開始招聘時，我相當明白我無法離開臺南（已婚且育有兩個就讀國小的孩子），臺南便是我的目標。如果你是單身且應屆畢業，不要猶豫，規劃好時程從北考到南，甚至偏鄉地區都可以是報考的選項。訂定好目標後，我開始以該縣市招考的考科做準備，好比臺南市需要加考臺南文史。當時南科實小獨立招聘，開出兩個英語教師缺額，沒有意外的，我因為沒有攜帶證件正本（沒有細讀報名辦法），當天來回四趟才成功完成報名手續。多虧了南科實小的考試經驗和順利考上的結果，讓我面對臺南市的考試時多了份信心。

● **夢想成真、築夢踏實**

臺南市錄取榜單公布的那天，我提不起勇氣看，當收到朋友恭喜的訊息時，當下感覺相當不真實，即使是一年後的現在，我也有種

會不會被打回原形的焦慮感。在教甄分發選填學校的過程，我認為選擇學校要比選結婚對象愼重，因爲選錯對象可以馬上提離婚，選錯學校卻必須等上 3 年甚至 6 年，才能分開，重點是還不見得離得成。因此，對所有開出缺額的學校做好功課，最好能問到在該校工作的教師有關學校的工作氛圍和情形，才不會陷入想離卻離不了的困境。

● 給學弟妹的建議

1.「阿摩」線上測驗

錯在阿摩，贏在考場！（https://yamol.tw/）不論是教檢或教甄甚至是公職考試，它彙整歷屆考題並提供解答筆記，才讓很多人贏在考場。因此，建議不論是手機或電腦版都務必下載，並且天天打卡、按時做題。

2. 5WH 讀書法

透過 5WH 找出適合自己的學習方式，能以這個方式持之以恆的學習，就是你的最佳讀書法。

Who?	要有讀書夥伴？自己學習？
Where?	最佳讀書地點？家裡？圖書館？學校？
What?	考科爲何？我的強項？弱項？扶弱持強！
How?	如何分配考科閱讀時間？如何整理筆記？
When?	讀書效率最高的時間？

3. 實力不夠，神力來湊

是的！神力是一個穩定心情並讓思緒清楚的好方式，這也是爲什麼考季一到，文昌帝君一定香火鼎盛。而我是基督徒，除了考試前一天禱告，每一節課等待測驗、翻開試卷前，我就在心裡默默禱告，平靜緊張的心情也穩定自己的思路。因此，考試時，請你所信奉的神助你一臂之力。

　　如果你是學霸，考試對你而言不費吹灰之力，恭喜你離正式教師已不遠矣！而如果你跟我一樣，不擅長讀書，那麼加倍的努力是必須的，每一個過不去的坎，只要不放棄，最終都會成為助力，重要的是「細讀規章辦法」，祝福大家！

附錄 1：教學方法與效能議題口試問題重點

教學方法與效能議題口試問題重點

一、面對課程改革的教學

01. 近年來的課程改革分成哪幾個階段？每一個階段的特色有哪些？教師如何面對這些課程改革？
02. 教師面對課程改革，如何進行教學設計與實踐？
03. 教師的課程改革意識與教學實踐關係為何？教師如何面對這二者之間的關係？
04. 教師的課程改革詮釋如何回應到教學實踐中？
05. 教師「學會教學」的議題有哪些？這些如何因應到教學中？
06. 課程改革中「學會學習」的概念有哪些？教師如何面對這些概念？
07. 十二年國民基本教育課程綱要總綱修訂的背景有哪些？請簡要說明之？
08. 十二年國民基本教育課程綱要修訂的基本理念有哪些？這些如何融入教師教學中？
09. 課程改革進程對教師與教學意義的典範轉移有哪些？請簡要說明之？
10. 教師教學準備與支援概念有哪些？請簡要說明之？
11. 十二年國民基本教育教學策略與模式有哪些？請簡要說明之？
12. 從九年一貫課程到十二年國民基本教育的差異有哪些？請簡要說明之？

二、核心素養議題的教學

01. 核心素養的概念有哪些？請簡要說明？
02. 國際對核心素養意義的主張有哪些？請簡要說明之
03. 核心素養的三大面向、九大項目有哪些？
04. 核心素養、基本能力、核心能力三者的關係為何？請簡要說明之？
05. 核心素養的教學設計概念包括哪些項目？
06. 核心素養教學設計的功能有哪些？
07. 九年一貫課程與十二年國民教育設計差異有哪些？
08. 核心素養議題下的教學設計與實踐關係為何？請簡要說明？
09. 從能力指標到核心素養的教學轉變有哪些？
10. 從課程改革理念到教室教學的落實有哪些歷程？

三、傳統教學方法

01. 傳統的教學方法有哪些？請簡要說明之？
02. 請說明「講述教學法」的內涵、流程、適用時機、評量方式？
03. 請說明「練習教學法」的內涵、流程、適用時機、評量方式？

04. 請說明「角色扮演教學法」的內涵、流程、適用時機、評量方式？
05. 請說明「微型教學法」的內涵、流程、適用時機、評量方式？
06. 請說明「個案教學法」的內涵、流程、適用時機、評量方式？
07. 請說明「討論教學法」的內涵、流程、適用時機、評量方式？
08. 請說明「問題導向學習法」的內涵、流程、適用時機、評量方式？
09. 請說明「啟發教學法」的內涵、流程、適用時機、評量方式？
10. 請說明「發表教學法」的內涵、流程、適用時機、評量方式？
11. 請說明「世界咖啡教學法」的內涵、流程、適用時機、評量方式？

四、適性教學法

01. 請說明「反思教學法」的內涵、流程、適用時機、評量方式？
02. 請說明「示範教學法」的內涵、流程、適用時機、評量方式？
03. 請說明「電子師徒制教學法」的內涵、流程、適用時機、評量方式？
04. 請說明「社會化教學法」的內涵、流程、適用時機、評量方式？
05. 請說明「概念獲得教學法」的內涵、流程、適用時機、評量方式？
06. 請說明「適性教學法」的內涵、流程、適用時機、評量方式？
07. 請說明「個別化教學法」的內涵、流程、適用時機、評量方式？
08. 請說明適性教學法有哪些？請簡要說明之？

五、創意教學法

01. 請說明創意教學法有哪些？請簡要說明之？
02. 請說明「欣賞教學法」的內涵、流程、適用時機、評量方式？
03. 請說明「建構式教學法」的內涵、流程、適用時機、評量方式？
04. 請說明「個別化教學法」的內涵、流程、適用時機、評量方式？
05. 請說明「創造思考教學法」的內涵、流程、適用時機、評量方式？
06. 請說明「合作學習教學法」的內涵、流程、適用時機、評量方式？
07. 請說明「多元文化教學法」的內涵、流程、適用時機、評量方式？
08. 請說明「多元智慧教學法」的內涵、流程、適用時機、評量方式？
09. 請說明「探究教學法」的內涵、流程、適用時機、評量方式？
10. 請說明「價值澄清教學法」的內涵、流程、適用時機、評量方式？
11. 請說明「設計教學法」的內涵、流程、適用時機、評量方式？
12. 請說明「編序教學法」的內涵、流程、適用時機、評量方式？

六、分組合作學習教學

01. 分組合作學習的意義有哪些？如何融入教學中？
02. 分組合作學習和傳統的教學有何異同，請簡要說明之？
03. 分組合作學習的類型有哪些？如何運用在教學中？

04. 分組合作學習的教學流程有哪些？請簡要說明之？

05. 分組合作學習教學前的準備有哪些階段？

06. 分組合作學習的教學實施有哪些流程？

07. 分組合作學習的研究怎麼進行？

08. 分組合作學習如何運用在教師班級教學中？請簡要說明？

七、差異化議題教學

01. 差異化教學的核心概念有哪些？請簡要說明之？

02. 適性教學與差異化教學的概念有哪些？

03. 差異化教學的概念有哪些？請簡要說明之？

04. 差異化教學的基本理念和方針有哪些？

05. 因應個別差異的教學流程有哪些？

06. 差異化教學的教師角色有哪些？如何融入教學中？

07. 差異化教學教師需要培養的基本能力有哪些？

08. 從基本能力學習到精進學習流程有哪些？

09. 請從課本中舉出「從具體事務學習到抽象概念的學習流程」有哪些？

10. 從單一面向的學習到多面向的學習概念有哪些歷程？請簡要說明之？

11. 從思考性低的學習到思考性複雜的學習概念有哪些歷程？請簡要說明之？

12. 從慢速的學習到快速的學習概念需要歷經哪些歷程？請簡要說明之？

13. 依據學習者學習風格設計的差異化教學有哪些？請簡要說明之？

14. 依據不同的文化背景而定的教學概念有哪些歷程？請簡要說明之？

15. 依據學習者學習興趣設計的差異化教學有哪些歷程？請簡要說明之？

16. 差異化教學實施之後的評量如何實施？請簡要說明之？

八、個別化議題的教學

01. 個別化議題的教學有哪些？請簡要說明之？

02. 文納特卡計畫的教學理念與實施有哪些？請簡要說明之？

03. 道爾敦計畫的教學理念與實施有哪些？請簡要說明之？

04. 學校學習模式的教學理念與實施有哪些？請簡要說明之？

05. 凱勒學習模式的教學理念與實施有哪些？請簡要說明之？

06. 精熟學習法的教學理念與實施有哪些？請簡要說明之？

07. 個別處方教學的理念與實施有哪些？請簡要說明之？

08. 適性教學模式的理念與實施有哪些？請簡要說明之？

九、新興教學議題

01. 新興教學議題有哪些？請簡要說明之？

02. 新興教學對教師教學的影響有哪些？請問教師如何因應？

03. 教師如何面對新興教學議題？有哪些策略可以運用？
04. 佐藤學學習共同體的運用與實施有哪些？請簡要說明之？
05. 學思達教學的理念、運用與實施有哪些？請簡要說明之？
06. MAPS 教學的理念、運用與實施有哪些？請簡要說明之？
07. 心智圖教學的理念、運用與實施有哪些？請簡要說明之？
08. 翻轉教學的理念、運用與實施有哪些？請簡要說明之？
09. 文化回應教學的理念、運用與實施有哪些？請簡要說明之？

十、班級經營與教學效能

01. 教室裡的教學研究類型有哪些？請簡要說明之？
02. 教室裡的教學研究方法有哪些？請見要說明之？
03. 教科書裡的內容研究有哪些？請簡要說明之？
04. 教科書的學科教學知識（PCK）研究有哪些？請簡要說明之？
05. 教科書的學科學習知識（LCK）研究有哪些？請簡要說明之？
06. 教科書研究的流程有哪些？請簡要說明之？
07. 語文學習策略教學有哪些要領？請簡要說明之？
08. 寫作能力的提升有哪些要領？請簡要說明之？
09. 學習高效能的方法有哪些？請簡要說明並舉例？
10. 高效能的學習策略有哪些？請簡要說明之？
11. 優質的班級經營有哪些要領？請簡要說明之？
12. 提升教師教學效能的途徑有哪些？請簡要說明並舉例？

附錄 2：國立臺南大學 112 學年度教育學程甄試簡章

國立臺南大學 112 學年度教育學程甄試時程表

日期		工作大綱
112 年	2/1（三）前	張貼中等、小學、幼教、特教教育學程甄試宣傳海報（含甄試流程圖及甄試時程表），分送本校各系協助張貼並網頁公告
	2/22（三）（中午 12：00）	召開 112 學年度教育學程甄試說明會 時間：中午 12：00，地點：啟明苑演講廳（參加同學午餐請自理）
	2/22（三）～3/1（三）（中午 12：00 前截止報名）	中等、小學、幼教、特教教育學程完成申請，於 **3/1 中午 12：00 前截止報名** （因 ATM 轉帳系統需時間，若於截止時間仍未能確認繳費者，請洽師資培育中心辦理）
	3/10（五）	公告通過初審名冊、甄試筆試考試分配表及平面圖
	3/15（三）筆試	「教育綜合測驗」（第 1 卷及第 2 卷）筆試，考試時間各 **1 小時**，考試題型爲選擇題，預定當日 14：00 至 16：15 舉行，請同學攜帶**學生證及 2B 鉛筆**入場應試。地點：文薈樓一至三樓教室。
	3/16（四）	中午 12：00 前於師資培育中心網頁公佈試題與答案。

時間	卷次（考試科目）	配分	考試範圍	適用類科
14:00~15:00	第 1 卷（教育理論與實務）	40 分	教育概論、教育心理、教育政策與時事（含教育法令）等	報名國小、幼教、中等、特教師資類科考生
	第 1 卷（國語文）	30 分	歷年教師資格考試「國語文能力測驗」	
15:15~16:15	第 2 卷（數學）	30 分	國民中學學生教育會考範圍	報名國小師資類科考生

3/17（五）	考生對試題如有疑義，應以書面載明班級、學號、姓名、題次，具體敘明疑義之理由並檢具佐證資料，於下午 **5 時前**（上班時間）考生本人親自送達師資培育中心，以憑處理，逾期不予受理。
3/25（六）	教育學程甄試筆試成績網頁查詢（開放第一階段成績查詢）
3/27（一）～3/28（二）（下午 5:00 前）	筆試成績如有疑義請於 3/27（一）～3/28（二）**下午 5 時前**（上班時間）向師資培育中心提出，逾期不予受理。
3/29（三）13:00 複試	藝術領域 [音樂組] 複試－音樂學系（府城校區 D301）
3/29（三）13:30 複試	藝術領域 [表演組] 複試－戲劇創作與應用學系（榮譽校區 ZB214）
3/29（三）10:00 複試	藝術領域 [視覺組] 複試－視覺藝術與設計學系（府城校區 H206）
3/29（三）13:00 複試	綜合活動領域 [輔導組] 複試－諮商與輔導學系（府城校區紅樓）
5/1（一）前	放榜
5/2（二）～5/4（四）	各類學程正取生報到並繳交「學生基本資料」，以確認修習學程
5/10（三）下午 2:00	112 學年度學程新生座談會，地點：啟明苑演講廳（下午 2 時）

重大事記：

◎試場布置 112 年 3 月 15 日（三）12:30～13:50；考試時間為 14:00～16:15。

◎筆試採電腦閱卷方式，請同學攜帶學生證或有效證件（身分證或健保卡）及 2B 鉛筆入場應試。

◎如有疑義請於 112 年 3 月 16 日（四）～112 年 3 月 17 日（五）下午 5:00 前向師資培育中心提出，112 年 3 月 25 日（六）開放筆試成績查詢。

國立臺南大學 112 學年度教育學程甄試簡章

111 年 12 月 27 日「111 學年度第 1 次教育學程甄試委員會」通過

目　錄

國立臺南大學112學年度教育學程甄試簡章

壹、報名資格

一、本校各學系學士班（含進修學士班）、碩士班（含碩士在職專班）及博士班在學學生。

二、報名學生申請前各學期操行平均成績須達八十分（含）以上，申請前各學期學業成績之總平均達七十分（含）以上。

　※一年級下學期復學，無上一學期之學業及操行成績之同學參加甄試時，大學部學生則不受理報考；碩、博士班學生則依上一教育階段最後一年成績採認之。（依98年4月27日召開之「97學年度第2次教育學程甄試委員會」提案16決議辦理）

三、申請前各學期學業及操行總平均成績皆達八十分（含）以上者，可申請二類師資類科。

四、中等教育學程，僅接受相關系所（含雙主修）學生申請報名。（詳見附錄一）

貳、甄試名額

　　依據教育部111年5月11日臺教師（二）字第1110047662號函核定本校教育學程招生名額。

一、師資培育學系學程

　　適合本校師資培育學系111學年度入學大學部學生報名，各師資培育學系學程及錄取人數如下：

類科	學系	錄取名額
國民小學師資類科	體育學系	12名
	國語文學系	25名
	應用數學系	15名
	音樂學系	13名
	視覺藝術與設計學系	10名

備註：大一入學經由「原住民籍、身心障礙、僑生回國就學及輔導辦法、退伍軍人報考高級中等以上學校優待辦法、政府派赴國外工作人員子女返國入學辦法、境外優秀科學技術人才子女來臺就學辦法及蒙藏學生升學優待辦法等規定」入學者所屬師資培育學系未向教育部提出以外加方式修讀教育學程時，則一律參加教育學程甄試筆試，依筆試成績高低擇優錄取。

二、師資培育中心教育學程適合具本校學籍之學生報名，師資培育中心之教育學程及錄取人數如下：

類科	錄取名額	備註
中等師資類科 （含綜合活動領域及藝術領域）	29 名	各組錄取名額計算方式如下：中等學程全部錄取人數 x（各組實際到考人數 / 中等學程全部到考人數）
國民小學師資類科	91 名	1. 保障碩士班 16 名，包含教育學系 5 名、體育學系 2 名、國語文學系 3 名、音樂學系 1 名、視覺藝術與設計學系 1 名、應用數學系 4 名。 2. 保障生態暨環境資源學系（所）5 名。
國民小學師資類科 （戲劇創作與應用學系）	10 名	不得流用於師資培育中心教育學程國民小學師資類科名額
特殊教育師資類科 （國民小學教育階段）	5 名	保障特殊教育學系碩士班 2 名
幼兒園師資類科	2 名	

說明：

一、持原住民籍證明報名師資培育中心之上述學程者，以一般生錄取分數降低 25% 為錄取標準，其名額採外加方式，**每班最多 3 人**。甄試成績未經加分已達錄取標準者，不占上開外加名額。

二、持偏遠地區學校就讀證明（附錄二）報名師資培育中心之上述學程者，優先錄取 **16 名**。

　1. 依據教育部 110 年 2 月 5 日「研商師資培育之大學保留師培核定名額予偏遠地區學生修習師資職前教育課程會議」，各師資培育之大學應保留該學年度經核定師資生名額之百分之四予偏鄉地區學生修習師資職前教育課程。

　2. 「偏遠地區學校教育發展條例」所稱之偏遠地區學生，指符合下列各款之一者：

　　(1) 於偏遠地區學校國民小學及國民中學就讀合計至少滿五年，並取得畢業證書。

　　(2) 於偏遠地區學校高級中等學校就讀至少滿三年，並取得畢業證書。

　3. 偏遠地區學校名單，依教育部統計處彙整公告於教育部統計處網頁 / 學校名錄及相關資訊 / 學校名錄查詢為主（網址：https://reurl.cc/DXV3NR）

參、甄試程序、成績計算及錄取標準

一、報名師資培育學系及師資培育中心之國民小學、幼兒園、特殊教育師資類科，甄試程序分初審與複審。

（一）初審

1. 由師資培育中心就申請學生進行初審。申請前各學期操行平均成績須達八十分（含）以上，申請前各學期學業成績之總平均須達七十分（含）以上。

2. 申請前各學期學業及操行總平均成績皆達八十分（含）以上者，方可申請二類師資類科。

3. 各師資培育學系學生之申請人數，若未超過該系之錄取名額則無需參加複審。

（二）複審：通過初審之學生應參加考試科目及各科配分如下：

類科	「教育綜合測驗」考試科目		
	第 1 卷		第 2 卷
	教育理論與實務	國語文	數學
國民小學師資類科	40 分	30 分	30 分
幼兒園師資類科	40 分	30 分	
特殊教育師資類科	40 分	30 分	

（三）錄取標準

1. 由甄試委員會依測驗成績擇優錄取各師資培育學系之名額。

2. 師資培育學系學生若未獲錄取該系師資生名額者，成績再與報考師資培育中心考生一起評比。

3. 戲劇創作與應用學系學生若未獲錄取該系國民小學師資類科（戲劇創作與應用學系）名額者，成績再與報考師資培育中心考生一起評比。

4. 甄試成績同分者，依第一比序項目：申請前各學期學業成績平均分數，第二比序項目：申請前各學期操行成績平均分數，依序評比，擇優錄取。

5. 錄取標準由「國立臺南大學教育學程甄試委員會」訂定之，未達錄取標準者得不足額錄取。

6. 筆試科目若有任一科缺考或零分者，不予錄取。

7. 達及格標準者，依甄試成績高低擇優錄取。

二、中等師資類科教育學程之甄試程序

（一）初審

1. 甄選中等學校教師師資類科，其申請資格為專門課程對照表所列**適合培育之相關學系所（含雙主修）學生**。

2. 由師資培育中心就申請學生進行初審。申請前各學期操行平均成績須達八十分（含）以上，申請前各學期學業成績平均須達七十分（含）以上。

3. 申請前各學期學業及操行總平均成績皆達八十分（含）以上者，方可申請二類師資類科。

（二）複審

分兩階段進行複審：

第一階段：教育綜合測驗第 1 卷

◎藝術領域甄試：

「視覺藝術」組：教育綜合測驗第 1 卷占總分 20%。

「音樂藝術」組：教育綜合測驗第 1 卷占總分 20%。

「表演藝術」組：教育綜合測驗第 1 卷占總分 30%。

◎綜合活動領域甄試

「輔導活動」組：教育綜合測驗第 1 卷占總分 30%。

第二階段：依各組所訂甄試項目辦理甄試

◎藝術領域甄試：

1. 報名「視覺藝術」組為專長者：考試科目依下列分數比重，核算其得分。

　(1) 美術理論占總分 25%。

　(2) 描繪表現占總分 25%。

　(3) 口試占總分 30%。

2. 報名「音樂藝術」組為專長者：考試科目依下列分數比重，核算其得分。

　(1) 音樂術科：主修項目演奏（唱）（須背譜）占總分 40%；另加考視唱、
　　　鋼琴（非鋼琴主修者）二者不列入術科成績，但分數未達七十分不予
　　　錄取。

　(2) 音樂學科：筆試占總成績 40%；含樂理、和聲學與音樂常識。

3. 報名「表演藝術」組為專長者：考試科目依下列分數比重，核算其得分。

　(1) 劇場專業表現及學習檔案占總分 40%。

　(2) 口試占總分 30%。

◎綜合活動領域甄試：

　(1) 口試成績占總分 40%：依前項成績加權後之得分高低，擇優選取招生
　　　名額二倍人數參與口試。

　(2) 書面資料審查成績占總分 30%，含以下三個項目：

　　　①大學歷年成績單（參考修習諮商與輔導科目與成績）。

　　　②高中以後參與社團及服務活動之書面資料。

　　　③擔任中等學校綜合活動領域教師之理念與期許。

（三）錄取標準：依甄試委員會所訂及格標準，採考生總分高低，由甄試委員
　　　會討論擇優錄取，錄取名單陳請校長核定後公告。甄試成績同分時，則
　　　以下列甄試科目之順序逐一比序：

1. 藝術領域（視覺藝術組）①教育綜合測驗②美術理論③描繪表現④口試。

2. 藝術領域（音樂藝術組）①音樂術科②音樂學科。

3. 藝術領域（表演藝術組）①劇場專業表現及學習檔案②教育綜合測驗
　　③口試。

4. 綜合活動領域①口試②教育綜合測驗③書面資料。

5. 其他：未達錄取標準得不足額錄取。筆試及複試科目若有任一科缺考或零分者，不予錄取。

三、於在校期間經教育學程甄試錄取者，即可取得修習教育學程資格，但甄試錄取後不得變更申請之師資類科。

肆、報名方式、日期、地點及時間

一、報名方式：一律使用網路登錄報名並透過 ATM 轉帳，**二者均完成者方為報名成功，逾期不予受理**。報名網址：**https://admissions.nutn.edu.tw/teRecruit/**

二、報名日期：自 **112 年 2 月 22 日上午 8:00** 起至 **3 月 1 日中午 12:00** 止。
◎完成報名繳費者，應**再次**登錄報名網頁進行繳費確定。

三、報名費

（一）師資培育學系學程

1. 報名費 100 元整（體育學系、音樂學系、視覺藝術與設計學系、應用數學系、國語文學系等五系大一學生，不含復學生）。

2. 全系為師資培育學系（教育學系、特殊教育學系、幼兒教育學系）學生若欲報名另一師資類科需繳交報名費。

（二）師資培育中心教育學程

1. 中等師資類科，報名費 600 元整。

2. 國小師資類科，報名費 150 元整。

3. 國小師資類科（戲劇創作與應用學系），報名費 150 元整。

4. 特殊教育師資類科（國民小學教育階段），報名費 150 元整。

5. 幼兒園師資類科，報名費 150 元整。

（三）甄試費用一次繳納，初審未通過者退還複審費用，其餘不得以任何理由要求退款。

（四）報名費一律透過 ATM 轉帳繳交。

（五）報名截止後公告各類學程報名名冊。

四、繳費方式及說明：請參閱簡章附錄五「報名費繳費方式說明」。

【報名手續】

（一）報名作業流程請參閱本簡章附錄六「教育學程報名流程圖」。

（二）網路報名起迄時間：
112 年 2 月 22 日上午 8:00 起至 **112 年 3 月 1 日中午 12:00** 止。（為避免網路塞車，請儘早上網報名，逾期概不受理）。

（三）報名網址：https://admissions.nutn.edu.tw/teRecruit/

（四）報名期間若遇任何問題，請於上班時間上午 9:00 至 17:00 電洽師資培育中心（06）2133111 轉 137。

（五）報名注意事項

1. 報名「中等藝術領域—音樂藝術組」，請註明術科科目。

2. 報名完成係指「網路報名基本資料輸入作業完成」、「報名費繳費入帳成功」及「網路繳費確認」，若有任一項未完成，視同未完成報名。

3. 以原住民學生身分參加甄試者，請檢附戶政事務所開立之「原住民族籍證明」。

4. 以偏遠地區學校就讀資格報名師資培育中心教育學程者，於報名時請繳交「偏遠地區學生報考教育學程身分認定申請書」（如附錄二）。

【其他注意事項】報名中等師資類科者，複試時間逕洽各相關培育學系。

伍、筆試及中等師資類科複試時間

一、筆試時間：

112 年 3 月 15 日（星期三）			
節次	時間	卷次（考試科目）	適用類科
1	14:00~15:00	第 1 卷（教育理論與實務、國語文）	全體應考考生
--	**15:00~15:15**	休　息	
2	15:15~16:15	第 2 卷（數學）	報名國小師資類科考生

二、中等複試時間及辦理學系

序號	中等師資類科	**112 年**	辦理學系	地點
1	藝術領域—表演藝術組	**3 月 29 日 13:30**	戲劇創作與應用學系	ZB214
2	藝術領域—音樂藝術組	**3 月 29 日 13:00**	音樂學系	D301
3	藝術領域—視覺藝術組	**3 月 29 日 10:00**	視覺藝術與設計學系	H206
4	綜合活動領域—輔導活動組	**3 月 29 日 13:00**	諮商與輔導學系	紅樓

陸、試題疑義申請及成績複查

一、試題疑義申請：**3 月 16 日中午 12:00 前**於師資培育中心網頁公佈，考生對試題如有疑義，應以書面載明班級、學號、姓名、題次，具體敘明疑義之理由並檢具佐證資料，於 **3 月 17 日 17：00 前**（上班時間）由考生本人親自送達師資培育中心，以憑處理，逾期不予受理，表單下載網址 https://phpweb. nutn.edu.tw/cte/teaching1.html。

二、教育學程甄試筆試成績，網路公告時間為 **112 年 3 月 25 日（星期六）**，如有疑義請於 **3 月 27 日（星期一）至 3 月 28 日（星期二）17:00 前**向師資培育中心（紅樓 A101 辦公室）提出，逾期不予受理，申請書下載網址 https:// phpweb.nutn.edu.tw/cte/teaching1.html。

柒、考試規則

一、測驗題答案卡限用黑色 2B 軟心鉛筆在答案卡上規定作答之範圍劃記答案，塗改禁用立可白，違者該科不予計分。如有劃記不明顯或將答案卡污損（如須擦拭，請使用品質良好之橡皮擦）、折疊、捲角、撕毀等情事，致電腦無法辨識閱卷者，其責任自負，不得提出異議。

二、考生須於規定考試時間憑學生證（或國民身分證、機車駕照、附加照片之健保卡、有效期限內之護照替代）入場。未到考試時間，不得先行入場，遲到逾二十分鐘者，不准入場。已進入試場者，四十分鐘內不得出場。

三、考生應按照編定座位入座，違者該科不予計分。

四、答案卡、考桌上之編號（准考證號）二者之座位號碼須完全相同，如有不符，應即舉手，請監試人員查明處理。

五、考生應將學生證等相關有效證件放在桌子左上角，每位考生應配合簽名查驗。未帶學生證等相關有效證件，由每間試場助理監試老師至試務中心派員拍照，考試結束 24 小時內補驗，未完成補驗者，考試成績以零分計算。

六、考生除應用文具外，不得攜帶各式計算器、簿籍、紙張、手機及其他電子通訊器材等物品進入考場，違者提交委員會討論處分，考生不得有異議。

七、考生除因考試題目印刷不明得舉手發問外，其他概不得發問。

八、考生嚴禁交談、傳遞、偷看或作手勢等情事，違者該科不予計分，並依校規懲處。

九、考生不得有抄襲、夾帶、頂替或其他嚴重舞弊情事，違者勒令退出試場，並取消考試資格，並依校規懲處。

十、答案卡除作答外，不得書寫任何符號及文字，違者該科不予計分。

十一、各科目答案，均須寫在答案卡內，寫在試題紙上者不予計分。

十二、考試時間終了，俟鈴聲響畢，考生不得繼續作答，違者該科不予計分。

十三、試題卷不得攜帶出試場，並隨答案卡繳回，違者取消錄取資格。

十四、答案卡之座位號碼不得自行撕毀，違者該科試卷不予計分。

十五、考生交卷後，應遵照監試人員指示離開試場，並不得在試場附近逗留。

捌、放榜

經「國立臺南大學教育學程甄試委員會」會議決議，於 **112 年 5 月 1 日**前統一放榜。

玖、錄取生報到手續

一、正取生報到手續

（一）正取生於 112 年 5 月 2 日（星期二）9:00 至 112 年 5 月 4 日（星期四）17:00 前繳交「國立臺南大學師資培育中心修習教育學程報到單」，逾期未繳交者，視同放棄錄取資格。

（二）正取生於 **112 年 5 月 10 日（星期三）下午 2:00** 參加「112 學年度教育學程新生座談會」，地點：啟明苑演講廳。

二、備取生遞補與報到手續

（一）正取生報到後若有缺額產生，依榜單備取生之順序，通知願意接受遞補之備取生，遞補至第一學期加退選截止日前。

（二）經通知遞補之備取生，應於加退選期間併同主修系所加退選課程，辦理教育學程選課。

拾、錄取生注意事項

一、甄試中等教育學程者應為修習學科（領域、主修專長）相關學系所（含雙主修）之學生。凡錄取後，經發現未符合教育部之規範，取消其錄取資格。

二、教育學程甄試錄取之正取生，應於 **112 學年度第一學期辦理教育學程選課**，如因特殊因素未能於第一學期辦理教育學程選課者，應於開學三天內至師資培育中心辦理錄取資格保留，否則以放棄錄取資格論。

三、本校校內之僑生、港澳學生與外國學生（不含陸生），應修畢本校規定之師資職前教育課程，並取得修畢師資職前教育證明書後，得依證明書所載之類科別，報名參加教師資格考試。

四、教育學程甄試錄取之正取生應全程參與「112 學年度教育學程新生座談會」，未全程參與者視為未完成報到手續。

五、本簡章未規定事宜，依相關法令辦理。

拾壹、修業規定

一、依據「國立臺南大學教育學程修習辦法」辦理。

二、教育學程修業年限至少二年（即四個學期，應具實際修習教育專業課程事實且不含寒、暑修），另加全時教育實習半年；本校非師資生在本校期間修習本校所開師資職前教育專業課程，如經甄試通過為師資生後，得申請學分採認，採認學分數以各類師資培育學程專業科目應修學分數之四分之一為上限，其教育學程修業年限自經甄試通過後起算應逾一年以上（即三個學期，應具實際修習教育專業課程事實且不含寒、暑修），另加半年全時之教育實習。修習教育學程之學生未在規定修業年限內修滿應修學分者，得申請延長修業年限一年至二年；其延長之年限應併入大學法及其細則所定延長修業年限計算。已修習某一類教育學程之師資生，中途改修另一類教育學程者，其修業年限不得合併計算。

三、他校師資生身分所修習師資職前教育專業課程，依規定至多抵免四分之一為上限，其抵免科目成績不得低於 70 分（含 70 分），修業年限至少二年（即四個學期，應具實際修習教育專業課程事實且不含寒、暑修），另加全時教育實習半年。

四、有關錄取資格之保留與放棄則依據本校教育學程修習辦法辦理，摘要如下：

（一）教育學系、幼兒教育學系及特殊教育學系為全師資培育學系，轉入前開 3 系時，若該系轉學生轉入之學年度尚有師資生名額，同意轉學生轉入即具師資生資格，無須再參與教育學程甄試，系上可依該屆之遺留缺額以公平公開方式擇優錄取，所占名額為系屬名額，非師培中心名額。

（二）校內轉系師資生

1. 師資培育學系（並行學系）及非師資培育學系學生轉出原屬學系可保留原屬師資類科之師資生資格（中等學程除外）。

2. 全師資培育學系師資生轉系即喪失該師資類科師資生資格，以保障全師培學系轉入學生名額。

3. 校內非師資生轉入全師資培育學系，可比照轉學生辦理。

4. 校內非師資生轉入師資培育學系（並行學系）仍須參加教育學程甄試。

（三）另為保障本校師資生名額，由本校轉出之師資生不可將師培資格轉移至他校。

五、上課時間：全天（不含假日）。

六、本校中等師資類科教育學程培育之任教科別，依據教育部核定之學科（領域、主修專長）中等師資類科教育學程學生應同時修畢教育專業課程及專門課程，始能請領教育專業課程學分成績證明及任教專門課程認定學分成績證明。

七、中等師資類科教育學程教育專業課程由本中心開課；專門課程部分則需自行到相關系所修習，本中心不負責開課。

八、中等師資類科教育學程專門課程需依教育部核定本校培育學科（領域、主修專長）之專門科目學分對照表暨施行要點辦理（詳細內容請上本中心網頁 https://phpweb.nutn.edu.tw/cte/teaching19.html 查閱）。

九、中等師資類科教育學程教育專業課程之教學實習及教材教法科目應與任教專門課程認定學分成績證明之任教科別、半年教育實習之科別相同。

十、師資生修習教育學程教育專業科目之各科成績計入當學期學業平均成績，教育學程各科成績及格分數為六十分，碩、博士生修習教育專業科目亦以六十分為及格。

十一、已取得學士學位之碩、博士生修畢普通課程、專門課程及教育專業課程，並符合教育學程修業年限至少 2 年，且修畢碩、博士畢業應修學分，可向師資培育中心申請「修畢師資職前教育證明書」以利參加教師資格考試及半年全時教育實習。

拾貳、修習學分及科目

一、**111 學年度入學之全師資培育學系（教育學系、幼兒教育學系及特殊教育學系）師資生，應修習 111 學年度適用之各師資科類科課程架構；112 學年度**

錄取師資培育學系（體育學系、國語文學系、應用數學系、音樂學系及視覺藝術與設計學系）及師資培育中心教育學程之師資生，應修習 **112 學年度適用之各師資科類科課程架構。**

二、本校國民小學師資職前教育課程學分至少 48 學分（包括國民小學師資類科專門課程、教育基礎課程、教育方法課程及教育實踐課程），並至國民小學進行實地學習至少 72 小時，且必須通過教育部委託之「師資生學科知能評量」，並於「國語、數學、社會、自然」4 個領域均達到「基礎級」以上，完成學分修習、實地學習及師培點數後，始可申請「修畢師資職前教育證明書」。

三、本校中等學校師資職前教育課程學分至少 26-27 學分（包括教育基礎課程、教育方法課程及教育實踐課程），並至國民中學進行實地學習至少 54 小時，完成學分修習、實地學習及師培點數後，始可申請「修畢師資職前教育證明書」。

四、本校特殊教育教師師資職前教育課程學分至少 48 學分（包括：
　◎共同修習課程（10 學分）：教學基本學科課程至少 4-6 學分、教育基礎課程至少 2 學分、教育方法課程至少 2-4 學分。
　◎身心障礙類（38 學分）：特殊教育基礎課程 9 學分；特殊教育方法課程至少 9 學分；特殊教育實踐課程 10 學分；特需、特調課程 10 學分。
　◎資賦優異類（38 學分）：特殊教育基礎課程 9 學分；特殊教育方法課程至少 9 學分；特殊教育實踐課程 10 學分；特需、特調課程 10 學分。）
　並至特教國民小學教育階段進行實地學習至少 72 小時，且通過教育部委託之「師資生學科知能評量」，並於「國語、數學」2 個領域均達到「基礎級」以上，完成學分修習、實地學習及師培點數後，始可申請「修畢師資職前教育證明書」。

五、本校幼兒園教師師資職前教育課程學分至少 56 學分（包括專門課程 4 學分、教育基礎課程 15 學分、教育方法課程 17 學分、教育實踐課程 20 學分），並至幼兒園實地學習至少 54 小時，完成學分修習、實地學習及師培點數後，始可申請「修畢師資職前教育證明書」。

六、教育專業課程學分抵免與採認之辦理以一次為限，應於開始修習教育學程當學年度第一學期或於第二學期加退選截止前辦理。

七、依教育部規定師資生應符合「技職教育法」第 24 條規定，自 105 學年度起師資生必須修習「職業教育與訓練」、「生涯規劃」各 1 學分（不含修習幼教學程師資生）。

拾參、收費

一、學分費依本校教育學院教育學系收費標準辦理。若有調整，依調整後學分費標準辦理。

二、師資生因修習各類師資類科教育學程而延長主修系所修業年限，其每學期修習學分數依本校學生學雜費與學分費繳納要點辦理。

三、大學部非師資培育學系學生在校期間修習教育相關課程，如欲採認教育學程學分則須補交學分費。

拾肆、教育實習

一、教育實習依本校所訂「國立臺南大學教育實習實施辦法」辦理。

二、依據教育部頒佈之「中等學校各任教學科（領域、群科）師資職前教育專門課程科目及學分對照表實施要點」規定，因本校中等師資類科之教材教法及教學實習課程以國民中學為主，故通過教師資格考試者，建議至**國民中學**完成半年全時教育實習。

三、「師資培育法」於 107 年 2 月實施，凡 107 學年度開始修習之師資生，皆應先參加教師資格考試，通過後，再進行半年全時教育實習。

拾伍、附錄

附錄一　國立臺南大學 112 學年度甄試中等教育學程之相關學系所一覽表
附錄二　偏遠地區學生報考教育學程身分認定申請書
附錄三　國立臺南大學甄試作業要點
附錄四　112 學年度教育學程甄試參考書目
附錄五　報名繳費方式說明
附錄六　教育學程報名流程圖

附錄一

112 學年度甄試中等教育學程之相關系所一覽表

中等教育學程修習主要學科（領域、主修專長）		相關系所（含雙主修）
藝術學科（領域、主修專長）	中等學校—藝術領域視覺藝術專長與藝術領域美術科	視覺藝術與設計學系（含碩士班）
	藝術群—視覺藝術專長	視覺藝術與設計學系（含碩士班）
	高級中等學校—藝術領域藝術生活科—視覺應用專長	視覺藝術與設計學系（含碩士班）動畫媒體設計碩士班
	中等學校藝術領域音樂專長	音樂學系（含進修學士班、碩士班）
	高級中等學校藝術群—音像藝術專長	音樂學系（含碩士班）
	國民中學藝術領域表演藝術專長	戲劇創作與應用學系（含碩士班）
	高級中等學校—藝術領域藝術生活科—表演藝術專長	戲劇創作與應用學系（含碩士班）
輔導學科（領域、主修專長）	國民中學綜合活動領域輔導專長	諮商與輔導學系（含碩士班）
	中等學校輔導教師	諮商與輔導學系（含碩士班）

附錄二

偏遠地區學生報考教育學程身分認定申請書

一、基本資料	（一）姓名： （二）學號： （三）班級： （四）出生年月日： （五）身分證字號： （六）戶籍地址： （七）連絡電話： （八）報考學程別：
二、「偏遠地區學校教育發展條例施行細則」第3條情形：（請勾選）	□於偏遠地區學校國民小學及國民中學就讀合計至少滿五年，並取得畢業證書。 □於偏遠地區學校高級中等學校就讀至少滿三年，並取得畢業證書。
三、畢業學校	（一）高級中學： 實際就讀時間：自__年__月__日至__年__月__日，共__年__月。 （二）國民中學： 實際就讀時間：自__年__月__日至__年__月__日，共__年__月。 （三）國民小學： 實際就讀時間：自__年__月__日至__年__月__日，共__年__月。 （四）合計偏遠地區學校就讀__年__月。
四、佐證文件	□身分證影本 □畢業證書影本____件 □歷年成績單____件（申請人若無法依畢業證書具足符合累計就讀年限時繳交）

本人就讀畢業之高級中等學校（或國民中學、國民小學）確屬教育部國民及學前教育署及各縣市政府主管教育行政機關，於各該學年度認列為偏遠地區學校名單，並依填寫之就讀期間確實於該等學校就讀，累計就學年限符合「偏遠地區學校教育發展條例施行細則」第3條第1項第1款或第2款情形。本人膳寫資料與繳付之畢業證書影本等資料均屬實，倘有不實，未符前開施行細則第3條所定義之偏遠地區學生，則依規定取消教育學程錄取資格。

申請人：_____（簽章）

中華民國　　　年　　　月　　　日

附錄三

國立臺南大學教育學程甄試作業要點

教育部 95 年 2 月 21 日台中〔二〕字第 0950022498 號函同意備查
教育部 95 年 12 月 1 日台中〔二〕字第 0950177129 號函同意備查
教育部 97 年 1 月 29 日台中〔二〕字第 0970014330 號函同意備查
教育部 97 年 11 月 19 日台中〔二〕字第 0970232695 號函同意備查
教育部 99 年 2 月 1 日台中（二）字第 0990015753 號函同意備查
102 年 9 月 12 日「102 學年度第 1 次師資培育委員會」通過
102 年 11 月 6 日 102 學年度第 1 學期教務會議通過
教育部 102 年 12 月 24 日臺教師（二）字第 1020189154 號函同意備查
教育部 105 年 11 月 25 日臺教師（二）字第 1050163044 號函同意備查
109 年 6 月 3 日 108 學年度第 2 學期第 2 次教務會議通過
教育部 109 年 6 月 15 日臺教師（二）字第 1090086677 號函同意備查

一、本作業要點依據本校教育學程修習辦法第六條訂定之。

二、本校教育學程師資類科包含中等學校、國民小學、幼兒園、特殊教育教師教育學程。

三、由校長聘請本校教師組成「教育學程招生甄試委員會」辦理本校教育學程相關事宜。

四、本校學生得就本校各類學程申請至多二類（如曾申請而放棄者不得再提出），並應通過本校辦理之甄試（含初審及複審）。每學年開設國民小學師資類科、幼兒園師資類科、特殊教育師資類科及中等學校教師師資類科等四類。各系所修習人數比例及各類師資類科每班招生人數依教育部核定名額辦理。

五、學生申請修習教育學程甄試，依當年度申請資料及時程表辦理，其相關資料由教育學程甄試委員會訂定、審議通過後公告實施。

六、國民小學、幼兒園、特殊教育師資類科之甄試程序：

（一）國民小學、幼兒園、特殊教育師資類科依教育部核定名額辦理，甄試程序相同。師資培育學系之師資生甄選亦依本作業要點一併辦理。甄試程序分初審與複審。（全師資培育學系依各學系師資生輔導要點辦理）

1. 初審：

(1) 由本校師資培育中心（以下簡稱本中心）就申請學生檢具申請書、成績證明進行初審。操行平均成績必需八十分以上，申請前各學期學業成績之總平均達七十分以上。

(2) 申請前各學期學業及操行總平均成績皆達八十分以上者，方可申請二類師資類科。

(3) 各師資培育系學生之申請人數未超過該系之名額，則無需參加複審。

2. 複審：

(1) 複審之學生均應增考由甄試委員會決議之「教育綜合測驗」，占甄試總成績100%。

(2) 由甄試委員會依測驗成績先擇優錄取各師資培育系之名額。

(3) 未錄取各師資培育學系名額之該系學生得與非師資培育學系學生申請本中心之名額。亦由甄試委員會所訂定及格標準，依測驗成績高低經甄試委員會通過擇優錄取，陳請校長核定後公告錄取名單。

(4) 成績相同時依①申請前各學期學業成績平均分數②申請前各學期操行成績平均分數擇優錄取。

(5) 未達錄取標準得不足額錄取。筆試成績如有缺考或零分者，不予錄取。

（二）大一學生大學考試入學，以外加名額方式錄取師資培育學系其入學方式以：原住民籍、身心障礙、僑生回國就學及輔導辦法、退伍軍人報考高級中等以上學校優待辦法、政府派赴國外工作人員子女返國入學辦法、境外優秀科學技術人才子女來臺就學辦法及蒙藏學生升學優待辦法等規定入學者，所屬學系未向教育部提出以外加方式修讀教育學程時，則一律參加教育學程甄試筆試，依筆試成績高低擇優錄取報名之師資類科。

七、中等學校教師教育學程之甄試程序：

（一）初審：

1. 甄選中等學校教師師資類科，其申請資格為專門課程對照表所列適合培育之相關學系所（含雙主修）學生。

2. 由師資培育中心就申請學生檢具之申請書、成績進行初審。操行平均成績必需八十分以上，申請前各學期學業成績平均達七十分以上。

3. 申請前各學期學業及操行總平均成績皆達八十分以上者，方可申請二類師資類科。

（二）複審：分兩階段

第一階段：教育綜合測驗（成績採計比重分配由各領域另訂之）。

第二階段：分領域辦理。

1. 藝術領域甄試：

(1) 報名「視覺藝術」組為專長者：考試科目依下列分數比重，核算其得分。

　① 教育綜合測驗占總分百分之二十。

　② 美術理論占總分百分之二十五。

　③ 描繪表現占總分百分之二十五。

　④ 口試占總分百分之三十。

(2) 報名「音樂藝術」組為專長者：

　① 教育綜合測驗占總分百分之二十。

　② 音樂術科：主修項目演奏（唱）（須背譜）占總分百分之四十：另

加考視唱、鋼琴（非鋼琴主修者）二者不列入術科成績，但分數未
達七十分不予錄取。

③音樂學科：筆試占總成績百分之四十：含樂理、和聲學與音樂常識。

(3) 報名「表演藝術」組為專長者：

①教育綜合測驗占總分百分之三十。

②劇場專業表現及學習檔案占總分百分之四十。

③口試占總分百分之三十。

2. 綜合活動領域甄試

(1) 教育綜合測驗占總分百分之三十。

(2) 口試成績占總分百分之四十：依前項成績加權後之得分高低，擇優選
取招生名額二倍人數參與口試。

(3) 書面資料審查成績占總分百分之三十，含以下三個項目：

①大學歷年成績單（參考修習諮商與輔導科目與成績）。

②高中以後參與社團及服務活動之書面資料。

③擔任中等學校綜合活動領域教師之理念與期許。

（三）決審：由甄試委員會所訂定及格標準，依考生總分成績高低及各領域錄
取名額依實際到考人數比率分配各為原則，名額由甄試委員會討論擇優
錄取，陳請校長核定後公告錄取名單。成績相同時，則以下列科目成績
之順序逐一比較擇優錄取：

1. 綜合活動領域：①口試②教育綜合測驗③書面資料。

2. 藝術領域（視覺藝術組）①教育綜合測驗②美術理論③描繪表現④口試。

3. 藝術領域（音樂藝術組）①音樂術科②音樂學科。

4. 藝術領域（表演藝術組）①劇場專業表現及學習檔案②教育綜合測驗
③口試。

甄試經決審後，公佈錄取名單。

（四）未達錄取標準得不足額錄取。筆試及複試成績如有缺考或零分者，不予
錄取。

八、本校國民小學、幼兒園、特殊教育、中等學校教師等各師資類科（不含師資
培育學系學程），原住民籍學生參加教育學程甄試，得按一般錄取標準降
低總分百分之二十五，其名額採外加方式，每班最多三人。考試成績未經
降低錄取分數已達一般錄取標準者，不占上開外加名額。

九、各類師資類科正、備取名單經簽請校長核准後公告。

十、本作業要點如有未盡事宜悉依相關規定辦理。

十一、本作業要點經師資培育委員會議及教務會議審議通過，報請教育部備查後
實施，修正時亦同。

附錄四

112 學年度教育學程甄試—（教育綜合測驗）參考書目

序號	科目		參考書目	甄試學程別
1	第 1 卷	教育理論與實務	教育概論 作者：黃光雄 （出版社：師大書苑）	中等學程 國小學程 特教學程 幼教學程
2		國語文	歷年教師資格考試「國語文能力測驗」	
3	第 2 卷	數學	國民中學學生教育會考—數學科	國小學程

附錄五

報名繳費方式說明
ATM 轉帳流程
（所持提款卡需具有 ATM 轉帳功能）

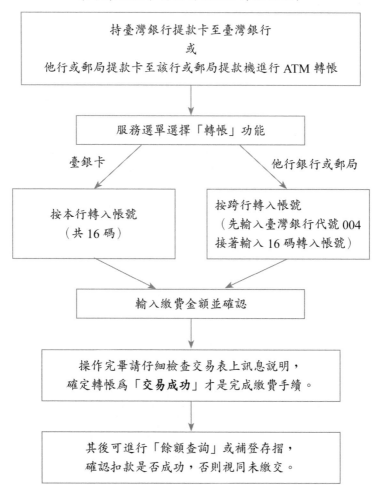

```
持臺灣銀行提款卡至臺灣銀行
或
他行或郵局提款卡至該行或郵局提款機進行 ATM 轉帳
```

```
服務選單選擇「轉帳」功能
```

臺銀卡   他行銀行或郵局

```
按本行轉入帳號
（共 16 碼）
```

```
按跨行轉入帳號
（先輸入臺灣銀行代號 004
接著輸入 16 碼轉入帳號）
```

```
輸入繳費金額並確認
```

```
操作完畢請仔細檢查交易表上訊息說明，
確定轉帳為「交易成功」才是完成繳費手續。
```

```
其後可進行「餘額查詢」或補登存摺，
確認扣款是否成功，否則視同未繳交。
```

一、繳費期間：自 **112 年 2 月 22 日上午 9:00 起至 3 月 1 日 17:00** 止。

二、請持金融卡至各金融機構自動櫃員機（ATM）轉帳繳費（轉帳手續費由轉出帳號
　　負擔，不包含於報名費內），逾期未繳費者，視同未完成報名手續。

　※ 若使用郵局及非臺灣銀行之其他金融機構之自動櫃員機轉帳繳費方式，將金融卡
　　插入自動櫃員機後，請選擇『跨行轉帳』及『非約定帳號』，輸入臺灣銀行代碼
　　004、報名費繳費帳號及轉帳金額，完成轉帳繳費。

※ 因詐騙案件頻傳，財政部金融局要求各金融機構自 93 年 6 月 1 日起實施自動櫃員機安全控管機制；若您持卡於自動櫃員機進行轉帳繳費時，不被受理『非約定帳號』轉帳時，請逕向原開戶之金融機構申辦具『非約定帳號』轉帳功能，再行轉帳繳費。

三、繳費完成後，請檢查交易明細表，如「交易金額」及「手續費」欄**沒有扣款紀錄，即表示轉帳未完成**，請依繳費方式再次完成繳費；完成繳費者請再次至本校網頁教育學程報名招生系統，點選「網路報名」之「確認繳費狀況」選項，查詢是否轉帳成功，經轉帳成功者，才算完成報名。

四、使用自動櫃員機（ATM）繳費轉帳者，請儘早持存摺至原開戶之金融機構進行補摺，以確定轉帳成功。若因報名費繳交不正確、轉帳未成功而延誤報名，概由考生自行負責，並不得要求延長報名時間。

五、因使用超商、郵局代收、或行動支付需三個營業日才會入帳，請於繳費期間內提供收據給師培中心以確認繳費成功，避免影響報名資格。

六、甄試費用一次繳交，除未通過初審者退還複審費用外，不得以任何理由要求退款。報名截止後公告各類學程報名名冊。

附錄六

國立臺南大學教育學程（含師培系及非師培系）報名流程圖

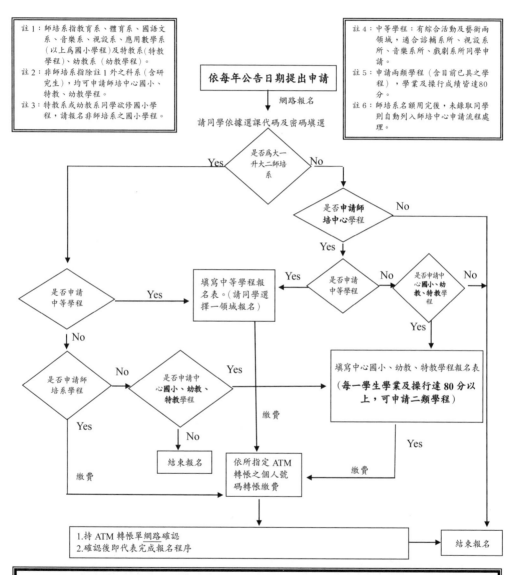

註1：師培系指教育系、體育系、國語文系、音樂系、視設系、應用數學系（以上為國小學程）及特教系（特教學程）、幼教系（幼教學程）。

註2：非師培系指除註1外之科系（含研究生），均可申請師培中心國小、特教、幼教學程。

註3：特教系或幼教系同學欲修國小學程，請報名非師培系之國小學程。

註4：中等學程：有綜合活動及藝術兩領域，適合諮輔系所、視設系所、音樂系所、戲劇系所同學申請。

註5：申請兩類學程（含目前已具之學程），學業及操行成績皆達80分。

註6：師培系名額用完後，未錄取同學則自動列入師培中心申請流程處理。

依每年公告日期提出申請

網路報名

請同學依據選課代碼及密碼填選

1. 學校轉帳入戶為臺灣銀行系統，在轉帳過程常因銀行系統而延遲入帳，如已報名截止日，尚未入帳者，請持ATM轉帳單洽師培中心辦理後續作業。

2. 「教育綜合測驗」筆試地點及時間請注意網路公告或洽師培中心。報名國小師資類科加考第2卷。

3. 修習二類學程時，會有選課時程衝堂及延畢等問題，請同學事先斟酌考量。

附錄 3：國立臺南大學 110 學年度起國小教育學程修習者適用之課程地圖

國小師資類科課程及職涯地圖（110 學年度起適用）

（教育專業課程每學期至多 14 學分）

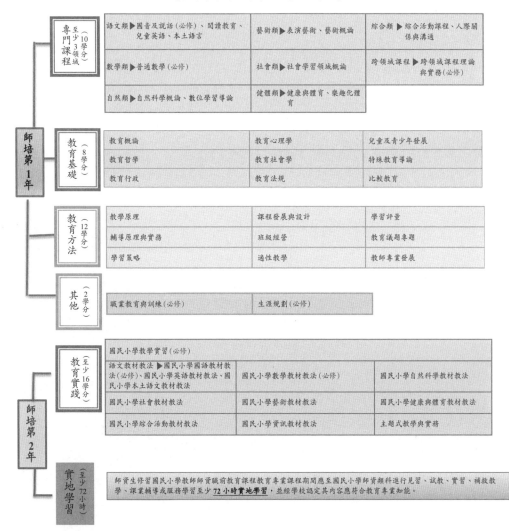

師培第1年	專門課程（至少10學分3領域）	語文類 ▶ 國音及說話(必修)、閱讀教育、兒童英語、本土語言	藝術類 ▶ 表演藝術、藝術概論	綜合類 ▶ 綜合活動課程、人際關係與溝通
		數學類 ▶ 普通數學(必修)	社會類 ▶ 社會學習領域概論	跨領域課程 ▶ 跨領域課程理論與實務(必修)
		自然類 ▶ 自然科學概論、數位學習導論	健體類 ▶ 健康與體育、樂趣化體育	
	教育基礎（8學分）	教育概論	教育心理學	兒童及青少年發展
		教育哲學	教育社會學	特殊教育導論
		教育行政	教育法規	比較教育
	教育方法（12學分）	教學原理	課程發展與設計	學習評量
		輔導原理與實務	班級經營	教育議題專題
		學習策略	適性教學	教師專業發展
	其他（2學分）	職業教育與訓練(必修)	生涯規劃(必修)	
師培第2年	教育實踐（至少16學分）	國民小學教學實習(必修)		
		語文教材教法 ▶ 國民小學國語教材教法(必修)、國民小學英語教材教法、國民小學本土語文教材教法	國民小學數學教材教法(必修)	國民小學自然科學教材教法
		國民小學社會教材教法	國民小學藝術教材教法	國民小學健康與體育教材教法
		國民小學綜合活動教材教法	國民小學資訊教材教法	主題式教學與實務
	實地學習（至少72小時）	師資生修習國民小學教師師資職前教育課程教育專業課程期間應至國民小學師資類科進行見習、試教、實習、補救教學、課業輔導或服務學習至少 **72 小時實地學習**，並經學校認定其內容應符合教育專業知能。		

先檢定後實習者

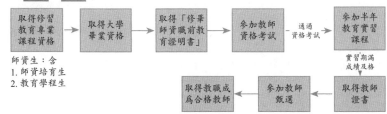

師資生：含
1. 師資培育生
2. 教育學程生

附錄 4：國立臺南大學 108 學年度起中等學程修習者適用之課程地圖

中等師資類科課程及職涯地圖（108 學年度起適用）

（教育專業課程每學期至多 8 學分）

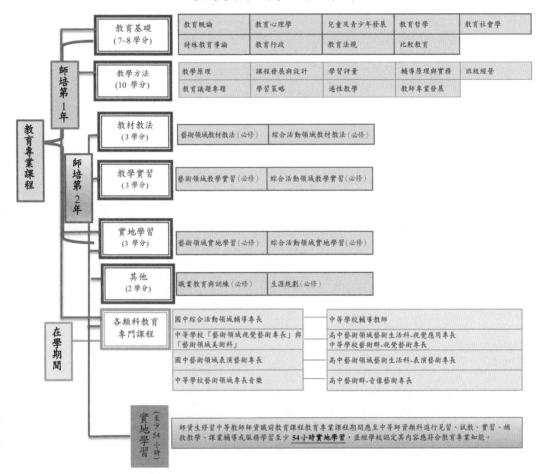

先檢定後實習者

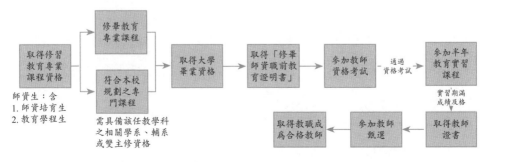

附錄 5：國立臺南大學 112 學年度起幼兒園教師修習者適用之課程地圖

幼兒園師資類科課程及職涯地圖（112 學年度起適用）

（教育專業課程每學期至多 8 學分）

專門課程（4 學分）			
幼兒文學		幼兒音樂	幼兒數學與科學之探索與遊戲
幼兒社會探究與情緒表達			

教育基礎（15 學分）			
教育心理學	教育社會學	教學原理
幼兒園行政與法規 (必修)	幼兒教保概論 (必修)	幼兒發展 (必修)
特殊幼兒教育 (必修)	幼兒健康與安全 (必修)	幼兒觀察 (必修)

教育方法（17 學分）		
幼兒認知發展	幼兒語言表達	幼兒輔導 (必修)
幼兒園課程發展 (必修)	幼兒學習環境設計 (必修)	幼兒遊戲 (必修)
幼兒園教保活動課程設計 (必修)	幼兒學習評量 (必修)	幼兒園課室經營 (必修)
幼兒園、家庭與社區 (必修)		

教學實踐（20 學分）		
幼稚園教學實習(一) (必修)	幼兒園教學實習(二) (必修)	幼兒園教材教法 I (必修)
幼兒園教材教法 II (必修)	幼兒園教保實習 I (必修)	幼兒園教保實習 II (必修)
教保專業倫理 (必修)		

實地學習（至少 54 小時）

師資生修習幼兒園教師師資職前教育課程教育專業課程期間應至幼兒園師資類科進行見習、試教、實習、補救教學、課業輔導或服務學習至少 **54 小時實地學習**，並經學校認定其內容應符合教育專業知能。

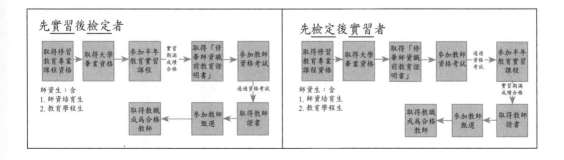

先實習後檢定者

取得修習教育專業課程資格 → 取得大學畢業資格 → 參加半年教育實習課程 →（實習期滿成績合格）→ 取得「修畢師資職前教育證明書」→ 參加教師資格考試 →（通過資格考試）→ 取得教師證書 → 參加教師甄選 → 取得教職成為合格教師

師資生：含
1. 師資培育生
2. 教育學程生

先檢定後實習者

取得修習教育專業課程資格 → 取得大學畢業資格 → 取得「修畢師資職前教育證明書」→ 參加教師資格考試 →（通過資格考試）→ 參加半年教育實習課程 →（實習期滿成績合格）→ 取得教師證書 → 參加教師甄選 → 取得教職成為合格教師

師資生：含
1. 師資培育生
2. 教育學程生

附錄 6：國立臺南大學師資培育中心 112 學年度教育學程甄試考試試題

國立臺南大學師資培育中心 112 學年度教育學程甄試考試
教育綜合測驗　第 1 卷

答題說明

一、請核對答案卡上編號與桌上編號是否相符。

二、請將答案以 2B 鉛筆畫記於答案卡上，答案卡不可填寫姓名或其他與作答無關之文字或符號。

三、**限用 2B 鉛筆作答。**

四、本試卷共 2 頁；題型為選擇題，教育理論與實務占 40 分；國語文占 30 分，共 70 分。

五、非依上述規定方式作答者，或其他原因導致答案卡無法讀卡，均不予計分。

答案	題號	試題
B	1	孔德（Comte）曾指出人類思想演進的三個進程，其順序為下列何者？ (A) 玄學、神學、科學　(B) 神學、玄學、科學　(C) 科學、神學、玄學 (D) 神學、科學、玄學
B	2	有關社會階層化的描述，下列何者**不正確**？　(A) 現代社會主要是以教育做為分派職業的依據　(B) 階層一旦派定之後，就無法改變　(C) 任何社會都難以消除社會階層化的現象　(D) 結構功能論認為，社會階層化是依職業的重要性與對社會的貢獻度而形成的
D	3	社會流動可分為向上流動及向下流動，其中教師行業又常扮演著階級流動的中繼站，下列敘述何者符合這個觀察？　(A) 林老師學校夫妻檔教師很多　(B) 王老師子女都就讀頂尖大學　(C) 李老師寒暑假常能帶全家出國旅遊　(D) 陳老師的父母為農夫兒子為醫師
A	4	一般通用的階級評定因素，**不包括**下列何者？　(A) 種族　(B) 收入 (C) 職業階層　(D) 教育程度
C	5	認為社會制度是基於和諧與具有高度共識所形成的機制，以滿足社會有機體的需求，這是下列何種理論的觀點？　(A) 衝突論　(B) 系統理論 (C) 結構功能論　(D) 符號互動論
C	6	某日寒流來襲，小華同學到校時又沒穿外套，若依盧梭（Rousseau）的教育觀，教師應如何處理？　(A) 責罵學生並致電家長送衣來校　(B) 到輔導室拿備用衣物讓學生穿上　(C) 不需多做理會，讓學生自己承受可能的感冒後果　(D) 再把僅有的衣服脫掉讓他更冷
B	7	斯普朗格（E.Spranger），認為「社會型」生活類型的人最適合成為教師，試問其中心價值偏重在下列何者？　(A) 真　(B) 善　(C) 美　(D) 利

A	8	林老師新接班級，他將學生的家庭社經地位、過去學業成就等因素先擱置一旁，純粹以和學生的互動去理解學生，這是基於下列哪一學派主張的運用？ (A) 現象學 (B) 存在主義 (C) 進步主義 (D) 後現代主義
A	9	依知識論的觀點，下列何者較**不適宜**做為判斷知識真假與否的依據？ (A) 存在時代久遠性 (B) 外在經驗符合度 (C) 內部邏輯一致性 (D) 解決問題效用性
B	10	陳老師常在單元結束後進行隨堂測驗，以便了解哪些概念需要再加強教學，依測驗的性質，這是屬於下列何種評量？ (A) 安置性評量 (B) 診斷性評量 (C) 形成性評量 (D) 總結性評量
B	11	當班級學生發生爭執時，王老師總是耐心聆聽雙方的陳述，並嘗試引導雙方相互尊重理解彼此想法，以能自行達成處理的共識，依課室的管理方法而言，這是哪一種學派理論的運用？ (A) 行為主義學派 (B) 人本主義學派 (C) 訊息處理學派 (D) 精神分析學派
C	12	為增加學童記憶力，教師將「2020520520」數字分成字串「2020-520-520」，以和「愛你愛你—我愛你—我愛你」的發音相似，這種是哪一種學習理論的運用？ (A) 行為主義學派 (B) 人本主義學派 (C) 訊息處理學派 (D) 精神分析學派
C	13	「如果你手中只有一把鐵鎚，那麼所有東西在你的眼中都將成為釘子」，以皮亞傑（Piaget）的心理發展概念而言，下列何者符合這句話的情境？ (A) 平衡 (B) 選擇 (C) 同化 (D) 調適
D	14	下列哪一種發問方式較有助於啟發兒童思考？ (A) 蘋果和橘子你比較喜歡吃哪一種？ (B) 和同學吵架是不是讓你覺得很難過？ (C) 現在已經很晚了為什麼還不去睡覺？ (D) 父母不在家有陌生人按電鈴時該怎麼辦？
A	15	「學校應教卻未教」，被概念化為下列何者？ (A) 空無課程 (B) 潛在課程 (C) 空白課程 (D) 顯著課程
D	16	小明在聽完「狼來了」的寓言後，學到「說謊不可以超過三次，不然就會失去效果」，若以課程轉化的觀點而言，這是屬於何種課程？ (A) 理念課程 (B) 正式課程 (C) 運作課程 (D) 經驗課程
D	17	老師宣佈「課堂表現良好的小朋友，少輪值一次值日生」，這是何種獎懲策略的運用？ (A) 懲罰 (B) 消弱 (C) 正增強 (D) 負增強

A	18	小明就讀一般國小二年級，家長因故想讓小明參與實驗教育，但又希望能繼續保有原校的學籍，在這種情況下，小明的父母應該為小明選擇下列何種實驗教育型態？　(A) 在家自學　(B) 自學團體　(C) 自學機構　(D) 公辦民營
D	19	依據現行法令規定，各校遇有親師衝突，應成立「校園事件處理委員會」，其成員**不必**包括下列何者？　(A) 校長　(B) 教師代表　(C) 家長代表　(D) 教育局代表
B	20	「12 年國民基本教育課程綱要」將課程劃分為「部定學習領域課程」和「校訂彈性學習課程」，下列何者**不屬於**國小校訂課程？　(A) 社團　(B) 技藝性課程　(C) 特殊需求領域課程　(D) 統整性主題／專題／議題課程
C	21	杏林子說：「人生何處不可入詩，人間何處不可入畫？你透過怎樣的心靈，世界便呈現怎樣的風貌啊！」這句話所闡述的含義，與下列何者**相同**？　(A) 行行鄙夫志，悠悠故難量　(B) 一粒麥子若不埋進土裡，仍舊只是一粒麥子　(C) 人的心靈若淨化，則春天處處可見　(D) 你想成為怎樣的人，掌握在自己手裡
B	22	「知道思念從此生根」一句屬形象化的轉化，與下列何者用法**一樣**？　(A) 別人是用兩隻腳走路，他卻是長著翅膀飛的　(B) 我的日子滴在時間流裡，沒有聲音，也沒有影子　(C) 新綠的枝子頑皮的張開翅膀，托著嬌艷的花朵　(D) 昆蟲畫著奇妙的曲線，盤旋上下，逐步飛舞
B	23	（甲）蹴然以驚（乙）已而復然（丙）坦然則平矣以上各句中的「然」字取意相同的為何？　(A) 甲乙　(B) 甲丙　(C) 乙丙　(D) 以上皆是
D	24	「夕陽西下，斷腸人在天涯。」二句所呈現的意境，**近於**下列何者？　(A) 朱雀橋邊野草花，烏衣巷口夕陽斜　(B) 劍外忽傳收薊北，初聞涕淚滿衣裳　(C) 浮雲遊子意，落日故人情　(D) 姑蘇城外寒山寺，夜半鐘聲到客船
D	25	下列對聯中何者上下聯次序有**誤**？　(A) 天增歲月人增壽，春滿乾坤福滿門　(B) 傳家有道惟忠厚，處世無奇但率真　(C) 生意興隆通四海，財源茂盛達三江　(D) 四時佳興與人同，萬物靜觀皆自得
B	26	〈天論〉：「日月食而救之，天旱而雩，卜筮然後決大事，非以為得求也，以文之也。」句中「文」之音義，下列何者正確？　(A) ㄨㄣˊ，有文彩之貌　(B) ㄨㄣˋ，文飾政事　(C) ㄨㄣˋ，聲名卓著　(D) ㄨㄣˊ，光彩奪目

A	27	古聖先賢之於水往往別有會心，下列言論與作者配對，何者有**誤**？ (A) 程子曰：「半畝方塘一鑑開，天光雲影共徘徊，問渠哪得清如許，爲有源頭活水來。」 (B) 荀子曰：「不積跬步，無以至千里；不積小流，無以成江海」 (C) 孔子曰：「逝者如斯夫！不捨晝夜。」 (D) 孟子曰：「原泉混混，不捨晝夜，盈科而後進。」
B	28	試問「天上碧桃和露種，日邊紅杏倚雲栽。芙蓉生在秋江上，不向東風怨未開。」詩中作者<u>自比</u>爲何？ (A) 碧桃 (B) 芙蓉 (C) 紅杏 (D) 碧桃、紅杏、芙蓉
A	29	我國古代以農立國，有不少成語都跟植物有關，下列成語之說明何者有**誤**？ (A)「作作有芒」喻人因畏忌而心生不安 (B)「抱蔓摘瓜」比喻株連無辜，趕盡殺絕 (C)「梅鶴因緣」比喻隱居或清高 (D)「瓜瓞綿綿」比喻子孫繁盛
C	30	「我戰戰兢兢地踩著落花前進，唯恐腳印破壞了這稀世白花地毯。但令我驚奇的是，新的落花立刻修補了我踩過的地方。」請問上面這話中**未使用**到下列何種修辭法？ (A) 轉化 (B) 類疊 (C) 映襯 (D) 誇飾
A	31	柳宗元〈答韋中立論師道書〉中，自述爲文之法有「廉之欲其節」之語，意指？ (A) 剪裁之法 (B) 謀篇之法 (C) 鍊字之法 (D) 遣詞之法
B	32	下列各組「 」中的字，何者所指顏色皆<u>同</u>？ (A)「朱」砂/「玄」鳥 (B)「縞」衣/「皓」齒 (C)「紬」綺/「靛」青 (D)「絳」帳/青紅「皀」白
B	33	林大同修書一封寄給李有爲，該信開頭的稱謂語使用「函丈」一詞，據此可知二人的<u>關係</u>爲？ (A) 翁婿 (B) 師生 (C) 同儕 (D) 以上皆非
D	34	由意義相反的兩個單詞組合而成，須依上下文而只取其中一單詞之義，此稱爲「偏義複詞」。下列各句「 」中的語詞，**不**屬於此類的是？ (A) 此誠危急「存亡」之秋也 (B) 相逢一笑泯「恩仇」 (C)「國家」興亡，匹夫有責 (D) 遂與外人「間隔」
B	35	下列各選項中的文句，何者**未**使用「時間副詞」？ (A) 未果，尋病終。後遂無問津者 (B) 問今是何世，乃不知有漢 (C) 太守即遣人隨其往，尋向所誌 (D) 倏而花，倏而實

國立臺南大學師資培育中心 112 學年度教育學程甄試考試
教育綜合測驗 第 2 卷

一、請核對答案卡上編號與桌上編號是否相符。

二、請將答案以 2B 鉛筆畫記於答案卡上，答案卡不可填寫姓名或其他與作答無關之文字或符號。

三、**限用 2B 鉛筆作答。**

四、本試卷共 2 頁；題型為選擇題，教育理論與實務占 40 分；國語文占 30 分，共 70 分。

五、非依上述規定方式作答者，或其他原因導致答案卡無法讀卡，均不予計分。

答案	題號	試題
B	1	計算多項式 $11x^2+8x$ 除以 $4x^2$ 後，得到的餘式為何？　(A) 4　(B) $8x$　(C) $-x^2+8x$　(D) $3x^2+8x$
B	2	算式 $(-4^2)+3\times[(-12)-(-8)\div4]$ 之值為何？　(A) -58　(B) -46　(C) -19　(D) 13
D	3	七個正方形與兩個正三角形的邊長都相等，用它們構造成一個立體的房屋形狀，如圖（一）所示。將這個立體的房屋沿著它的稜邊剪開，然後展開在平面上。下列哪一個選項不可能是它的展開圖？ (A)　(B)　(C)　(D) 圖（一）
C	4	如圖（二），A、B、C、D、E 分別代表數線上的數，下列哪一個選項的運算結果是負數？ 圖（二） (A) $(A-C)\times B$　(B) $\dfrac{E}{B}\times C$　(C) $E-A\times B$　(D) $E-B\times C$

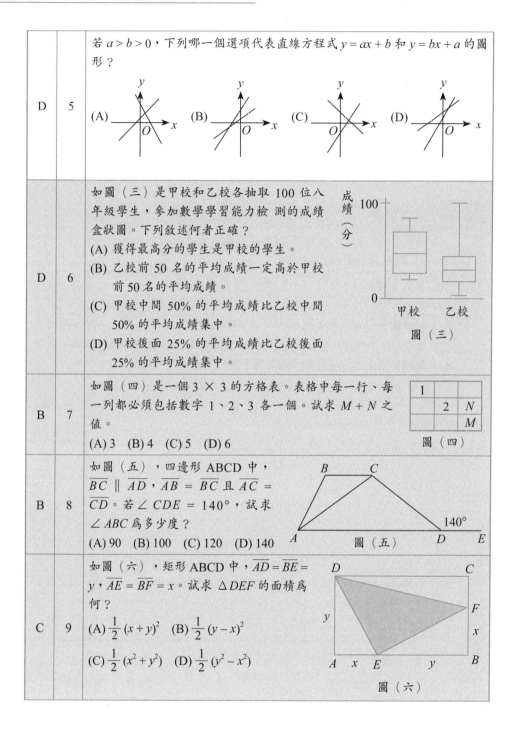

D	5	若 $a > b > 0$，下列哪一個選項代表直線方程式 $y = ax + b$ 和 $y = bx + a$ 的圖形？ (A)　(B)　(C)　(D)
D	6	如圖（三）是甲校和乙校各抽取 100 位八年級學生，參加數學學習能力檢測的成績盒狀圖。下列敘述何者正確？ (A) 獲得最高分的學生是甲校的學生。 (B) 乙校前 50 名的平均成績一定高於甲校前 50 名的平均成績。 (C) 甲校中間 50% 的平均成績比乙校中間 50% 的平均成績集中。 (D) 甲校後面 25% 的平均成績比乙校後面 25% 的平均成績集中。
B	7	如圖（四）是一個 3 × 3 的方格表。表格中每一行、每一列都必須包括數字 1、2、3 各一個。試求 $M + N$ 之值。 (A) 3　(B) 4　(C) 5　(D) 6
B	8	如圖（五），四邊形 ABCD 中，$\overline{BC} \parallel \overline{AD}$，$\overline{AB} = \overline{BC}$ 且 $\overline{AC} = \overline{CD}$。若 $\angle CDE = 140°$，試求 $\angle ABC$ 為多少度？ (A) 90　(B) 100　(C) 120　(D) 140
C	9	如圖（六），矩形 ABCD 中，$\overline{AD} = \overline{BE} = y$，$\overline{AE} = \overline{BF} = x$。試求 $\triangle DEF$ 的面積為何？ (A) $\frac{1}{2}(x+y)^2$　(B) $\frac{1}{2}(y-x)^2$ (C) $\frac{1}{2}(x^2+y^2)$　(D) $\frac{1}{2}(y^2-x^2)$

A	10	數列 $<a_n>$ 共有 5 項，且 $a_{k-1} + a_k = 2a_{k+1}$，$\forall k \in \{2, 3, 4\}$。若 $a_1 = 12$，$a_5 = 7$。試求 a_3 的值。 (A) 8　(B) 6　(C) 5　(D) 4
D	11	如圖（七），若 ΔABC 是等腰鈍角三角形，且 $\overline{AB} = \overline{AC} = 5$。試求底邊 $\overline{BC} = x$ 之值為何？ (A) $0 < x < 10$　　(B) $5 < x < 10$ (C) $5 < x < 5\sqrt{2}$　(D) $5\sqrt{2} < x < 10$ 圖（七）
D	12	如圖（八），甲、乙、丙三位分別在村莊的附近尋找寶藏。甲位於村莊的正西方 9 公里處，乙位於村莊的正南方 13 公里處，丙在乙的正東方 15 公里處。已知甲、乙兩人與寶藏的距離相同，丙恰好位於寶藏的正南方。若三人同樣以 4 km/hr 的速度衝向藏寶處，請問：誰先抵達藏寶處？此時，其他人距離藏寶處還有多遠？ (A) 甲和乙先抵達，丙還距離藏寶處 4 公里。 (B) 甲和乙先抵達，丙還距離藏寶處 5 公里。 (C) 丙先抵達，甲和乙還距離藏寶處 4 公里。 (D) 丙先抵達，甲和乙還距離藏寶處 5 公里。 圖（八）
D	13	若 k 為正數，且方程式 $2x^2 - x - k = 0$ 的其中一根是正整數。下列哪一個選項可能是 k 的值？ (A) $2 \times 3 \times 5$　(B) $2 \times 5 \times 7$　(C) $3 \times 5 \times 11$　(D) $3 \times 7 \times 11$
D	14	永安房屋仲介公司幫甲、乙、丙三位紅牌銷售員統計 2022 年上、下半年的銷售總金額比例如表（一）。上半年，甲、乙、丙銷售總金額的比是 6：4：5；下半年，甲、乙、丙銷售總金額的比是 4：3：5。乙銷售員又說：「無論怎麼比，我上、下半年的銷售總金額都一樣」（單位：百萬元）。下列敘述何者正確？ (A) 丙銷售員上、下半年的銷售總金額一樣多。 (B) 甲銷售員下半年的銷售總金額比上半年的銷售總金額多。 (C) 丙銷售員和甲銷售員 2022 年度的銷售總金額一樣多。 (D) 2022 年度銷售總金額最多的人是丙銷售員。

表（一）

半年 \ 銷售員	甲	乙	丙
上半年	6	4	5
下半年	4	3	5

A	15	八位學生針對「質數與互質」概念提出他們的論點： 甲生：1是質數。　　　　　　戊生：互質的兩個整數一定都是質數。 乙生：質數一定都是奇數。　　己生：相異的兩個質數必定會互質。 丙生：所有的偶數都不是質數。　庚生：最簡分數的分子與分母會互質。 丁生：二個偶數有可能互質。　　辛生：互質的兩個整數，其最小公倍 　　　　　　　　　　　　　　　　　　數等於1。 請問：這八位學生所提出關於「質數與互質」概念的敘述，正確的共有 幾位？ (A) 2 位　　(B) 3 位　　(C) 4 位　　(D) 5 位

參考公式：

📱 和的平方公式：$(a+b)^2 = a^2 + 2ab + b^2$

　差的平方公式：$(a-b)^2 = a^2 - 2ab + b^2$

　平方差公式：$a^2 - b^2 = (a+b)(a-b)$

📱 若直角三角形兩股長為 a 和 b，斜邊長為 c，則 $c^2 = a^2 + b^2$

📱 若圓的半徑為 r，圓周率為 π，則圓面積 $= \pi r^2$，圓周長 $= 2\pi r$

📱 凸 n 邊形的內角和為 $(n-2) \times 180°$，$n \geq 3$

📱 若一個等差數列的首項為 a_1，公差為 d，第 n 項為 a_n，前 n 項和為 Sn，

　則 $a_n = a_1 + (n-1)d$，$Sn = \dfrac{n(a_1 + a_n)}{2}$

📱 若一個等比數列的首項為 a_1，公比為 r，第 n 項為 a_n，則 $a_n = a_1 r^{n-1}$

📱 一元二次方程式 $ax^2 + bx + c = 0$ 的解為 $x = \dfrac{-b \pm \sqrt{b^2 - 4ac}}{2a}$

附錄 7：國立臺南大學教育實習訪視紀錄表

國立臺南大學教育實習訪視紀錄表
【新制實習南大實習指導教師用】

訪視日期	年　　月　　日
教育實習機構	
實習學生姓名	第　　次
實習類別	□幼兒園　　　□國民小學　　　□特教（身障）　　　□特教（資優） □中等學校（國中）
建議事項 （含教育實習機構、實習學生及實習輔導教師）	

備註：1.無論是否申請差旅費，本表請於實習結束前送至<u>師資培育中心</u>存查。

　　　2.申請訪視差旅費，請務必附上本表並先送至師資培育中心，謝謝師長的協助與配合。

實習指導教師：　　　　　　　（簽章）　　　　　師資培育中心：

附錄 8：國立臺南大學申請任教年資抵免教育實習流程圖

申請任教年資抵免教育實習流程圖

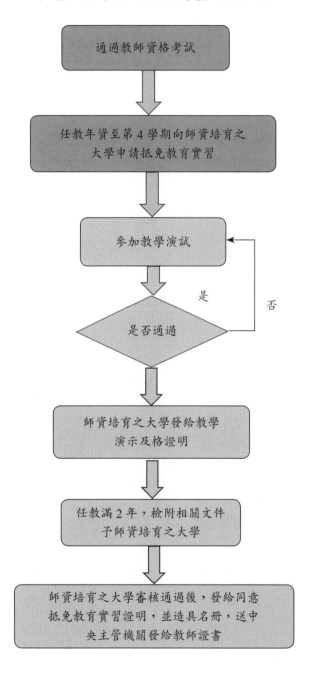

附錄 9：國立臺南大學終止教育實習同意書

終止教育實習同意書【新制實習用】

　　茲同意國立臺南大學實習學生　　　　　　　　　　　　　　（姓名）
自　　　　年　　　月　　　　日起終止參加本校之教育實習。
教育實習機構名稱：

實習輔導教師：　　　　　　（簽章）
教務主任：　　　　　　　　（簽章）
校　　長：　　　　　　　　（簽章）

中　華　民　國　年　月　日

（請加蓋學校關防）

===

終止教育實習通知書

　　本人業經原實習學校同意終止教育實習。請准予辦理終止教育實習手續。

申請人姓名		學號		畢業系所班別	
身分證字號		手機		聯絡電話	
通訊地址					
原實習期間	自＿＿＿年＿＿＿月＿＿＿日起至＿＿＿年＿＿＿月＿＿＿日止。				
終止實習原因					

填表日期	實習學生簽章	南大實習指導教師簽章	師資培育中心經辦人	師資培育中心主任	教務長

＊實習學生提出終止教育實習申請前，需先與師長溝通及徵詢意見，並徵得實習指導教師同意後再填寫本同意書，經實習學校實習輔導教師、教務主任、校長及本校實習指導教師之同意簽章及加蓋學校關防後，再親自至臺南大學師資培育中心完成終止實習程序，及依退費程序檢據辦理退費。俾利登錄實習異動資料及安排輔導事宜。

＊實習學生終止實習日期務必請實習學校詳實填寫，以作為本校審核實習學生退費之依據。

＊一經終止，如需重返實習，請自行依規定辦理申請，本處不另行通知。

附錄 10：112 年國小教育專業科目試題暨解答

112 學年度中區縣市政府教師甄選策略聯盟
國小教育專業科目

選擇題【共 50 題，每題 2 分，共 100 分】請以 2B 鉛筆於答案卡上作答，單選題；答錯不倒扣。

C　1. 以下何者教育強調理性思考和知識的普及，主張應爲全體公民提供普及教育，以推動社會進步和個人解放？
　　(A) 希臘羅馬　　(B) 文藝復興　　(C) 啟蒙運動　　(D) 中世紀

B　2. 下列哪一位學者爲德國批判哲學大師，他著名的〔純粹理性批判〕（Critique of Pure Reason, 1781）、〔實踐理性批判〕（Critique of Practical Reason, 1788）及〔判斷力批判〕（Critique of Judgment, 1789~1790），都是他教學之餘的力作？
　　(A) 洛克（John Locke）　　　　　　　　(B) 康德（Immanuel Kant）
　　(C) 盧梭（Jean Jacques Rousseau）　　　(D) 杜威（John Dewey）

B　3. 下述何者是指個人獲得某種社會地位，例如加入私人俱樂部，須先得到其他會員的贊助。此種制度最大的特徵，在於早期的分化與明顯的隔離？
　　(A) 競爭性流動　　(B) 贊助性流動　　(C) 國際性流動　　(D) 區域性流動

C　4. 哪一位教育思想家主張「教育爲全人類的和平而努力」而反映出世界主義教育理想？
　　(A) 柯爾曼（J. Coleman）　　　　　　　(B) 加德納（Howard Gardner）
　　(C) 康門紐斯（J.A. Comenius）　　　　　(D) 杜威（John Dewey）

A　5. 下述何者係盛行於美、英、紐、澳、加拿大等國的一種強調由下而上的管理過程或實務；一方面讓學校有更多的人事、經費、課程決定權，來滿足各學校不同的條件和需求，另一方面授權教師，賦予教師專業自主權，來設計符合學生學習需要的教學方案。還有也鼓勵家長的參與和合作，讓教育改革的腳步加速、效果彰顯？
　　(A) 學校本位管理　　　　　　　　　　　(B) 專業本位管理
　　(C) 能力本位管理　　　　　　　　　　　(D) 行政本位管理

B　6. 韓老師認為教育過程中存在許多意識型態，因此必須對這些「肯定性」
（affirmation）加以反省批判，這是哪一位學者的主張？
(A) 皮特斯（R. Peters）　　　　　(B) 邊納爾（D. Benner）
(C) 涂爾幹（E. Durkheim）　　　　(D) 斯普朗格（E. Spranger）

B　7. 勝利國中薛校長在新生家長座談會中，跟家長特別強調教育是協助學生
進入社會的重要性，接受學校教育的陶冶，將來才能成為符合社會期望
的公民。薛校長是持下列何種論點？
(A) 知識社會學　(B) 結構功能論　(C) 經濟決定論　(D) 象徵互動論

D　8. 確保包容和公平的優質教育，促進全民終身學習機會是聯合國 17 項永續
發展目標（SDGs）中的第幾項目標？
(A) 第一項　(B) 第二項　(C) 第三項　(D) 第四項

C　9. 西方的大學是哪一個時期的產物？
(A) 希臘　(B) 羅馬　(C) 中世紀　(D) 現代

B　10. 龔老師經常用流行用語與例子來解釋課本內容與同學互動。此作法是將
下列何種概念融入教學？
(A) 文化剝奪　(B) 青少年次文化　(C) 文化消費　(D) 主流文化

C　11. 特殊教育個別化教育計畫，何者錯誤？
(A) 個別化教育計畫其內容包括具情緒與行為問題學生所需之行為功能
介入方案及行政支援
(B) 身心障礙學生個別化教育計畫，學校應於新生及轉學生入學後一個
月內訂定
(C) 在學學生之個別化教育計畫，應於開學後一星期內訂定
(D) 身心障礙學生個別化教育計畫，每學期應至少檢討一次

C　12. 從後現代視角檢視我國實驗教育的發展，實驗教育三法雖促進臺灣教育
型態多元化，卻有諸多問題及待改善之處。因此，我國實驗教育再建構
之策進作為不包括哪一項：
(A) 開放胸襟，持續關注「他者」需求或經驗
(B) 以教育理念為發展根基，保障學生受教權
(C) 建立統一的評估機制，改善並評估執行綜效

(D) 提升教師專業，落實評鑑機制

D 13. 對於教學理論的主張，何者**錯誤**？
    (A) 斯肯納（Skinner）教師藉著刻意安排的學習情境，透過各種增強策略，塑造出預期的行為
    (B) 布魯納（Bruner）教學者在實際教學情境中，設法安排有利發現各種結構的情境，讓學習者主動去發現知識結構
    (C) 奧蘇貝爾（Ausubel）學生能有意義連結認知學習的新、舊基模，而獲得新知的學習歷程
    (D) 蓋聶（Gagne）崇尚個性了解，教學以自由選擇為前提，讓學生自由發展

A 14. 對於學生學習的研究，以下何者**錯誤**：
    (A) 伯恩斯坦（Bernstein）認為社會階層可以通過操縱社會文化，支配或統治整個多元文化社會
    (B) 哈利南（Hallinan）認為影響學生學習成果有五項主要因素：學生的性向、學習的機會、學習的氣氛、學生的努力、學生的動機
    (C) 揚格（Young）提倡新教育社會學強調教育系統內部的分析
    (D) 威里斯（Willis）認為學生並非全然順從地完成社會化，青少年文化的「反動」性格，常具有相當的批判性，他們常常能自由創造新的意義，充分的表現出反霸權的意識形態

D 15. 對於教育社會化的研究，以下何者**錯誤**：
    (A) 孔德（Comte）主張用科學方法進行社會現象分析
    (B) 斯賓塞（Spencer）主張教育目的在於獲得愉快，教育需包括：心智發展、道德訓練與體育
    (C) 涂爾幹（Durkheim）主張教育的目的在使人社會化
    (D) 詹姆斯（James）主張將班級視為社會體系，認為其中有兩項功能：選擇、社會化

D 16. 在學校場域中，無論是教師或行政人員，都可能遇到待解決的問題。例如學校行政運作績效欠佳、親師關係緊張等，都需要透過有系統的方法加以探究，以謀求解決之道。試問基於實務改進或問題解決所進行的研究，是為：
    (A) 個案研究   (B) 調查研究   (C) 科學研究   (D) 行動研究

C 17. 下列何種理論認為人們對自己所確認的目標有自我指導及自我控制的能力。主張採用民主的管理方式，使員工能自我成長，且能達成組織目標？

(A) T 理論　(B) X 理論　(C) Y 理論　(D) Q 理論

B 18. 教育行政理論的演進，強調要見微知著及從小事著手、注意隱藏的人物或元素、權變領導與危機處理、回饋機制的運用。以上是屬於何種理論？

(A) 量子理論　(B) 混沌理論　(C) 社會系統理論　(D) 一般系統理論

D 19. 強調讓組織有更大的經營彈性，除專業核心人員較固定之外，所需其他人才均可彈性運用，機動性高又較能減少人事成本。其限制是組織文化對員工的影響力較弱，較易失去成員的向心力，應注意預防。以上指的是何種組織？

(A) 虛擬組織　(B) 網狀組織　(C) 學習型組織　(D) 酢醬草組織

C 20. 教育評鑑中強調評鑑的評鑑，針對原級評鑑之上的次級評鑑，目的在於確保評鑑制度之公正與完備，確保評鑑的品質與效益。以上係指：

(A) 認可評鑑　(B) 系統評鑑　(C) 後設評鑑　(D) 360 度評鑑

D 21 Philip W. Jackson 的《教室中的生活》（*Life in Classrooms*）一書，提出教室生活中的潛在課程具有三種特徵，其中「**不包括**」下列哪一類型的潛在課程？

(A) 群體（crowds）　　　　(B) 評價（praise）

(C) 權力（power）　　　　(D) 壓力（pressure）

A 22. 天成國小教師在課程發展委員會就自己所認知的十二年國教課程交流意見。以下哪一位老師的說法**有誤**？

(A) 賈老師：三面九項核心素養的培養，是透過素養導向校訂課程來達成

(B) 伊老師：綜合活動課程重視學生的心理需求，是屬於經驗取向的課程

(C) 稟老師：學校以性別平等為主題的跨領域統整校訂課程，是屬於核心課程

(D) 丁老師：十二年國教的每一個領域課程與校訂課程都各佔總節數的

10%-15%

A　23. 以下何者符合「十二年國民基本教育課程綱要總綱」對國小課程的規範？
(A) 部定本土語文課程有固定的節數
(B) 部定科技領域課程有固定的節數
(C) 部定英語文領域課程從一年級開始
(D) 每個年級的校訂課程節數都一樣多

A　24. 王老師擅長使用各種資訊媒材，並透過提問引導學生學習。在教學中，他總是先引發學生學習動機，接著安排探索活動，然後引導學生提出對探究結果的解釋，並進一步提問釐清概念或延伸思考，最後王老師則針對學生的學習表現，給予評量與回饋。王老師的教學，最符合以下哪一種教學或學習方法？
(A) 5E　(B) DFC　(C) Maker　(D) STEAM

B　25. 張老師想要讓學生整理與比較兩篇文本的作者在描景手法上的差異，張老師應該使用何種網絡圖像工具較適切？
(A) Y 圖　(B) 文氏圖　(C) 曼陀羅　(D) 魚骨圖

A　26. 陳老師在課發會中說：學生在學校常互相開玩笑，現在延伸到網路社群上互相罵對方白癡、豬頭、娘炮……，這些現象已經犯法，學生卻渾然不知，我認為應該在彈性學習課程中開一門「網路社群言論法律課」。目前這個未開設的「網路社群言論法律課」，最適合用以下何者來指稱？
(A) 空無課程　(B) 空白課程　(C) 潛在課程　(D) 正式課程

D　27.「學生能透過網路搜尋鄉鎮資訊，並且從其中擷取重點，用自己的話書寫成文字紀錄」這個學習目標，最高對應到 Bloom 的教育認知目標的哪一個層次？
(A) 理解　(B) 應用　(C) 分析　(D) 綜合

A　28. 以下何者**不是**十二年國教素養導向教學設計的必要成分？
(A) 跨領域的學習內容　　　　(B) 脈絡化的學習任務
(C) 整合知識、技能與態度　　(D) 探究歷程使用方法與策略

B　29. 黃老師在校訂課程上課時，帶領學生閱讀文本，從中找出探究問題，學生接著搜尋與整理資料，界定具體可探究的問題後，進行討論、尋求解答，最後以簡報呈現探究的發現，並分享探究心得。黃老師所進行的探究學習最符合以下何者？
(A) 專題本位學習　　　　　　　(B) 問題導向學習
(C) 現象為本學習　　　　　　　(D) 議題為本學習

B　30. 鑑於當今校園霸凌事件頻傳，宋老師在課堂上播放霸凌事件的影片，讓學生觀看並同理被霸凌者的心理，以及探討因應和處理的方式，接著宋老師請同學提出霸凌事件發生時自己會採取的作法，且分享這樣做的理由，最後，宋老師給同學真實事例，請小組討論並將所選擇的因應方式演練出來。宋老師的教學最符合下列何者？
(A) 探究教學法　(B) 價值澄清法　(C) 道德勸說模式　(D) 行動關懷模式

C　31. 兩位四年級家長正在討論最近級任老師的「自主學習」課程，其中甲家長對於老師的教學有些誤解，請從以下的對話，找出符合「自主學習」的內涵？

> 家長甲：我們家小明說，老師上課都沒有在教，只叫學生做計劃、找資料。
> 家長乙：對ㄟ，小珍也說他們最近正在找有關時間規劃的資料，不過，老師有教他們怎麼找資料、怎麼比較與整理資料。
> 家長甲：我覺得老師不太負責任，課本都沒有教，學生怎麼會？
> 家長乙：據我了解，老師好像是延續課本〈過好自己的生活〉這個主題，讓他們做出一個時間管理的計畫。
> 家長甲：老師要大家自己安排時間，小明才四年級，他怎麼會自己安排？
> 家長乙：這個課程老師已經上了半學期，之前用了表格教學生如何規劃做家事，並且也要我們用檢核表看孩子在家中有沒有確實做家事。我看小珍這段時間有進步，都會主動倒垃圾和洗碗。

(A) 給學生選擇的機會，會讓學生無所適從，學生學不會自主
(B) 自主學習是讓學生自己學，老師要給充分的自由，不要介入
(C) 學生自主學習常常需要老師引導學生探究學習的方法與策略
(D) 沒有照課本內容教學，導致學生基本知識薄弱，無法自主學習

D　32. 丁老師設計了一套具有認知、態度、技能面向之素養導向的食物碳排放課程。下列描述何者正確？
　　　(A) 知道碳足跡的概念，並推導出食物碳足跡的基本概念，屬於技能面向
　　　(B) 理解碳排放對全球氣候變遷的影響，屬於態度面向
　　　(C) 能分析各國食物減碳政策與計畫，屬於態度面向
　　　(D) 應用減碳策略，多食用當季當地食物的行為，屬於技能面向

B　33. 王老師上體育課時，跑步該項成績主要是依據全班跑步 100 公尺之秒數，全班學生之間相互比較後，依照跑步名次順序，逐一遞減分數。請問王老師的評量方式是屬於哪一種評量？
　　　(A) 效標參照評量　　　　　　　(B) 常模參照評量
　　　(C) 形成性評量　　　　　　　　(D) 目標本位評量

B　34. 黃老師在進入教學內容前，常會將該單元的架構先整理成樹狀圖進行說明。請問黃老師的作法最有可能是應用哪個學者的理論？
　　　(A) I. P. Pavlov 巴夫洛夫　　　(B) D. A. Ausubel 奧斯貝
　　　(C) B. R. Bloom 布魯姆　　　　(D) A. H. Maslow 馬斯洛

B　35. 諮商理論中有關敘事治療（narrative therapy）為重要的後現代諮商理論，發展了許多重要的問話技巧來輔導案主，以解構並重寫其生命故事。試問「你做這件事時採取哪些步驟？首先做什麼？然後呢？」是屬於下列哪一種問話？
　　　(A) 意義性的問話　　　　　　　(B) 發展故事的問話
　　　(C) 較喜歡的選擇的問話　　　　(D) 開啟空間的問話

B　36. 某教師想知道班級經營策略中的班級常規管理是否有效，想以實驗研究來探究之。請問自變項為何？
　　　(A) 班級經營策略　　　　　　　(B) 班級常規管理
　　　(C) 班級經營成效　　　　　　　(D) 實驗研究

C　37. 有關差異化教學（differentiated instruction）的敘述，下列何者錯誤？
　　　(A) 宜考量學生之學習需求、學習風格及興趣來進行教學
　　　(B) 為一種因材施教、適性教育的實踐方法之一
　　　(C) 重視落實單一化的標準性評量

(D) 教師宜根據學生差異提供多元的學習輔導方案

C 38. 輔導情境中心理測驗選用與解釋應避免文化偏誤（cultural bias）的問題，下列何種方式可以解決？
(A) 測驗命題內容是大部分人所共識的
(B) 測驗結果的解釋可依其取樣而類推到母群
(C) 測驗的選用應符合個案的背景
(D) 測驗的方式應符合標準化程序

D 39. 心理發展學家 Howard Gardner 提出多元智慧理論，近年來增加了二個候選智慧，請問是？①識別智能　②數位智能　③存在智能　④教學智能
(A) ①、②　(B) ②、③　(C) ①、③　(D) ③、④

D 40. 若今天某生 PR 值為 98，z 分數約為多少？
(A) 0.5　(B) 1　(C) 1.5　(D) 2

D 41. 為了解試題是否有區分受試者能力高低的作用，我們會使用鑑別力分析，以下有關鑑別力的敘述何者**為非**？
(A) 數值會在 ±1 之間
(B) 數值接近 0，代表該題沒有鑑別度
(C) 數值為負值代表此題有反向作用
(D) 數值越大，鑑別力越低

A 42. 有關測驗量尺的敘述，何者**為非**？
(A) 順序量尺的相鄰單位間，為等距關係
(B) 等距量尺沒有絕對零點
(C) 比率量尺具備絕對零點
(D) 類別量尺的數字僅有分類作用

C 43. 認知與情意會相互影響，因此學校不能只重視認知，認知學習的評量方式有很多種，情意的評量方法也有幾種，請問何者**不屬於**觀察法採用的工具？
(A) 軼事紀錄　(B) 評定量表　(C) 社會計量矩陣　(D) 項目檢核表

A 44. 教師們在學期開始時告知，A 班學生相較於 B 班學生，有較高的認知成

長潛力，然而事實上這些學生是隨機挑選來的。在三個月後，A 班學生相較於 B 班學生，有許多人的智力表現有大幅的增長。這是什麼原因？

(A) 自證預言　(B) 蝴蝶效應　(C) 普力馬克原則　(D) 馬太效應

A　45. 增進批判思考（critical thinking）能力，較有助於做出理性的決定。以下有關批判思考的學習，何者敘述**為非**？

(A) 教師應使用學生不熟悉的主題　　(B) 教室氛圍要能容忍相異觀點
(C) 提出意見時要強調理由　　　　　(D) 批判思考是需要練習的

C　46. 在班級教學中<u>吳</u>老師常常與小朋友一起制訂躲避球的新玩法，小朋友覺得玩起來很有趣。吳老師的教學法是運用下列哪一種哲學理念？

(A) 兔鴨理論（rabbit-duck theory）
(B) 心理距離說（theory of psychical distance）
(C) 語言遊戲說（theory of language games）
(D) 運作效能原則（the performativity principle）

B　47. 在行為學派的論述中，對古典制約（classical conditioning）的敘述，下列何者為眞？

(A) 古典制約只能產生二級反應
(B) 古典制約被稱為反應性反應
(C) 在制約學習中，非制約反應（UCR）與制約反應（CR）的生理現象截然不同
(D) 在制約學習中，非制約刺激（UCS）與制約刺激（CS）指的是同一個刺激

D　48. 在了解學生某一項能力的時候，由哪一種方法得到的結果，最能判斷這個學生在同儕中的相對地位？

(A) 實施效標參照測驗　　　　　(B) 與家長或老師晤談
(C) 進行特定行為觀察　　　　　(D) 實施常模參照測驗

A　49. 青少年的發展與輔導中，研究指出關於青少年的交叉壓力（cross-pressure）之來源，下列敘述何者正確？

(A) 父母與同儕之間　　　　　(B) 青少年團體之間
(C) 師長與同儕之間　　　　　(D) 學校與家庭之間

D 50. 擔任測驗統計課程的<u>鍾</u>教授為了驗證其「自編憂鬱量表」之效度，採用已經廣泛使用的「貝克憂鬱量表」總分與「自編憂鬱量表」得分之皮爾森積差相關係數來驗證，此作法稱為下列何者？
(A) 區辨效度　　(B) 聚斂效度　　(C) 內容效度　　(D) 效標關聯效度

臺北市 112 學年度公立國民小學教師聯合甄選初試
專門類科知能試題 —— 普通科

說明：本試卷總題數 50 題，總分 100 分，每題 2 分，均為單選。

A　1. 依據《國民小學及國民中學學生成績評量準則》，國民中小學學生成績評量原則何者正確？
(A) 標準參照為主，常模參照為輔
(B) 形成性功能為主，總結性功能為輔
(C) 客觀數據為主，質性描述為輔
(D) 定期評量最小化原則

D　2. ChatGPT（聊天生成預訓練轉換器，Chat Generative Pre-training Transformer）最近熱門的話題，在教育上也引起許多論辯。下列何者是 ChatGPT 對教育可能產生的影響：
(A) 有效防止抄襲和作弊，保障學術倫理
(B) 提供強大的保護機制，更加確保教育資訊應用的隱私和安全的問題
(C) 促進人際交流、親密互動與協同合作能力，改善社會關係
(D) 邏輯分析、善於提問、人機交流成了學生必備能力

C　3. 陳老師試著運用諾丁（Nel Noddings）關懷倫理學所建議的四種方法進行品德教育，以營造良好的班級氛圍。請問下列何者<u>不是</u> 陳老師所應用的方法？
(A) 身教　(B) 對話　(C) 省思　(D) 實踐

B　4. 德國學制因為分化得很早，學生從小學五年級開始便分別進入不同類別學校，因而引起缺乏民主精神與教育機會不平等的問題。下列何者為其採行的解決措施？
(A) 學校轉換的輔導　　　　(B) 實施定向階段
(C) 實施不分科教育　　　　(D) 先修課程選修

A　5. 德國社會學家韋伯（Max Weber）認為理想的科層體制其核心價值是什麼？
(A) 理性與效率　(B) 溝通與協調　(C) 多元與對話　(D) 衝突與互惠

B　6. 國民小學教務、學務、輔導等處室組織編制是依照什麼標準決定的？

(A) 學校教師總人數   (B) 學校班級總數
(C) 學校職員總人數   (D) 學校學生總人數

B   7. 教育行政管理的「理性系統模式」強調何種特質？
     (A) 教育人員應隨時警醒，對於看似枝微末節之小事也不應忽略
     (B) 學校應訂有明確目標，所有師生依其角色確實執行業務並創造高效率
     (C) 教育人員應具有溝通與協調能力，必要時可循非正式管道處理問題
     (D) 教育人員應對所處環境極其敏感，並視其變化而制訂適當的權變策略

B   8. 新冠肺炎（COVID-19）期間，韌性領導（resilient leadership）受到高度重視，請問下列何者爲韌性領導所最關注之面向？
     (A) 領導者的謙遜態度   (B) 領導者的專業堅持
     (C) 領導者的信任授權   (D) 領導者的個人魅力

A   9. 學校的發展會受到政府政策、社區期望、學生和家長的需求等因素影響，且這些因素會影響學校的組織文化和結構，進而影響學校的目標、策略和決策行爲。請問上述內容最符合以下哪個理論學說？
     (A) 社會學組織理論（Sociological Organizational Theory）
     (B) 交易成本理論（Transaction Cost Theory）
     (C) 集體行動理論（Collective Action Theory）
     (D) 代理理論（Agent Theory）

D   10. 時下各級學校，常鼓勵教師組成教師專業學習社群（Professional Learning Community），並進行專業運作。請問上述內容最符合以下哪個理論學說？
     (A) 相對剝奪理論（Relative Deprivation Theory）
     (B) 代理理論（Agent Theory）
     (C) 歸因理論（Attribution Theory）
     (D) 組織學習理論（Organizational Learning Theory）

A   11. 若您家中有學齡兒童，可依據下列哪一項法令爲其申請在家自行教育（home school）？
     (A)《高級中等以下教育階段非學校型態實驗教育實施條例》

(B)《學校型態實驗教育實施條例》
(C)《公立高級中等以下學校委託私人辦理實驗教育條例》
(D)《高級中等以下教育階段自家自行教育實施條例》

B　12. 我們經常可以看到許多學校的校門或圍牆上掛著「○○○特色學校」、「○○○○認證學校」或「○○○績優／典範學校」等等公告牌匾。這是教育當局應用了哪一種的學習方式，以激勵教育組織提高整體工作績效？
(A) 善治學習　(B) 標竿學習　(C) 教練學習　(D) 同儕學習

D　13. 依據現行《學校訂定教師輔導與管教學生辦法注意事項》揭示，「教師於教育過程中，為減少學生不當或違規行為，對學生所實施之各種不利處置，包括合法妥當以及違法或不當之處置」係屬於下列何者之定義？
(A) 懲戒　(B) 管教　(C) 體罰　(D) 懲罰

A　14. 依據現行《臺北市 111 學年度國際學校獎（International School Award）輔導與認證實施計畫》，其中建置校內國際教育團隊、規劃全球議題融入課程、學校須與 1 所國外夥伴學校確立以課程為基礎之合作意向為哪種級別之認證規準？
(A) 基礎認證　(B) 中級認證　(C) 升級認證　(D) 進階認證

D　15. 王老師觀課時，發現授課班級有 25 位學生，授課教師使用 25 張卡片製作 25 道社會題目，每張卡片正面都有一道題目（例如「臺灣的地理位置在哪裡？」），背面則有該題目的答案。授課教師上課時發給每位學生一張卡片，讓學生拿著卡片在教室內走動，隨機找一位同學配對，然後相互詢問對方卡片上的問題，對方答對則給予讚美，答錯則給予提示輔導。待二人都能正確回答對方的問題後，彼此交換卡片，然後再各自去找下一位同學配對，重複上述程序，直到老師說活動停止。請問授課教師使用的這種方法符合 Spencer Kagan 的哪一種合作學習策略？
(A) 輪流問答（Rally Quiz）　　　(B) 相互閃示卡片（Rally Flash Card）
(C) 卡片交換（Card Exchange）　(D) 試題交易（Quiz-Quiz-Trade）

B　16. 使教學目標保持明確清晰的三要素中，下列說法何者正確？
(A) 主體、行為、歷程　　　(B) 行為、情境、標準
(C) 客體、行為、情境　　　(D) 情境、標準、歷程

D 17. 鄭教授在課程設計時，採用經驗主義的課程設計，請問鄭教授將重視下列哪一選項？
　　(A) 博雅知識才具社會價值
　　(B) 教育是重建理想社會的工具
　　(C) 重視人類歷史經驗與智慧結晶
　　(D) 視學生親身經驗爲學習的主要資源

D 18. 近代有些學者強調課程發展的非技術性模式，主張透過對話、論辯和愼思來建立課程。下列何者最符合此種模式的論點？
　　(A) 課程目標必須事先訂定並加以精確陳述
　　(B) 課程行動必須依據預設的規準、通則化的原則
　　(C) 課程是計畫、藍圖或符合一系列理性步驟的產物
　　(D) 課程發展應採自由開放的方式，並允許出現混沌情況

A 19. 陳教授在其任教科目採用「及格—不及格系統」的評量方式。請問，下列哪一選項最適合採用此種評量方式？
　　(A) 常用於精熟學習的課程　　　(B) 規範學生涉獵新領域的範圍
　　(C) 希望提供較多的學習診斷訊息(D) 確切指出學生的學習成就水準

B 20. 小米在國文科得分爲 80 分，班上平均分數爲 70 分，標準差爲 10 分；在數學科得分爲 70 分，班上平均爲 60 分，標準差爲 5 分。下列哪一個測驗分數的解釋是正確的？
　　(A) 無法判斷哪一科 T 分數較高　(B) 國文 T 分數比數學 T 分數低
　　(C) 國文 T 分數比數學 T 分數高　(D) 國文 T 分數與數學 T 分數一樣

A 21. 陳老師想要提高評量工具的信度，請問下列何者最足以提高評量工具的信度？
　　(A) 增加同質的複本試題數量　　(B) 降低試題難度
　　(C) 延長施測時間　　　　　　　(D) 找程度相當的受試者接受施測

C 22. 在教學上引起動機的常用策略 ARCS 模式中，**不包含**下列何者？
　　(A) 引起注意（attention）　　　(B) 切身相關（relevance）
　　(C) 建立概念（concept）　　　　(D) 獲得滿足（satisfaction）

B 23. 維高斯基（Vygotsky）被認爲是社會建構論的提倡者，他所提出的「近

側發展區（zone of proximal development, ZPD）」概念，對後續特殊教育領域所倡導實施的「動態評量」方法有深遠的影響。有關 ZPD 的說法下列何者正確？
(A) 指學童實際已學會或精熟的能力或成就層次
(B) 指經過教師的指導與協助後，學童即能夠學會或達成的最大能力或成就層次
(C) 指無論有無獲得教師的指導與協助，學童都無法學會或達到的能力或成就層次
(D) 指無獲得教師的指導與協助下，學童可以自己做得到的能力或成就層次

D　24.「本校的核心課程係由國文、英文、數學、自然、社會等所組成」。這種看法是持何種課程觀點來定義課程的？
(A) 計畫　(B) 目標　(C) 經驗　(D) 科目

C　25. 某國小六年級國語文授課教師宣稱他的自編國語文期末考試，可以預測到學生未來參加國中會考的國文科成績。請問：他依據什麼證據如此說？
(A) 內容效度　　　　　　　　(B) 評分者信度
(C) 效標關聯效度　　　　　　(D) 內部一致性信度

A　26. 有關杜威（Deway）對道德教學的相關主張，下列哪些選項是正確的？
甲、需從生活中實踐　乙、需與社會情境結合　丙、應設為專門學科
丁、應涵養道德的通則
(A) 甲乙　(B) 乙丙　(C) 乙丁　(D) 甲丁

A　27. 所謂的課程 CIPP 評鑑模式，**不包括**下列何者？
(A) 內容評鑑（Content Evaluation）
(B) 輸入評鑑（Input Evaluation）
(C) 過程評鑑（Process Evaluation）
(D) 成果評鑑（Product Evaluation）

B　28. 在概念構圖的評量計分中，何者在有效的填答下，其每一個的給分最高？
(A) 關係　(B) 交叉聯結　(C) 階層　(D) 舉例

D 29. 下列有關行為主義取向的班級經營實務，何者正確？
(A) 重視學生的個別差異 　　(B) 與學生互動頻繁
(C) 學生可參與教室布置 　　(D) 運用代幣制以維持教室常規

C 30. 依據《十二年國民基本教育課程綱要總綱》，性向試探應開始於下列哪一個學習階段？
(A) 國民小學中年級 　　(B) 國民小學高年級
(C) 國民中學 　　(D) 高級中學

C 31. 下列何者正確的說明選擇題的難度、鑑別度與錯誤選項的誘答力三者之間的關係？
(A) 難度愈高鑑別度愈高
(B) 難度愈低鑑別度愈高
(C) 錯誤選項的誘答力愈高鑑別度愈高
(D) 錯誤選項的誘答力愈高難度愈低

A 32. 專業輔導教師以貝克憂鬱量表評估某位學生是否罹患憂鬱症，屬於何種層級的輔導工作？
(A) 處遇性輔導 　(B) 預防性輔導 　(C) 介入性輔導 　(D) 發展性輔導

B 33. 有關兒童的觀點取替（perspective taking）能力，何者正確？
(A) 具體運思期兒童可以想像公正第三者如何看待自己與他人
(B) 觀點取替能力較好的兒童較可能展現同理心
(C) 認知發展的進步是觀點取替能力發展的結果
(D) 個人主義文化兒童的觀點取替表現優於集體主義文化兒童

B 34. 小群覺得自己數學能力很差，因此考試前完全放棄，不願意花時間複習。請問，小群的例子說明班都拉（Bandura）交互決定論（Reciprocal determinism）當中的何種影響？
(A) 環境影響個人 　　(B) 個人影響行為
(C) 行為影響環境 　　(D) 個人影響環境

A 35. 輔導老師與個案討論個案對輔導歷程與效果的承諾程度，並且詢問個案：「你願意付出多少努力來改變現況？」輔導老師是在蒐集現實治療的 WDEP 系統中的哪個向度資訊？

(A) W－需要　(B) D－方向　(C) E－評鑑　(D) P－計畫

B 36. 輔導老師邀請沒自信的個案對自己說：「我的意見很重要」、「我是一個自我肯定的人」這些敘述句。輔導老師運用哪個認知治療的技術？
(A) 思考終止法　(B) 正向自我陳述　(C) 家庭作業　(D) 行為塑造

C 37. 依據皮亞傑的認知發展階段論，下列的敘述何者正確？
(A) 多數國小學童尚未發展出保留的概念
(B) 多數的國小學童已經具有抽象思考和科學實驗的能力
(C) 多數的國小學童處於具體運思期
(D) 多數的國小學童屬於自我中心的思考者

C 38. 下列哪一個組合是「面質」技術的適用時機？
①當事人的期望與行為有所矛盾時
②當事人與諮商員正在建立關係時
③當事人語言與非語言行為不一致時
④當事人逃避面對自己的感覺與想法時
(A) ①②③　(B) ①②④　(C) ①③④　(D) ②③④

D 39. 現在有些學生加入黑幫，利用網路揪團街頭逞凶鬥狠，以獲得心理上的滿足感，這在柯柏格（Kohlberg）的道德發展階段是屬於哪個階段？
(A) 避罰服從取向　　　　　(B) 法制觀念取向
(C) 順從權威取向　　　　　(D) 尋求認可取向

A 40. 有關校園霸凌事件處理流程，下列哪個敘述是正確的？
(A) 學校應於申請、檢舉、報導或通知後，3 日內召開會議
(B) 應將霸凌者直接轉介專業諮商
(C) 霸凌者分屬不同學校時，由受害者所讀學校負責調查
(D) 調查學校於接獲申請調查或檢舉時，應於 14 日內以書面通知申請人或檢舉人是否受理

B 41. 根據米哈里‧契克森米哈賴所提出的心流狀態（flow）模型，當人們的技巧處於中低程度且挑戰是中等程度時候，他們所處的狀態是什麼？
(A) 焦慮　(B) 擔憂　(C) 淡漠　(D) 覺醒

C 42. 下列哪一個敘述是正確的？
(A) 維高斯基（Vygotsky）認為私我語言是自我中心的徵兆
(B) 兒童的私我語言是從早期內部語言轉換到社會語言的過渡
(C) 當兒童嘗試去從事較為困難的任務時，私我語言的使用情況會增加
(D) 大約有 7% 的學齡前兒童會出現語言發展遲緩的現象

C 43. 在兒童道德發展的後期階段，下列哪一種道德判斷屬於最高層次？
(A) 基於大眾共識的道德判斷
(B) 基於社會規範的道德判斷
(C) 基於個人倫理原則的道德判斷
(D) 基於抽象普遍原則的道德判斷

D 44. 哪一項是兒童情緒發展的特徵之一？
(A) 情緒穩定且容易自我調節
(B) 情緒的強度不會隨年齡增長而增加
(C) 情緒表達能力不佳，很少表露情緒
(D) 對不同情境表現出不同的情緒

情境題 45～47

最近是學校的運動會，其中一項重要比賽就是大隊接力，這是凝聚全班團隊精神的重要機會，張老師運用課餘時間帶領同學緊鑼密鼓地練習；在預賽中，張老師的班級表現優異過關斬將，但是卻在決賽中，負責第二棒的同學在接棒時不慎掉棒，使得班上的速度大幅落後，也因而未能獲得獎項，比賽過後，全班十分氣餒，並且大家有意無意的指責第二棒的同學，認為他的失誤是造成這次無法奪得名次的主要原因；而第二棒的同學也不平的反擊，認為他已經很賣力了，是第一棒的同學沒有做好交棒的動作，才讓他沒接好；同學間你一言我一語的互相指責，班級氣氛十分緊張，這時張老師走進教室，引導同學進行正念（mindfulness）練習，請同學閉上眼睛，專注在自己的呼吸上，感受自己吸氣時，空氣經過鼻腔─進入肺部─胸腔慢慢鼓起，然後感受吐氣時，空氣從肺部經過鼻腔慢慢呼呼出的感受；如此不斷練習五分鐘後，張老師請同學寫下來當大隊接力掉棒時，自己的心裡和身體的感受；接著請班上同學圍成一圈坐下，說出自己寫下的感受；最後請大家寫下來，為了這次比賽，自己和全班做了哪些努力？在一起準備的過程中，讓自己印象最深刻的感受是什麼？準備和比賽過程中，自己學習到了什麼？並且和全班一起分享。

B　45. 請問張老師請班上同學專注感受呼吸的主要目的與策略是？
　　　 (A) 自我克制　　(B) 自我覺察　　(C) 中止爭吵　　(D) 自我效能

A　46. CASEL（Collaborative for Academic, Social, and Emotional Learning）認
　　　 為社會情緒學習包含：甲、自我覺察，乙、社會覺察，丙、自我管理，
　　　 丁、人際技巧，戊、負責任的決定；張老師請同學寫下來當大隊接力掉
　　　 棒時，自己的心裡和身體的感受；接著請班上同學圍成一圈坐下，說出
　　　 自己寫下的感受，張老師的作法，主要符合上述 CASEL 的哪些目的？
　　　 (A) 甲乙　　(B) 乙丙　　(C) 丙丁　　(D) 丁戊

D　47. 最後張老師請大家寫下來：「為了這次比賽，自己和全班做了哪些努
　　　 力？在一起準備的過程中，讓自己印象最深刻的感受是什麼？準備和比
　　　 賽過程中，自己學習到了什麼？」請問張老師的作法，目的在培養？
　　　 (A) 成就動機　　(B) 自我期待　　(C) 固定心態　　(D) 成長心態

情境題 48～50

> 雲端國小想運用關注本位採用模式（concerns-based adoption model）來了解
> 校內老師對十二年國教課綱實施情形的態度和看法，以下是三位老師的部分
> 回應：
> 林老師：我關心的是新課綱的實施對學生學習的影響，並透過不斷的檢視實
> 　　　　施成效作為自己調整的依據。
> 李老師：我關心的是學校實際的運作，並依據學校的相關規定去實施，但自
> 　　　　己還需要一段時間調適。
> 劉老師：我關心的是和其他老師的協作，因此想要參與相關的學習社群，共
> 　　　　同努力讓學生能獲得更好的學習品質。

D　48. 林老師在關注本位採用模式的關注階段是屬於下列哪一項？
　　　 (A) 資訊　　(B) 個人　　(C) 管理　　(D) 結果

B　49. 李老師在關注本位採用模式的採用階段是屬於下列哪一項？
　　　 (A) 準備　　(B) 機械　　(C) 例行化　　(D) 精緻化

B　50. 就三位老師在關注本位採用模式的關注階段若由低至高排序，則下列哪
　　　 一項是正確的？
　　　 (A) 林老師高於李老師，林老師高於劉老師

(B) 林老師高於李老師，劉老師高於林老師
(C) 李老師高於林老師，林老師高於劉老師
(D) 李老師高於林老師，劉老師高於林老師

臺南市 112 學年度市立國民小學教師（含代理教師）聯合甄選
國小教育專業科目

以下題目共 **100** 題，為四選一單選選擇題（每題 **1** 分，共 **100** 分）

A　1. 為落實十二年國民基本教育課程綱要總綱之規定，學校必須實施課程評鑑，確保課程實施成效，此課程評鑑的對象為？
(A) 學校課程總體架構、領域學習課程、彈性學習課程
(B) 學校課程計畫、部定課程、校訂課程
(C) 學校正式課程、非正式課程、潛在課程
(D) 學校跨領域主題課程、課程架構總表、教科書選用

C　2. 劉校長在去年經遴選獲聘出任南天國小校長，劉校長在到任後始終避免以直接下達指令的方式進行校務推動，而是透過與部屬的互動、溝通或示範、激發教師團隊能夠參與相關任務的執行。劉校長所運用的領導策略是下列哪一種？
(A) 火線領導　　(B) 文化領導　　(C) 催化領導　　(D) 靈性領導

D　3. 校園內發生性騷擾、性侵害案件時，學校性平會的調查處理，不受該案件司法程序是否進行及處理結果之影響。其法源依據是下列哪一項？
(A)《性別平等教育法》
(B)《性騷擾防治準則》
(C)《性別平等工作法》
(D)《校園性侵害性騷擾或性霸凌防治準則》

C　4. 劉生在班級是一位令老師頗為困擾的個案學生，經學校評估不只要對劉生進行個案管理與輔導，還需要對劉生的家庭提供必要的輔導，請問此輔導措施屬於下列哪一種？
(A) 發展性輔導　　(B) 介入性輔導　　(C) 處遇性輔導　　(D) 全方位輔導

C　5. 為有效推動行政事務與落實課程、教學，校園內的人際溝通是相當重要的行為。劉老師常常會藉著人際交互行為來達成個人的某項目的，請問此策略屬於哪一種溝通形式的目標？
(A) 關係目標　　(B) 自我表達目標　　(C) 工具目標　　(D) 使命目標

D　6. 因應《十二年國民基本教育課程綱要總綱》之規定，國民中小學應實施

彈性學習課程，規劃此課程的權責單位？
(A) 領域教學研究會　　　　　(B) 行政會議
(C) 校務會議　　　　　　　　(D) 課程發展委員會

A　7. 下列哪一種領導策略強調領導者與組織成員關係的重新建立，重視權力的共享與決策的參與？
(A) 協作領導　(B) 僕人領導　(C) 轉型領導　(D) 道德領導

D　8. 下列何項敘述符合學習扶助政策的推動：
甲、輔導主任為學習扶助推動小組的召集人
乙、學習扶助篩選測驗於每年的 12 月份實施
丙、學習扶助的授課教師不須透過業務承辦人也能取得學生施測後的結果
丁、正式教師必須具有 8 小時的學習扶助研習證明
(A) 甲乙　(B) 乙丙　(C) 甲丙　(D) 丙丁

A　9. 近年來，教育部積極推動中小學數位學習精進方案，期望透過五項目標的推動能達成班班有網路、生生用平板。下列何者是讓教材更生動的主要工作內容？
(A) 充實英語、本土語文及稀有師資課程等內容
(B) 充實國語文、英文、數學、自然、社會五大考科的內容
(C) 充實體育、科學實驗及混齡教學等內容
(D) 充實綜合活動、健康與體育、生活科技等內容

C　10. 下列何者屬於完整構成霸凌事件？
甲、職員在校園內對學生以網際網路方式進行騷擾，影響其正常學習活動，且行為一再持續發生
乙、教師在校園內對學生以言語故意貶抑，使學生在學習過程產生壓力
丙、校長讓學生產生畏懼、學生擔心學習活動時校長會出現
丁、學生透過個人或集體長期故意對其他學生以文字、圖畫進行排擠或戲弄，影響其正常學習活動
(A) 甲乙　(B) 丙丁　(C) 甲丁　(D) 乙丙

B　11. 教育組織在領導者之選才用人上，強調要具備「才德兼備」的條件，此種特性分別對應到以下何種權力基礎？
(A) 法職權和參照權　　　　　(B) 專家權和參照權

   (C) 參照權和強制權   (D) 強制權和獎賞權

D 12. 以下何者最<u>不具</u>「非正式組織」的特性？
  (A) 滿足成員的需求為目標   (B) 以影響力為領導基礎
  (C) 互動上具較強固的凝聚力   (D) 成員不易產生隸屬感

B 13. 競值架構（Competing Values Framework）整合了組織中的四大理論，其中「開放系統模式」最適配的校長領導角色為以下何者？
  (A) 生產者與指導者   (B) 革新者與經紀人
  (C) 良師與輔助者   (D) 監督者與協調者

D 14. 以下何者最<u>不具</u>教育行政研究中理性典範的特性？
  (A) 尋找因果關係   (B) 藉由實證分析來認知
  (C) 研究目的強調類似性   (D) 認知方法強調觀察釋義

D 15. 以下何者<u>不是</u>國民教育階段非學校型態實驗教育的特性？
  (A) 發展獨特的個體   (B) 課程安排彈性形式不一
  (C) 學生來源為理念家庭   (D) 學習方式為教師指導

A 16. 依據《國民教育法施行細則》之規定，學齡兒童入學年齡之計算，以下敘述何者正確？
  (A) 入學當年度九月一日滿六歲者
  (B) 入學當年度八月一日滿六歲者
  (C) 入學當年度七月一日滿六歲者
  (D) 入學當年度九月一日滿七歲者

D 17. 依據《高級中等以下學校兼任代課及代理教師聘任辦法》之規定，以下敘述何者正確？
  (A) 學校聘任二個月以上之代課、代理教師，應公開甄選
  (B) 代理教師：部分時間擔任學校編制內教師，因差假或其他原因所遺課務者
  (C) 兼任、代課及代理教師之待遇支給基準，由地方教育主管機關定之
  (D) 代理教師待遇分本薪（年功薪）、加給及獎金三種

D 18. 美國地方學區之教育行政組織中，進行最重要教育決策的是以下何者？

(A) 教育局   (B) 地方議會

(C) 地方學區校長協會和教師會   (D) 教育委員會（或譯作教育董事會）

C 19. 第一位提出科學管理，後世尊稱其爲「科學管理之父」是以下何人？

(A) 韋伯（M. Weber）   (B) 路德（M. Luther）

(C) 泰勒（F. W. Taylor）   (D) 費堯（H. Foyal）

C 20. 教育部推動「教育優先區計畫」政策，最主要目的爲何？

(A) 補救教學   (B) 菁英教育   (C) 機會均等   (D) 適性教育

C 21. 所謂「沒有教條（doctrine），就沒有灌輸（indoctrination）！」這是從哪一種「規準」（criterion）來釐清灌輸與教育的區別？

(A) 目的規準   (B) 方法規準   (C) 內容規準   (D) 結果規準

A 22. 學校中除了教師的教學對於學生產生有意義的影響之外，教科書中包含的性別、族群、政治意識型態也會隨著傳遞給學生，這是屬於下列哪一種課程造成的影響？

(A) 潛在課程   (B) 懸缺課程   (C) 空白課程   (D) 非正式課程

D 23. 德國教育學者斯普朗格（E. Spranger）主張「教育愛」，其主要意涵爲何？

(A) 教師對學生因材施教

(B) 教師將學生視同子女

(C) 教師不計代價地爲學生付出

(D) 師生基於客觀文化中的價值理想共構情感共同體

A 24. 哪一位教育學者主張教師必須指導學生從受限於客觀環境的素樸意識，開展出能夠揭露社會實在中各種神話的批判意識？

(A) 弗雷勒（P. Freire）   (B) 葛蘭西（A. Gramsci）

(C) 杜威（J. Dewey）   (D) 楊格（M. Young）

A 25. 當教師將教育理解爲「引出」、「啟發」時，最可能是基於哪一種哲學觀念的主張？

(A) 強調人有先天觀念的理性主義

(B) 強調人天生是一塊白板的經驗主義

(C) 強調意識形態批判的批判理論
(D) 強調棄絕眞理的後現代主義

D 26. 下列對於教師角色的說明，何者<u>有誤</u>？
(A) 進步主義鼓勵教師要成爲學生的顧問、嚮導和同伴
(B) 批判教育學認爲教師應該成爲轉化社會的知識份子
(C) 傳道、授業、解惑是傳統教育的教師理想
(D) 後現代主義很重視效仿歷史人物的楷模、榜樣

B 27. 某種宗教宣導「吃素救地球」，該宗教的訴求理由是，吃素可以減少畜牧業排放的溫室氣體。該訴求的理由最爲接近倫理學的何種論證風格：
(A) 神令論　　(B) 效益論　　(C) 義務論　　(D) 德行論

B 28. 教育一定涉及文化，下列對於教育、文化的主張，何者<u>有誤</u>？
(A) 德國斯普朗格（E. Spranger）的文化學派，重視文化的陶冶
(B) 重建主義重視傳統文化傳承
(C) 後現代、後結構主義等強調對文化的解構
(D) 永恆主義重視歷經考驗的亙古文化智慧

D 29. 某位國小教師認爲國小最重要的是培養小孩基本的聽說讀寫能力（素養），這位老師最心儀的教育主張是：
(A) 存在主義　　(B) 進步主義　　(C) 批判教育學　　(D) 精粹主義

D 30. 某校國小學生刺青、將頭髮染成紫色。該校學務主任說：「我不是要故意找學生麻煩，只是此風不可長，還是要處罰，免得其他學生群起仿效。」該學務主任心中的懲罰理念，最爲接近：
(A) 恕道式懲罰　　(B) 報復式懲罰　　(C) 感化式懲罰　　(D) 嚇阻式懲罰

B 31. 黃老師在教導學生解題策略時，會將其腦中的思路及想法清楚地講出來，讓學生模仿學習，此方式較符合下列哪一個教學方式？
(A) 理解監控法　　(B) 放聲思考法　　(C) 自我調整法　　(D) 自我提問法

A 32. 國小中、低年級學生常常無法覺察自己的學習困難，或是「自我感覺良好」、誤以爲自己都學會了，這種現象最有可能是：
(A) 後設認知能力未臻成熟　　　　(B) 工作記憶容量不足

(C) 學習專注力無法集中　　　　　(D) 學習順向遷移的結果

D　33. 關於語言發展的敘述，下列何者正確？
(A) Skinner 認為語言是人類與生俱來的能力
(B) Bandura 認為語言無法靠觀察學習
(C) Chomsky 認為語言是後天環境學習而來
(D) Vygotsky 認為語言發展受到社會文化的影響

A　34. 人類的發展和學習是不同的概念，下列敘述何者**不正確**？
(A) 幼兒爬行與走路是學習而來
(B) 二歲以後的幼兒有物體恆存的概念是發展的結果
(C) 幼兒看到護士拿針筒感到害怕是學習的結果
(D) 中學生具抽象思考能力是發展的結果

D　35. 傳統教育常被詬病「學生無法將所學應用到生活情境中」，例如學了外文卻無法在現實生活中與外國人對談。這樣的現象可以用下列哪個概念來說明？
(A) 倒攝抑制（retroactive inhibition）的結果
(B) 順攝抑制（proactive inhibition）的結果
(C) 心智模型（mental model）無法建立
(D) 惰性知識（insert knowledge）無法使用

A　36. 下列哪一種教學方式可能**無助於**學習遷移？
(A) 在初始學習時提供不同的情境供學生類化學習
(B) 讓學生真正理解他所學到的技能或概念
(C) 在學習中後期以模擬方式在脈絡中進行教學
(D) 讓學生在真實情境中練習所學到的技能或知識

D　37. 關於古典和操作制約學習的說明，下列何者最正確？
(A) 古典制約強調增加物的重要，用以提高行為出現的頻率
(B) 刺激替代是操作制約的核心機制，用以強化個體的行為
(C) 為了降低行為出現的頻率，古典制約使用負增強，而操作制約使用懲罰
(D) 兩種制約學習主張行為會因其立即後果而改變

C 38. 古人說「天生我才必有用」、「行行出狀元」，對應到現代智力理論，下列哪個最接近？
(A) 智力二因論　(B) 智力結構論　(C) 智力多元論　(D) 智力群因論

A 39. 大寶在準備教師甄試時，會先設定目標，然後產生具體想法和行為，列出工作計畫，努力讓自己達成目標。下列哪一個動機理論最能解釋大寶做法？
(A) 自我調整理論（self-regulation theory）
(B) 預期價值理論（expectancy theory）
(C) 需求層次論（hierarchy of needs）
(D) 歸因理論（attribution theory）

C 40. 方老師想了解學生在家上網時間多寡是否會影響其學習表現。請問下列哪一種研究法較為適當？
(A) 實驗研究法　(B) 行動研究法　(C) 相關研究法　(D) 個案研究法

B 41. 當老師在教學前使用評量工具（如紙筆考卷）來了解學生個人學習的狀況（具備哪些能力），前述評量程序中包含哪兩種學習評量的性質？
(A) 形成性與標準參照　　　　(B) 預備性與標準參照
(C) 形成性與常模參照　　　　(D) 預備性與常模參照

C 42. 以皮亞傑（J. Piaget）的認知發展理論（cognitive development theory）看來，當學生在學習新訊息產生認知衝突時，為達成認知平衡而試圖以新訊息為基礎來改變過去的舊經驗，此運思歷程較屬於何種適應作用？
(A) 同化　(B) 基模　(C) 調適　(D) 組織

B 43. 下列何項並非人本心理學的教育主張重點？
(A) 重視以學生為中心的教育　　(B) 重視以教師為中心的教育
(C) 重視自我實現　　　　　　　(D) 重視全人發展及情意教育

C 44. 張老師運用學生自製摘要表及自繪樹狀圖來幫助學生記憶學習內容，此較符合記憶術的何種編碼策略？
(A) 互動化　(B) 精緻化　(C) 組織化　(D) 意元集組化

B 45. 王老師發現在學生表現良好行為後給予獎勵，學生以後就會經常有此種

良好行為出現，此現象反映了桑代克（E. L. Thorndike）所提的何種學習原理？

(A) 接近律　(B) 效果律　(C) 預備律　(D) 練習律

C　46. 班都拉（A. Bandura）的社會學習理論（social learning theory）提及學生不用親身體驗，僅透過觀察別人的動作及行為結果也可以學習新事物的看法，此符何項學習原理？

(A) 互惠學習　(B) 精熟學習　(C) 替代學習　(D) 合作學習

D　47. 自奧蘇貝爾（D. P. Ausubel）「解釋式教學」（expository teaching）的意義看來，教師應在學生學習前先提供聯結舊經驗與新知識之學習素材，此素材稱為？

(A) 概念統整　(B) 動機促進　(C) 意義架構　(D) 前導組體

B　48. 柯爾柏格（L. Kohlberg）道德發展階段（stages of moral development）論中的哪個階段特徵提到學生能自避罰服從及相對功利的觀點來衡量行為結果？

(A) 道德無律期　　　　　　(B) 道德成規前期
(C) 道德成規期　　　　　　(D) 道德成規後期

D　49. 如果想了解臺南市國民小學或幼兒園學生的學校生活適應整體概況應該使用何種研究法較為適當？

(A) 個案　(B) 實驗　(C) 相關　(D) 調查

A　50. 李老師運用學生喜歡的活動作為增強物來增加學生學習動機，李老師使用的策略符何項原理？

(A) 普利馬克　(B) 教師期望　(C) 認知失調　(D) 自我應驗

A　51. 老師想調查班上學生的「家庭休閒活動」，其最適合以何種量尺呈現？

(A) 名義量尺　(B) 次序量尺　(C) 等距量尺　(D) 比率量尺

C　52. 根據調查，學生的閱讀表現與數學表現之間的相關為 .80，下列何者為學生閱讀表現對於數學表現變異的解釋力？

(A)4%　(B)20%　(C)64%　(D)80%

C 53. 一項成人智力測驗的平均爲 100，標準差爲 15，君君在這個智力測驗得分爲 118，她的智力大約高過多少百分比的成人？
(A)12%　(B)50%　(C)88%　(D)98%

C 54. 爲吸引優秀學生就讀，某大學學系規劃凡是該系新生的大學學測成績高於平均數 2 個標準差以上者將給予入學獎學金。該學系是根據何種評量結果來找出這些學生？
(A) 安置性評量　　　　　　　(B) 形成性評量
(C) 常模參照評量　　　　　　(D) 標準參照評量

C 55. 楊校長想要了解學校中五年級三個班級學生的英語學力檢測成績差異是否達統計的顯著性，他應該使用何種統計方法加以考驗？
(A) 獨立樣本 t 檢定　　　　　(B) 相依樣本 t 檢定
(C) 獨立樣本變異數分析　　　(D) 相依樣本變異數分析

D 56. 108 課綱實施後，學生須上傳學習歷程檔案資料以作爲升學時甄選的依據。這是屬於何種測驗評量方法的應用？
(A) 性向測驗　(B) 成就測驗　(C) 動態評量　(D) 檔案評量

B 57. 國家教育研究院舉辦的「教師資格檢定考試」與各縣市教育局舉行的「教師甄試」有何不同？下列說法何者正確？
(A) 前者爲指標參照測驗　　　(B) 後者爲常模參照測驗
(C) 前者爲常態參照測驗　　　(D) 後者爲效標參照測驗

A 58. 假設進行試題分析後，報表出現某試題的「刪題後的信度」值爲 .789，而該測驗的內部一致性係數值爲 .805。請問：你會做出什麼決定爲宜？
(A) 保留該題　(B) 刪除該題　(C) 修改該題　(D) 不置可否

D 59. 當第一類型錯誤率選定爲 .05 時，此時的信賴水準有多少？
(A)0.5%　(B)0.95%　(C)5%　(D)95%

B 60. 某校坐落在城市與郊區相鄰的位置，學生的學習程度相當參差不齊，呈現兩極化分布現象。請問：該校的新手校長，該參考何種統計指標來了解該校學生的學習程度爲宜？
(A) 平均數　(B) 中位數　(C) 眾數　(D) 全距

A 61. 學校推動閱讀學習，善用每個讀本的點數作為學習獎勵，以激勵學生參與書面閱讀與線上回答閱讀理解活動，請問這是何種策略的運用？
(A) 動機策略　(B) 認知策略　(C) 技能策略　(D) 素養策略

C 62. 樂樂國小為讓學生學好英語，學校在校園樓梯臺階和牆上張貼英語單字和圖像，營造英語學習情境，同時也遴選學生，安排國際教育旅行，增加學生學習與應用的機會。上述二種作法依序屬於何種課程類型？
(A) 空無課程、非正式課程　　　　(B) 活動課程、正式課程
(C) 潛在課程、非正式課程　　　　(D) 戶外課程、正式課程

B 63. 學習目標是課程教材單元結束時所要達到的目的，就中小學教育而言，最普遍也最常為教師採用的學習目標通常會是下列何種目標？
(A) 表意目標　(B) 行為目標　(C) 技能目標　(D) 心理目標

D 64. 新課綱的精神包含「教師是學習的促進者，教學設計應關注學生主動參與的學習過程，也強調同儕合作學習，相互討論與意義分享」。新課網的精神較符合下列哪一種教學觀點？
(A) 人本主義論　　　　　　　(B) 訊息處理論
(C) 行為學派理論　　　　　　(D) 社會建構理論

C 65. 老師在進行閱讀教學時，會視學生能力的增加情形，漸漸減少提示或支持，以培養學生閱讀的策略，下列何者符合這種教學精神？
(A) 雙閱讀教學　(B) 學習共同體　(C) 鷹架教學　(D) 協同教學

C 66. 李老師設計「減塑」課程時，下列何者有關減塑之情意目標的敘述較適切？
(A) 學生辦活動時，不再使用一次性餐具
(B) 學務處與學生討論在外帶餐點時，要如何減塑
(C) 學生對於飲料店禁用塑膠吸管的作法，提出自己的感受與觀點
(D) 學生對於海洋生物受到垃圾危害的情形，提出解決的作法

B 67. 若要學生具備摘要的能力，下列哪些作法對摘要能力的培養較直接有效？
甲、運用數位讀寫網的長話短說功能
乙、教導把同類事件歸類的能力，提取上位概念
丙、運用多文本的教學，每次採用 2-3 篇文章進行教學

丁、在段落中刪去不重要的句子，再刪去句子中的形容詞戊、運用分組
　　合作學習，採用學生小組成就區分法
(A) 甲乙丙　　(B) 甲乙丁　　(C) 乙丙戊　　(D) 丙丁戊

D　68. 新住民學生逐漸增加，下列作法何者**不宜**？
(A) 學習適應：提供個別化學習環境
(B) 同儕互動：舉辦多元文化或國際日活動
(C) 生活適應：小團體活動、實施諮詢輔導方案
(D) 親師溝通：開學就設定不同的課業目標水準

C　69. 下列關於「翻轉教室」的描述何者**不正確**？
(A) 強調培養學生積極主動的學習能力
(B) 著重在改變學生「如何學習」的過程
(C) 完全由學生自行擬定學習內容和進度
(D) 培養學生運用工具進行學習的機會

B　70. 為精進教學方法和品質每年必須至少公開授課一次，以下敘述何者較
合適？
甲、和夥伴共同開會備課，耗日費時，各自採用雲端資料即可
乙、備課與教學資料，可以上傳雲端，共同分享使用雲端資料
丙、夥伴入班觀察授課情形，可觀察學生在課堂學習情形
丁、觀課的課程內容，必須是觀課者正在教學的課程才有意義
戊、為減少壓力永續經營，議課宜專注分享優點，少提建議
(A) 甲乙　　(B) 乙丙　　(C) 乙丙戊　　(D) 丙丁戊

D　71. 班級經營的研討會中，出席的蔣教授提出相關的論述，其中的論述下列
何者屬於班級經營中的「心理—社會」環境？
(A) 班級動線　　(B) 班級時間　　(C) 班級空間　　(D) 班級氣氛

C　72. 有關多元文化課程的實施，為因應學校新移民子女增多的狀況，下列有
關多元文化課程方案的敘述，何者最為適切？
(A) 由教育部統一規劃　　　　(B) 以認知層面的學習為重
(C) 由學校所有成員共同參與　　(D) 以新移民子女為實施對象

D　73. 在相關的學習理論中，下列何者主張學習是從自然發展與文化互動中所

產生的一種轉化？

(A) 成熟論　(B) 神經科學論　(C) 社會學習論　(D) 社會建構論

A 74. 有關各種模式的討論各有主張，請問下列哪一項**不是**過程模式（process model）的特徵？

(A) 強調學生獲得的知識　　　(B) 強調學習發現與探究學習

(A) 強調教育是經驗的重組　　(D) 強調教師要注意教材或活動的選擇

B 75. 在班級管理項目中，有關學校教室布置的敘述，下列何者的論述會比較正確？

(A) 教室布置工作應由教師負起全責加以完成

(B) 教室布置的空間規劃，宜考量有助於單元教學目標的達成

(C) 教室布置是學生的責任，教師不必關心

(D) 為避免勞師動眾，教室布置最好以一年更換一次為宜

C 76. 有關學生學習方面的討論，鄭教授指出關於建構主義對於「認知」的看法，下列何者正確？

(A) 認知是發現客觀的外在世界

(B) 認知是被動接受外界傳來的資訊

(C) 認知是認知者將外界現象意義化的歷程

(D) 認知是認知者對外在客觀實在的觀照

B 77. 在一場學術研討會中，來自各學界的教授討論教育相關理論的內涵，請問下列各理論的敘述，何者正確？

(A) 心理分析論：特別強調知識的結構形式與策略的學習

(B) 社會學習論：認為合適的學習楷模和示範者有助於幼兒學習

(C) 成熟論：主張讓幼兒自由探索，並強調外在獎賞的運用

(D) 建構論：認為連續漸進的編序教學方式有助於幼兒的學習

B 78. 丁老師在進行備課時，堅持依循教科書的內容進行教學，以達成預設的課程目標。請問，丁老師的做法較偏向下列何種課程實施觀？

(A) 固定觀　(B) 忠實觀　(C) 締造觀　(D) 調適觀

B 79. 教學原理課程中的重點，有關單元教學活動設計的順序安排，何者正確？

(A) 準備活動→統整活動→發展活動

(B) 準備活動→發展活動→綜合活動

(C) 發展活動→統整活動→綜合活動

(D) 準備活動→綜合活動→統整活動

B　80. 在蒙特梭利學術研討會上，有關蒙特梭利教育的觀點論述分析，請問下列何者正確？

(A) 以自發性遊戲統整幼兒的學習

(B) 工作有助於幼兒心智與人格的正常化發展

(C) 教師要預備好環境讓幼兒獨立自主學習，但不宜引導和介入

(D) 掌握幼兒發展的敏感期，引發幼兒的創意思考

B　81. 關於融合教育的運作，下列哪一項敘述**不可能**是事實？

(A) 特殊學生安置在普通班

(B) 特殊學生的主要教學者是特教老師

(C) 融合教育中這位特殊學生具有輕度智能障礙

(D) 需要為這位特殊學生訂定 IEP

C　82. 一位國小二年級學生，被診斷為 ADHD 混合表現型。這位學生可能會因其 ADHD 特質而常常出現的特徵表現為何？

甲、成績落後　　　　　　　　乙、忘記帶學用品來學校

丙、插嘴　　　　　　　　　　丁、教室置物櫃髒亂

(A) 甲乙丙丁　　(B) 甲乙丙　　(C) 乙丙丁　　(D) 甲丁

D　83. 國小普通班級中，如何區辨學習障礙（LD）學生與輕度智能障礙（ID）學生？

(A) 學習成就：輕度 ID 學生比 LD 學生低落

(B) 學習策略：輕度 ID 學生比 LD 學生少

(C) 學習態度：輕度 ID 學生比 LD 學生差

(D) 學習潛力：輕度 ID 學生比 LD 學生差

D　84. 下列哪一項方案與「行為功能評量」無關？

(A) 行為功能介入方案

(B) 行為問題三階段預防模式的次級介入方案

(C) 全校性正向行為支持方案

(D) 學習扶助方案

C 85. 有關「負增強陷阱」，下列哪一項敘述**不正確**？
　　(A) 家長要求孩子完成一項任務，孩子不理會，家長大聲斥責強力要求，孩子耍脾氣並用力打自己的頭，最後家長放棄該要求
　　(B) 家長要求孩子完成一項任務，孩子不理會，家長大聲斥責強力要求，孩子耍脾氣並用力打自己的頭，家長強力按住孩子雙手並堅持要求，最後孩子遵從指令去執行該項任務
　　(C)「負增強陷阱」是行為改變技術之一
　　(D)「負增強陷阱」是家庭兒童虐待事件可能機轉之一

A 86. 與「全方位學習設計 / 通用設計」之運用最有相關者為何？
　　(A) 融合班的特殊學生　　　　　　(B) 接受資源班服務的輕度障礙學生
　　(C) 需要學習輔具的感官障礙學生　(D) 多重障礙學生

A 87. 討論班上特殊學生的 IEP 時，普通班班導師的任務為何？
　　甲、提出對於這位特殊學生在班上表現的期待
　　乙、提出對於特教支援的需求
　　丙、提供資訊－特殊學生在教室的人際互動情形
　　丁、提供資訊－自己的班級經營規劃
　　(A) 甲乙丙丁　(B) 甲乙丙　(C) 乙丙丁　(D) 甲丁

D 88.《特殊教育法》所定義的各類身心障礙中，罹患腦性麻痺（CP）的學生所屬類別，下列有關敘述何者為真？
　　(A) 罹患 CP 的學生之特教類別，依其功能受損最嚴重的項目，而歸類為肢體障礙類或溝通障礙類
　　(B) 罹患 CP 的學生之特教類別，依其功能受損最嚴重的項目，而歸類為溝通障礙類或智能障礙類
　　(C) 罹患 CP 的學生可依《身心障礙者權益保障法》，而直接歸類為腦性麻痺類
　　(D) 以上皆非

D 89. 下列哪一項介入方案與普通班教師無關？
　　(A) RTI　(B) SWPBS　(C) UDL　(D) 以上皆非

D 90. 國小教育階段的特殊學生接受特殊教育，其依據的有關法規為何？
　　甲、《特殊教育法》　　　　　　　乙、《身心障礙者權益保障法》

丙、《身心障礙者權利公約》　　丁、《身心障礙者權利公約施行法》
(A) 甲乙丙丁　(B) 甲乙丙　(C) 甲乙　(D) 甲

A　91. 自閉症兒童觀看一支影片，影片中有兩個女孩：<u>莎莉和安妮</u>，首先，<u>莎</u>
　　　<u>莉</u>將一顆球放進自己的籃子裡面後離開，接下來，<u>安妮</u>將那顆球從籃子
　　　裡移動到自己的盒子裡，然後自閉症兒童被問到<u>莎莉</u>回來時會到哪裡找
　　　球？自閉症兒童回答要到盒子找，也就是無法從<u>莎莉</u>的角度去想球在哪
　　　裡，此情形可用下列哪種自閉症兒童的特徵來解釋？
　　　(A) 心智理論能力的缺陷　　　　　(B) 模仿能力的缺陷
　　　(C) 對於特定物品的固著　　　　　(D) 對於特定環境的固著

D　92. 下列有關<u>費德修森</u>（J. Feldhusen）的普渡三階段充實模式（The Purdue
　　　Three-Stage Enrichment Model）之敘述，下列何者為正確？
　　　甲、原本是設計給國中階段的資優生
　　　乙、篩選智商在一百三十或以上的學童
　　　丙、其第三階段是發展學生的獨立研究技能
　　　丁、適用於集中式的資優班
　　　(A) 甲乙丙丁　(B) 甲乙丙　(C) 丙丁　(D) 丙

B　93. 下列哪一種學前特殊兒童的課程設計最為適合障礙程度較嚴重的幼兒？
　　　(A) 群體模式　(B) 功能模式　(C) 發展模式　(D) 認知模式

B　94. 有關 ADHD 中過動／衝動的主要症狀，包含下列哪幾種？
　　　甲、經常坐立難安　　　　　　乙、經常在問題講完前搶著說答案
　　　丙、經常打斷或干擾別人　　　丁、伴隨思覺失調的症狀
　　　(A) 甲乙丙丁　(B) 甲乙丙　(C) 乙丙丁　(D) 甲乙

A　95. 根據《特殊教育法》，各級主管機關應設特殊教育學生鑑定及就學輔導
　　　會，其辦理有關特殊教育學生的事項包含下列何者？
　　　甲、輔導　乙、鑑定　丙、安置　丁、重新安置
　　　(A) 甲乙丙丁　(B) 甲乙丙　(C) 乙丙丁　(D) 乙丙

B　96. 腦性麻痺的主要成因為下列何者？
　　　(A) 呼吸異常新陳代謝失調　　　(B) 神經系統缺損
　　　(C) 骨骼肌肉異常　　　　　　　(D) 新陳代謝失調

B 97. 有關學習障礙的鑑定基準，下列何者爲錯誤？
(A) 個人內在能力有顯著差異
(B) 個人的智力水準在正常程度以下
(C) 閱讀理解有顯著困難，且經確定一般教育所提供之介入仍難有效改善
(D) 數學運算有顯著困難，且經確定一般教育所提供之介入仍難有效改善

A 98. 下列何者爲聽覺障礙學生的特殊教育安置型態？
甲、資源教室　乙、啟聰學校　丙、自足式的啟聰班
(A) 甲乙丙　(B) 甲乙　(C) 乙丙　(D) 乙

C 99. 針對智能障礙學生預期失敗的學習態度，教學的過程能融入下列何種方法以建立其信心？
(A) 教師幫忙做決定　　　　　(B) 加強抽象概念
(C) 使用多層次教學　　　　　(D) 增加失敗經驗

B 100. 按照盛行率（prevalence）與障礙人數來區分，下列何者屬於低出現率的障礙？
(A) 情緒行爲障礙　(B) 視覺障礙　(C) 學習障礙　(D) 語言與溝通障礙

花蓮縣 112 學年度國民中小學教師聯合甄選

教育專業科目

選擇題【共 50 題，每題 2 分，共 100 分】請以 2B 鉛筆於答案卡上作答，單選題；答錯不倒扣。

B　1. 依據性別平等教育法第 36 條之 1 規定，學校校長、教師、職員或工友，偽造、變造、湮滅或隱匿他人所犯校園性侵害事件之證據者，應依法給予何種處罰？
　　(A) 記大過　　(B) 解聘或免職　　(C) 處一年以下有期徒刑　　(D) 降級

A　2. 班上多位學生表示：「作弊如果被抓到，會被記過處罰，所以不敢作弊。」根據柯柏格（L. Kohlberg）的道德認知發展論，這些學生的道德發展是下列哪一取向？
　　(A) 避罰服從取向　　　　　　　(B) 相對功利取向
　　(C) 尋求認可取向　　　　　　　(D) 社會法制取向

B　3. 學校之性別平等教育委員會，置委員五人至二十一人，採任期制，以誰為主任委員？
　　(A) 教務主任　　(B) 校長　　(C) 輔導主任　　(D) 家長會長

C　4. 小華喜歡玩拼圖、走迷宮的視覺遊戲，對於形式、空間及它們之間關係的敏感性很高。下列何者可能為小美的優勢智能？
　　(A) 人際智能（interpersonal intelligence）
　　(B) 數理邏輯智能（logical-mathematical intelligence）
　　(C) 視覺—空間智能（visual-spatial intelligence）
　　(D) 肢體—動覺智能（bodily-kinesthetic intelligence）

C　5. 艾桑尼（Etzioni）以上級運用權力和部屬順從方式做為組織分類的基礎，若按照其分類方式，學校機關是屬於下列哪一選項？
　　(A) 強制性　　(B) 功利性　　(C) 規範性　　(D) 自主性

A　6. 張老師因王同學的學科成績表現優異而判斷王同學的操行成績也相對良好。這種情形是屬於何種效應？
　　(A) 月暈效應　　(B) 初始效應　　(C) 模仿效應　　(D) 霍桑效應

C 7. 將社會責任及倫理原則運用於自我認同與溝通行為之能力，藉以對自己之媒體生活有所認識並進行管理，這是屬於媒體素養教育能力哪一部分？
(A) 行動（Action） (B) 近用（Access）
(C) 反思（Reflection） (D) 分析（Analysis）

D 8. 依校園霸凌防制準則規定，2人以上行為人分屬不同學校者，學校之權責劃分為何？
(A) 兩所學校自行協商一方出來負責調查即可
(B) 霸凌者所就讀學校應負責調查
(C) 應交由中立之第三方調查
(D) 以先受理申請調查或檢舉之學校負責調查，另所學校應派代表參與調查

B 9. 我國有句俗諺說：「行萬里路勝讀萬卷書」，此觀點較接近下列何種知識論觀點？
(A) 理性主義（rationalism） (B) 經驗主義（empiricism）
(C) 行為主義（behaviorism） (D) 唯物主義（materialism）

A 10. 依《中華民國師資培育白皮書》，揭櫫我國理想教師圖像，以下列哪些為核心價值？
(A)「師道、責任、精緻、永續」 (B)「創新、專業、領導、品質」
(C)「專業、協作、品質、創新」 (D)「創新、愛心、使命、永續」

B 11. 依據《十二年國民基本教育課程綱要》，由國家統一規劃，以養成學生的基本學力，並奠定適性發展的基礎。在國民小學及國民中學為培養學生基本知能與均衡發展。這屬於下列哪一種課程？
(A) 主題核心課程 (B) 領域學習課程
(C) 非正式課程 (D) 彈性學習課程

B 12.「十二年國民基本教育課程綱要」的總綱列有「彈性學習課程」。下列何者較<u>不符合</u>其內容？
(A) 由學校開設跨領域/科目相關的學習活動，讓學生依興趣及能力分組選修
(B) 與國民中小學九年一貫課程綱要「彈性學習節數」的意涵及課程規

劃方式相同

(C) 由學校發展「統整性主題／專題／議題探究課程」，強化知能整合與生活運用能力

(D) 由學校自行規劃辦理全校性、全年級或班群學習活動，落實學校本位及特色課程

C 13. 研究者爲了解奧林匹亞數學教學法是否有助於學生數學成績的提升，下列何者方法較適切？

(A) 調查研究　　(B) 歷史研究　　(C) 實驗研究　　(D) 比較教育

A 14. 根據艾瑞克森（E. Erikson）的心理社會發展論，6 至 12 歲的學童所面臨的發展任務與危機爲何？

(A) 勤奮與自卑　　　　　　　(B) 主動與愧疚

(C) 自律與害羞　　　　　　　(D) 自我統整與角色混淆

B 15. 閱讀課時候，王老師教導學生要學習分析因果關係並練習「如何問自己問題，讓自己讀懂，確認是否已經了解文章的意義」，老師主要運用哪一種閱讀教學策略？

(A) 問題教學　　(B) 理解監控　　(C) 交互教學　　(D) 概念構圖

C 16. 小明在校學習認眞，成績優異。根據五大人格特質理論，小明的人格特質比較屬於下列何者？

(A) 神經質（neuroticism）　　　　(B) 友善性（agreeableness）

(C) 嚴謹性（conscientiousness）　　(D) 開放性（openness to experience）

A 17. 下列有關注意力缺陷過動症（ADHD）的描述，何者**錯誤**？

(A) 典型症狀會在國中以後才明顯出現

(B) 孩子會話很多，很難長時間坐著不動

(C) 主要的症狀有些是衝動，有些則是急躁且無法保持平靜

(D) 往往還未聽完問題就回答，常打斷別人的談話或活動

D 18. 多媒體是指結合不同的媒介形式來提高學習者的學習效果，下列哪些原則是教師設計多媒體時，應優先考慮的設計原則？

(A) 活潑性　　(B) 趣味性　　(C) 創新性　　(D) 可理解性

A 19. 當代重視以學習者為中心的教學設計，下列哪一項理論較適合做為設計學習環境的依據？
(A) 學習建構理論　　　　　　　(B) 生涯發展理論
(C) 行為制約理論　　　　　　　(D) 生物演化理論

D 20. 培養學生 STEAM 素養，下列何者敘述較**不適切**？
(A) 學生要活用知識和技能來解決生活中的問題
(B) 引導學生進行專題式學習（Project Based Learning）
(C) 以多學科及跨學科進行教學
(D) 增加學科知識內容比重

D 21. 引導學習者自主學習，教師需要協助學習者建立哪些核心能力？
① 自我規劃　② 自我悅納　③ 自我評估　④ 自我監控
(A) ①②③　(B) ②③④　(C) ①②④　(D) ①③④

A 22. 飛鳥國小舉辦作文比賽，兩位閱卷老師先依據寫作評分量尺進行評分，再計算兩位老師評分的一致程度。此為何種信度估計方法？
(A) 評分者信度（scorer reliability）
(B) 複本信度（alternative-form reliability）
(C) 折半信度（split-half reliability）
(D) 重測信度（test/retest reliability）

D 23. 青少年階段會面臨許多人際壓力，哪些輔導策略屬於發展性輔導工作的內涵？
(A) 辦理校際交流活動　　　　　(B) 提供個別諮商服務
(C) 推廣主題團體輔導　　　　　(D) 辦理輔導主題活動

A 24. 青少年的職涯輔導，旨在協助青少年逐步確立職涯目標，並規劃充實所需要的知識與技能，下列何者屬於青少年職涯輔導的重點？
(A) 職涯探索　(B) 考取證照　(C) 企業參訪　(D) 專家訪談

A 25. 下列哪些策略是「生態系統輔導模式」較會採取的方法？
① 建立跨系統合作關係　　　　② 建立支持系統
③ 關注學習者所處的環境　　　④ 診斷學習者的問題與症狀
(A) ①②③　(B) ①②④　(C) ②③④　(D) ①③④

C　26. 下列何項是從事心理測量時，測量工具必備的要素？
(A) 客觀　(B) 精準　(C) 效度　(D) 常模

D　27. 班杜拉的自我效能理論認為，下列何者較**不是**形成個體自我效能感的主要來源？
(A) 主要經驗　(B) 替代經驗　(C) 認知評估　(D) 遺傳所得

C　28. 學生學習遭遇挫折或失敗，其將失敗歸因於下列何項因素時，較容易放棄繼續投入？
(A) 運氣不好　(B) 努力不足　(C) 能力不夠　(D) 環境干擾

D　29. 當代教學重視素養導向的教學，以培養學生在知識、技能、態度和價值觀等各層面的綜合能力，運用下列何種教學策略較能達到預期成效？
(A) 翻轉教學　(B) 直接講授　(C) 腦力激盪　(D) 合作學習

C　30. 教師可以運用何種策略，落實「評量即學習」的精神？
(A) 根據測驗給予學生評量結果，並提供學生學習的回饋
(B) 解析測驗當中的錯誤類型，提供學生再次學習的機會
(C) 運用評分規準引導學生，培養其自我評估與調整的能力
(D) 開放讓學生擬定評量內容，並提供同儕互評的機會

B　31. 良好的教師發問技巧，通常具備哪些特徵？
① 答案具體明確　② 帶動討論氣氛　③ 激發探究動機　④ 引發深入思考
(A) ①②③　(B) ②③④　(C) ①③④　(D) ①②④

B　32. 差異化教學的精神，在於根據學生的個別性，提供特定或適切的教學；依循下列何項原則，較符合其精神？
(A) 差異化的管理措施　　　(B) 運用分組與個別指導
(C) 運用直接教學策略　　　(D) 鼓勵自主學習策略

C　33. 安宇在修習師資培育課程時，參與史懷哲服務學習之後，體會到提升教育品質需要長期投入，這樣的反思屬於哪一個情意發展階段？
(A) 接受　(B) 反應　(C) 表達　(D) 內化

B　34. 根據運用科技融入教學的設計之 TPACK 模型，提醒教師「留意科技與教

學內容之間的搭配性」，此屬於哪一類型的知識？

(A) TPK　(B) TCK　(C) TAK　(D) TPCK

D　35. 有關 L. Vygotsky 社會建構論的敘述，下列何者正確？

(A) 語言發展三個階段是從自我中心語言→社會語言→內在語言

(B) 當學習的任務愈難時，則兒童「自言自語」的頻率就會變少

(C)「可能發展區」（zone of proximal development）的教學內容難度應該低於學習者能力

(D)「可能發展區」（zone of proximal development）可診斷學生學習層次並引導未來發展

A　36. 青青喜歡科學，也花了很多時間準備科展。參加科展比賽時，青青表現得不錯，但比賽結果卻未得獎。如果你是青青的指導老師，希望青青能繼續努力做自己喜歡的事。以下老師的哪一種回饋最能培養青青的成長型心態（growth mindset）？

(A) 你沒輸，只是需要持續改善　(B) 你有能力，下次一定能獲勝

(C) 我認爲你是表現最好的一個　(D) 我認爲科展其實沒那麼重要

B　37. 吳老師想培養班上同學的趨向精熟目標（approach-mastery goal），可以採取下列哪些做法？

甲、班級小考及月考評量時，採取常模參照模式

乙、引導學生選擇具挑戰性、可從中獲得新知的學習內容

丙、鼓勵學生學到東西最重要，透過努力增長自己的能力

丁、希望學生課堂表現好一點，能在班上展現自己的能力

(A) 甲乙　(B) 乙丙　(C) 丙丁　(D) 甲丁

C　38. J. S. Bruner 的「概念獲得模式」強調讓學生知道某些東西屬於哪一類別的概念形成，以及能夠歸納並發現類別屬性的概念獲得。下列有關概念獲得教學策略的敘述，何者錯誤？

(A) 讓學生比較概念正例及反例的屬性

(B) 讓學生透過歸納例子屬性定義概念

(C) 教師闡釋並分析課本上概念的定義

(D) 教師引導學生討論概念學習的歷程

A　39. 受到「回歸主流」、「最少限制環境」理念影響，學校將有特殊需求的

學童安排在普通班級學習。而爲就讀普通班但是在學習或適應上有明顯困難，需要特殊教育服務的學生設置，提供相關的特殊教育資源。這是何種班別？

(A) 資源班　　(B) 融合班　　(C) 特殊班　　(D) 實驗班

C　40. 教育改革的核心是學校教育改革，Peter Senge 提出的「第五項修練」（The Fifth Discipline）廣爲教育界應用於促進組織變革及創新。下列何者**並非**學習型組織的五項修練？

(A) 改善心智模式　　(B) 系統思考　　(C) 自我反思　　(D) 團隊學習

D　41. 李老師認爲學生有能力運用經驗解決問題，教師是學生教育經驗的同伴，應依學生的興趣及需要引導學生活動。李老師持的是何種哲學理念？

(A) 精粹主義　　(B) 重建主義　　(C) 行爲主義　　(D) 實用主義

A　42. 有關「對學習的評量」（assessment of learning，簡稱 AOL）、「評量即學習」（assessment as learning，簡稱 AAL）及「爲學習的評量」（assessment for learning，簡稱 AFL）的敘述，下列何者正確？

(A) AAL 源自 Vygotsky 動態評量（dynamic assessment）觀點
(B) AOL 在透過形成性評量提供回饋，以引導學生改進學習
(C) AOL 讓學生從評量任務中了解自己不足以提升後設能力
(D) AFL 觀點會依據領域學習重點命題，了解總結性學習成果

C　43. 教師在進行測驗編製時，應注意以下哪些原則？

甲、標準參照測驗宜選擇難度中等且鑑別度高的試題
乙、常模參照測驗目的在檢驗個別學生對特定知識和技能的掌握程度
丙、精心設計選擇題的誘答選項，可以提供教學診斷所需的訊息
丁、先設計包括學習目標和學習內容的雙向細目表，可以確保測驗的內容效度

(A) 甲乙　　(B) 乙丙　　(C) 丙丁　　(D) 甲丁

B　44. 爲建立友善校園，教師應具備辨識及處理校園霸凌的能力。下列有關霸凌類型的敘述，何者正確？

(A) 青青常常嘲笑子衿身體肥胖，走起路來四肢不協調，是肢體霸凌
(B) 青青聯合班上其他同學，分組時故意不和子衿同組，是關係霸凌
(C) 青青因子衿不幫他寫功課，要其他同學不跟子衿玩，是反擊霸凌

(D) 青青透過網路賣虛擬貨幣，收子衿錢後未交付貨幣，是網路霸凌

C 45. 王老師想了解子衿經常遲到且未能按時繳交作業的原因，以下是老師跟子衿溝通時運用的輔導策略，哪一項是正確的？
(A) 同理心─子衿，老師小時候也跟你一樣常常需要幫家裡的忙。但我都會準時上學，按時交作業
(B) 面質─子衿剛才的意思是說因為家裡有很多事需要你幫忙，所以無法準時到校，也沒時間寫完作業
(C) 立即性技巧─子衿，你給老師出了個難題，現在我比較想知道你是不是對老師還是不太信任呢？
(D) 澄清─子衿，你剛才一直不承認自己遲到或是沒有準時交作業有任何錯誤，其實是一種逃避的行為

A 46. 黃老師想採「目標本位評鑑」來了解新課程的優劣價值及班上學生的學習成效，下列作法何者最適當？
(A) 在學期初以及學期末各進行一次學生學習表現的測驗
(B) 透過實驗組及控制組的比較來驗證新課程的優劣價值
(C) 要同時觀察預期以及非預期的結果以提供創新的觀點
(D) 評量學生學習的自編測驗要符合主觀性及信度、效度

C 47. 概念為本的課程強調透過探究與思考，引導學生歸納概念及通則。當教師進行「全球暖化與氣候變遷」議題的跨領域課程時，下列哪一種提問能達到概念或通則層次的學習？
(A) 是什麼因素導致全球暖化與氣候變遷？
(B) 請舉出可以說明全球暖化現象的例子？
(C) 要如何做才能避免全球暖化繼續惡化？
(D) 氣候變遷對自然或社會造成什麼影響？

B 48. 夕霧國小是非山非市國小，該校學生自主學習能力不強，認同楷模少。家長多為單親或隔代教養，忙碌且教育理念有待溝通。教師多年輕缺少教學經驗，但高度認同十二年國教改革，進修後積極嘗試多元創新的教學方法。學校最近獲得教育部「班班有網路，生生用平板」的設備補助，可以支援教學，強化適性學習。該校在發展學校本位課程時，以SWOT 進行背景分析。下列敘述何者正確？
(A) S 是獲「班班有網路，生生用平板」補助，可強化適性學習

(B) W 是家長多為單親或是隔代教養，忙碌且教育理念有待溝通

(C) O 是教師認同教育改革，積極進修並創新教學

(D) T 是學生的自主學習能力不強，缺乏認同楷模

D　49. 有關課程實施不同觀點之意識型態的敘述，下列何者正確？

(A) 忠實觀符合進步主義取向課程意識型態

(B) 相互調適觀符合精粹主義課程意識型態

(C) 統整觀符合經驗主義取向課程意識型態

(D) 締造觀符合專業主義取向課程意識型態

B　50. 有關交互教學法（reciprocal teaching）的敘述，下列何者**錯誤**？

(A) 依據的理論是近側發展區（zone of proximal development）以及專家鷹架（expert scaffolding）

(B) 包括預測（prediction）、瀏覽（surveying）、提問（questioning）和摘要（summarizing）等四種策略

(C) 老師先說明策略定義、使用原因、方法、時機並示範，引導小組練習，最後學生獨立練習

(D) Palincsar 與 Brown 於 1984 年提出，強調透過師生的對話與互動，以提升學生的後設認知能力

桃園市 112 學年度國民小學教師聯合甄選分發初試
教育綜合測驗

C　1. 下列敘述何者**不是** 杜威（John Dewey）所著《民主主義與教育》
（*Democracy and education*）一書中，所提及的教育本質？
(A) 教育即生活 　　　　　(B) 教育即成長
(C) 教育即政治 　　　　　(D) 教育即經驗的重組與改造

C　2. 依據黎維特（Leavitt）的溝通網路（communication network）研究，下
列哪一項溝通網路結構類型的正確性相對較低，且較不易產生出領袖？
(A) 輪形　(B) 鏈形　(C) 圓形　(D) Y 形

B　3. 編製試題時一般可以先透過雙向細目表以管控試題的品質，請問雙向細
目表主要是檢核哪兩個面向以管控試題品質？
(A) 試題類型、教材內容 　　(B) 教學目標、教材內容
(C) 教學進度、教材內容 　　(D) 教學目標、試題類型

D　4. 有關教育方案規劃，下列敘述何者**為非**？
(A) 可以透過 SWOT 分析來了解整體概況
(B) 推動方案時應考慮擁有的時間、人力資源和經費
(C) 方案宜進行活動評量，才能夠了解成效
(D) 方案目標的界定應以一般大眾為目標，不應再切割成不同年齡層

A　5. 主要以泰勒（Tyler）所主張的目的性、系統性和效率性三大原則為基礎
的課程模式是下列何者？
(A) 目標模式　(B) 歷程模式　(C) 情境模式　(D) 學習模式

C　6. 如果要讓學生認識大象，最好的方法是以真實的大象讓學生進行學習，
這是符合下列哪種心理學理論的精神？
(A) 奧迪斯的破窗效應 　　　(B) 馬斯洛的需求理論
(C) 戴爾的經驗塔理論 　　　(D) 貝爾的哈松效應

B　7. 想對某人的任務或經驗做全盤了解，可採取最佳的評量蒐集方法為下列
何者？
(A) 觀察法　(B) 訪談法　(C) 問卷法　(D) 焦點座談法

D　8. 教育哲學會透過一些教育「隱喻」表達對於教育理念與現象的類比，以下何者較**不適切**？
　　(A) M. Greene 藉由作為「歸鄉者」的教師，將熟悉的事物陌生化，不盲目接受既有模式
　　(B) P. Freire 批評囤積式教育，反對教育方法以「囤積」僵化的方式進行單方面的講述
　　(C) H. Giroux 以「教師即知識份子」表達教師應該肯定學生且致力消除社會的不公不義
　　(D) J. Dewey 認為教育是將學生「引領入門」的過程，讓學生掌握知識體系與行為模式

A　9. 對於結構功能論的描述，何者**為非**？
　　(A) 代表性學者有孔德（A. Comte）、斯賓塞（H. Spencer）和布迪爾（P. Bourdieu）
　　(B) 把社會看作一個均衡、秩序、整合的系統
　　(C) 任何一種文化現象，不論是抽象社會現象，還是具體物質現象都具有一定的功能
　　(D) 十分注重研究社會運行和社會發展的平衡、協調的機制

C　10. 關於「十二年國民基本教育課程綱要」，下列敘述何者**為非**？
　　(A) 彈性學習課程屬校訂課程
　　(B) 領域學習課程屬部定課程
　　(C) 校訂課程由國家安排，統一規定
　　(D) 部定課程在不同學習階段間應注重縱向連貫

D　11. 探索教育的教師應扮演的角色為下列何者？
　　(A) 指導者　　(B) 教學者　　(C) 學習者　　(D) 引導者

C　12. 在研究設計的邏輯上，研究對象不變，而現象時序改變了，稱之為下列何者？
　　(A) 個案研究（case study）
　　(B) 比較研究（comparative study）
　　(C) 個案追蹤研究（longitudinal study）
　　(D) 比較追蹤研究（longitudinal comparative study）

B 13. 進行學校評鑑時，針對學校人力與經費是否充足所進行的評鑑，較屬於 CIPP 評鑑模式中的哪一項評鑑？
(A) 背景評鑑　(B) 輸入評鑑　(C) 過程評鑑　(D) 成果評鑑

A 14. 教育部於 109 年發布「中小學國際教育白皮書 2.0」，提出達成目標的策略一為「精進學校本位國際教育」，以下何者<u>並非</u>是此策略的三大面向之一？
(A) 建置國際化支持網絡　　　　(B) 國際交流
(C) 學校國際化　　　　　　　　(D) 課程與教學

B 15. 關於《學校型態實驗教育實施條例》（107 年 1 月 31 日修正），第三條指出學校型態實驗教育的特定教育理念之實踐，應以下列何者為中心？
(A) 學校　(B) 學生　(C) 課程　(D) 目標

B 16. 教學模式一般認為在教學歷程包含五個主要的階段：教學目標、評估起點行為與能力、教學程序、評鑑、回饋。請問在教學歷程中設計教學活動，應該屬於哪個階段的任務？
(A) 教學目標　(B) 教學程序　(C) 評鑑　(D) 回饋

C 17. 關於「縣市學生學習能力檢測」若依其評量結果進行分級詮釋，則應與以下哪種評量的目的類似？
(A) 診斷性評量　(B) 形成性評量　(C) 標準化評量　(D) 常模參照評量

C 18. 關於認知負荷理論應用在教學上，下列敘述何者<u>有誤</u>？
(A) 內在認知負荷是指學習內容中教材結構的複雜性對個體所造成的學習負荷
(B) 外在認知負荷是指教材或教學的形式因設計不良而產生外在認知負荷
(C) 增生認知負荷強調透過教材或教學額外設計會增加認知負荷感，是一種干擾學習
(D) 以上皆非

D 19. 林教授開發了測量學生學習投入的量表，將此量表的分數與同時間教師對學生學習投入的評分比較。請問這是何種效度？
(A) 預測效度　(B) 外部效度　(C) 建構效度　(D) 同時效度

B 20. 李老師引導學生針對核能電廠存廢問題進行討論，他先請學生各自選擇一種立場進行研究，進行表達，接著互換立場，再進一步研究、表達，最後總結自己的觀點，請問這位老師採取的教學策略為何？
(A) 團體探究法（Group investigation, G-I）
(B) 議題中心教學法之結構性爭議模式
(C) 合作式推理教學
(D) 拼圖法第二代（Jigsaw II）

D 21. 近年來，學者將正向心理學的研究發現應用於教育情境，以提升師生的正向發展，Seligman 提出 PERMA 認為有五個導向幸福感的重要元素：正向情緒（P）、正向投入（E）、正向人際關係（R）、生命意義感（M）與成就感 (A)。張老師在他的教學中採用「心流」（flow）的教學設計，透過提供適當的挑戰以提升學生的能力，產生心流經驗（flow experience），請問此一教學設計合乎 PERMA 的哪些元素？
(A) PER　(B) PMA　(C) PRA　(D) PEA

A 22. 王老師在教導臺灣傳統節日文化之主題時，將學生分成七組，每組四位學生。而四位學生分別負責端午節、中秋節、元宵節和清明節其中一個主題，回家蒐集資料，隔天各小組負責同一節日的學生，組成專家小組，一起合作討論主題內容。接著，回到「原小組」報告負責的節日文化特色，最後再進行全班討論。請問此屬於下列哪一種合作學習策略？
(A) 拼圖法第二代　　　　　　(B) 小組協力教學法
(C) 學生小組成就區分　　　　(D) 合作統整閱讀寫作法

B 23. 我國國小四年級的某項國語文學力測驗的分數呈現常態分布，下列哪一位學生分數之相對位置在團體中最低？
(A) A 生的 Z 分數為 1　　　　(B) B 生的百分位數為 70
(C) C 生的 T 分數為 70　　　 (D) D 生比平均分數高 2 個標準差

D 24. 發生於 2022 年開始的俄國與烏克蘭的戰爭引起國際關注，此戰爭涉及的層面很廣，其中之一是國際教育的層面，而國際教育是我國十二年國教十九項議題之一。根據教育部於民國 109 年所公布的議題融入說明手冊，國際教育的學習主題包含四項，下列何者**不屬於**其中之一呢？
(A) 彰顯國家價值　　　　　　(B) 尊重多元文化與國際理解
(C) 強化國際移動力　　　　　(D) 善盡地方創生的公民責任

A 25. 張老師想要引導學生進行的社會情緒學習（social and emotional learning），在每日的聯絡簿中，張老師請學生寫下每天的情緒日記，記錄發生的事件、情緒、想法，請問根據 CASEL（collaborative for Academic, social and emotional learning）的架構，此一作法主要目標在提升學生的哪一種素養？
(A) 自我覺察（self-awareness）　(B) 社會覺察（social-awareness）
(C) 自我管理（self-management）(D) 人際技巧（interpersonal skill）

C 26. 哈格雷夫斯（D. Hargreaves）將學校文化類型區分為四種類型，其中，學校人際關係融洽，但對於學生成就要求不高，此為何種類型的學校文化？
(A) 正式型學校文化　　　　　(B) 溫室型學校文化
(C) 福利型學校文化　　　　　(D) 求生型學校文化

A 27. 高年級的陳老師想進行「課文本位」的閱讀理解教學，請問哪一個策略最適合此階段學生的認知發展，並可以有效地提升學生的理解力？
(A) 詰問作者策略
(B) 重述故事重點
(C) 刪除／歸納／找主題句來寫大意
(D) 指稱代名詞及連接詞的推論

D 28.「負增強」與「懲罰」的比較何者正確？
(A) 兩者都可以塑造出適當的行為，只是手段不同
(B) 負增強乃是取消增強物，懲罰則是移除嫌惡刺激
(C) 負增強用來減少行為反應次數，懲罰則是增加行為反應次數
(D) 負增強在適當行為出現後施予，懲罰則是在不當的行為後施予

C 29. 高老師在進行社會課教學時，經常會帶入新聞時事議題，從中思考爭議性之處，並引導學生多方蒐集資料，透過討論來綜整意見。請問高老師的課程主張比較傾向何種課程意識形態？
(A) 精粹主義課程意識形態　　(B) 科技主義課程意識形態
(C) 社會主義課程意識形態　　(D) 經驗主義課程意識形態

A 30. 關於素養導向的評量，下列敘述何者為非？
(A) 長文命題、測量閱讀理解是評量基本核心

(B) 測量學生整合能力爲主要的目標

(C) 情境化的命題是爲了測量學習遷移的能力

(D) 強調跨領域、跨學科的評量

C　31. 公正國小六年級老師引導學生透過各國的垃圾分類及垃圾減量之資料蒐集後，請學生依臺灣在地情況構思一個垃圾減量的創意行動方案，並運用評量尺規（Rubrics）進行評分。請問下列教師們對評量尺規的看法，何者不正確？

(A) 評量尺規也可以應用在同儕互評時使用

(B) 透過建立評量尺規可做爲六年級教師客觀評量學生之依據

(C) 評量規準的內涵宜在教師評分之後再讓學生知道，才具有公平性

(D) 教師們應對評量尺規的不同等級，如優等、佳作、尚可，有具體描述

A　32. 下列爲社會學或教育社會學的經典名著，哪一本書的解釋觀點較<u>不同於</u>其他三者？

(A) <u>帕森斯</u>（T. Parsons）的《社會行動的結構》

(B) <u>艾波</u>（M. Apple）的《意識型態與課程》

(C) <u>弗雷勒</u>（P. Freire）的《受壓迫者教育學》

(D) <u>包爾斯</u>（S. Bowles）與<u>金帝斯</u>（H. Gintis）的《資本主義美國的學校教育》

A　33. <u>賈克森</u>（Jackson, 1968）的《教室生活》（*Life in Classroom*）一書，對教室中的師生互動生活的社會結構樣貌，有許多發人深省的觀點。其中他認爲教室生活中由 3R 所構成的「潛在課程」對兒童的影響比「形式課程」爲大。此 3R 即規則（rule）、規定（regulation）和哪一個呢？

(A) 規律（routine）　　　　(B) 優化（refinement）

(C) 反思（reflection）　　　(D) 回應（response）

D　34. 有關環境教育方案的解釋，下列敘述何者<u>爲非</u>？

(A) 是有步驟的期程，並安排現有與未來可用的資源

(B) 是有系統規劃之理念、目標與發展策略

(C) 是有執行過程與事後評量，了解方案影響與效果

(D) 必須只針對一個教學活動，如解說、遊戲、討論等進行設計

A　35. 下列試題分析的解釋何者正確？
　　　(A) 試題的平均鑑別度愈高，測驗的信度也會愈高
　　　(B) 試題選擇的順序難度指數爲先，鑑別度指數次之
　　　(C) 鑑別度指數爲負，代表試題必有缺點存在
　　　(D) 鑑別度可等同於試題的效度

B　36. 下列何種學習模式<u>並非</u>基於建構主義的理念？
　　　(A) 發現學習　　(B) 替代學習　　(C) 介入式學習　　(D) 自我調整學習

D　37. <u>洪</u>老師要設計高年級的社會領域課程方案，請問在發展課程時，下列何
　　　者較適合作爲高年級學生之學習表現依據？
　　　(A) 社 1a-II-2 分辨社會事物的類別或先後順序
　　　(B) 社 2a-IV-1 敏銳察覺人與環境的互動關係及其淵源
　　　(C) 社 3b-II-3 整理資料，製作成簡易的圖表，並加以說明
　　　(D) 社 3d-III-2 探究社會議題發生的原因與影響，評估與選擇合適的解決
　　　　　方法

A　38. 中國古代曾有<u>孔子</u>周遊列國，西方亦有一教育家於 17 世紀周遊歐洲各國
　　　積極推動泛智教育主張。試問爲何人？
　　　(A) <u>康米紐斯</u>（J. A. Comenius）　　(B) <u>盧梭</u>（J.J. Rousseau）
　　　(C) <u>福祿貝爾</u>（F. W. A. Fröbel）　　(D) <u>洛克</u>（J. Locke）

D　39. <u>趙</u>老師運用生活管理課程教導學生要依照場合選擇合適的衣服穿著，其
　　　中有一個目標是「學生能從圖片中歸納出不同場合的穿著要求」，這較
　　　屬於下列哪一個層次的認知目標？
　　　(A) 記憶　　(B) 理解　　(C) 應用　　(D) 分析

C　40. 如果家長對於特殊需求學生的鑑定有爭議時，依我國現行法規，可以向
　　　下列哪個單位提出申訴？
　　　(A) 內政部　　(B) 就讀學校　　(C) 主管機關　　(D) 鑑定醫院

A　41. 下列針對個別學生的評量調整策略，哪一種策略的調整程度最大？
　　　(A) 調整評量題目的難度　　　　　(B) 延長評量時間
　　　(C) 報讀評量內容給學生　　　　　(D) 讓學生以電腦輸入法作答

A 42. 依據「十二年國民基本教育資賦優異相關之特殊需求領域課程綱要」，
下列哪一個是情意發展之能力成就與期待的學習表現？
(A) 形成對自己表現的評價標準，而不只在意與他人比較
(B) 接納自己與眾不同的特質
(C) 調整自己的認知或情緒，避免因過度敏感而產生猜忌與不安
(D) 辨識個人的內在發展不一致現象及其影響

D 43. 下列哪一項符合目前桃園市國民小學創造能力資賦優異學生鑑定之實施
方式？
(A) 管道一的初選以個別智力測驗和創造能力評量的內容為主
(B) 管道一的複選，其個別智力測驗和創造能力評量得分須達平均數正
二個標準差或百分等級九十七以上
(C) 初選報名可自由選填「創造能力優異特殊需求學生特質檢核表」，
並非必要條件
(D) 管道二採書面審查，審查標準以近三年內參加政府機關或學術研究
機構舉辦之國際性或全國性創造發明競賽表現特別優異，獲前三等
獎項者

C 44. Renzulli 曾提出唯有創造力、工作動機、中等智力以上等三環交集運作
後，所展現的特徵才會被認為具有高度成就或資賦優異行為。後來，他
又在資優三環的底層加上「千鳥格紋布」（Houndstooth）的花樣，用以
表示這三項資賦優異的基本條件，會受到下列哪些背景因素的影響？
(A) 態度或經驗　　(B) 個人或資源　　(C) 個人或環境　　(D) 經驗或文化

A 45. 輔導、諮商與心理治療是有所區別的，以下說明何者<u>為非</u>？
(A) 諮商之對象是精神疾病的病人，主要在處理因人格衝突導致功能失
調或不統整的個人
(B) 輔導通常是指學校所實施的整體性輔導計劃與服務活動，目的在幫
助學生能有良好的生活適應
(C) 心理治療強調診斷與矯治技術，所收集的是深入當事人心裡層面的
資料
(D) 諮商是協助當事人獲得清楚之自我認定，以順利完成個人之發展任
務

B 46. 在「橡樹學校」實驗中，教師們在學期開始時被錯誤地告知，某些學生

具有不尋常的認知成長潛力，然而事實上這些兒童是隨機挑選來的。在七個月後，這些兒童之中有許多人智商表現不尋常的增長。這是什麼原則？

(A) 雙向學習　　(B) 自驗預言　　(C) 後設認知　　(D) 充實制

C　47. 關於對立反抗障礙症的描述，以下敘述何者正確？
(A) 對立反抗障礙症是一種常見的行為問題，幾乎所有兒童都會經歷
(B) 對立反抗障礙症主要是由家庭教養方式引起的，與遺傳因素無關
(C) 對立反抗障礙症表現為兒童經常故意違抗、挑釁、爭辯等行為
(D) 對立反抗障礙症的治療主要依賴藥物，行為治療對其無效

A　48. 舊名曾被稱作為「虎茅庄」是指今本市的哪一區？
(A) 桃園區　　(B) 楊梅區　　(C) 蘆竹區　　(D) 龜山區

B　49. 本市有 2 處經內政部公告劃定為「國家級重要濕地」，一處為散布在各區的「桃園埤圳」，另一處為本市的哪裡？
(A) 石門水庫　　(B) 許厝港　　(C) 新屋溪口　　(D) 觀新藻礁

C　50. 本市八德區人口組成，除了閩、客、外省籍、原住民、新住民，還有一外島鄉親大量移居於此，請問此外島為何？
(A) 澎湖　　(B) 金門　　(C) 馬祖　　(D) 蘭嶼

高雄市 112 學年度市立國民小學教師聯合甄選

一般類及專任輔導教師——「教育專業」科目

說明：本試卷共計 50 題，為四選一單選題（每題 2 分，共 100 分）

C 1. 依性侵害犯罪防治法第九條，高級中等以下學校每學期應實施性侵害防治教育課程，至少二小時。**不包括**下列哪項內容？
  (A) 他人性自主之尊重　　　　(B) 性侵害犯罪之認識
  (C) 友善校園之認識　　　　　(D) 性侵害危機之處理

A 2. 依據高雄市國民小學學生成績評量補充規定，學校學生成績評量事宜，下列敘述何者**有誤**？
  (A) 領域學習課程定期評量紙筆測驗之次數，每學期至多二次
  (B) 學校應於每學期開學二週內，將前學期成績未達丙等之學生名單列出，並通知其導師及任課老師，俾以加強輔導
  (C) 各領域學習課程之學期成績，依學校課程發展委員會自訂定期評量與平時評量所占比例核計
  (D) 經准假於學校實施全部或部分領域學習課程定期評量缺考之學生，銷假後應予補考，其成績按實得分數計算

B 3. CIPP 評鑑模式共有四種評鑑，旨在評估及確認系統的各種能力、數種可替代的方案實施策略，請問：實施策略的設計、預算及進度是何種評鑑？
  (A) 背景評鑑　(B) 輸入評鑑　(C) 過程評鑑　(D) 成果評鑑

C 4. 關於差異化教學（differentiated instruction）的實施下列敘述何者正確？
  甲、教學的實施必須確實面對學生異質性所產生的學習需求
  乙、以學生當下的能力做為教學起點
  丙、要求每個學生達到同樣的成就標準
  丁、可用教具、圖表、影音媒體呈現課程內容，另提供充實的課程給資賦優異的學生學習。
  (A) 甲乙　(B) 乙丙　(C) 甲乙丁　(D) 甲丙丁

B 5. 噹噹是國小三年級的學生，平常在課堂上總是發出聲音影響上課，今天卻靜靜的坐在位子上做作業，於是張老師走過去並拍拍他的肩膀。請問張老師此行為的目的與下列哪個情境相符。
  (A) 媽媽一直嘮叨著孩子去洗碗，當孩子去洗碗後，媽媽就不再嘮叨了

(B) 小名開著車在十字路口等待，一輛車插入右邊空間，於是小名招手讓那輛車駛入他的車道，對方駕駛對著小名點頭揮手表示謝謝並且駛入車道

(C) 豆豆看到阿嬤手上有一袋糖果，開始尖叫著糖果、糖果、糖果，為了結束孫子的尖叫，阿嬤把糖果給豆豆

(D) 當天氣太熱時，我們會開電扇或冷氣

C 6. Douglas McGregor 從人性的觀點來探討組織的管理問題，並提出 XY 理論，下列敘述何者為誤？
(A) X 理論認為一般人自私，以自我為中心，而漠視組織的目標
(B) Y 理論實施分權和授權制度
(C) Y 理論認為一般人愚笨無知，是受人煽動與誘騙
(D) X 理論認為一般人天生抗拒變革，喜好安定

C 7. 曾老師認為：現代社會因資訊科技之快速發展，網際網路有逐漸取代教師角色中「授業與解惑」部分之趨勢。因此，他也更強調在其教學過程中引導學生如何運用網路來搜尋知識以便能解決問題。請問：曾老師的教學最符合下列何種教師哲學觀點？
(A) 布伯（M. Buber）的「吾─汝」關係的師生互動模式
(B) 諾丁絲（N. Noddings）關懷倫理學的師生關係模式
(C) 李歐塔（J.-F. Lyotard）「後現代處境」的教學模式
(D) 柏拉圖（Plato）「洞穴隱喻」的師生對話模式

B 8.「在學校中，學生常常會出現校園霸凌的行為，其主要原因乃是媒體持續不斷的報導所致，使得學生們都有樣學樣或相繼模仿的結果」。請問：前述說法比較偏向下列哪一學派的觀點？
(A) 社會文化論　(B) 社會學習論　(C) 認知發展論　(D) 行為主義論

B 9. 六年級某班第一次月考數學領域全班平均分數為 64.50 分，標準差為 8.65。大雄的得分 58 分，請問此班上大雄數學成績的 Z 分數為何？
(A) 0.75　(B) -0.75　(C) 57.5　(D) 42.5

C 10. 下列關於集中量數的敘述何者正確？
甲、當出現極端分數時，中位數較不適用，應改用平均數
乙、眾數適用於名義變數

丙、中位數只適用於次序變數

丁、算術平均數適用於等距變數和比率變數

(A) 甲丙丁　(B) 甲乙丁　(C) 乙丙丁　(D) 甲乙丙丁

A　11. 班杜拉（A. Bandura）指出：教師和學生效能感（sense of efficacy）之發展有四種重要來源與指標，請問此四項來源和指標中何者是效能感發展之最重要影響因素？

(A) 精熟經驗（mastery experience）或成功表現（performance accomplishment）

(B) 替代經驗（vicarious experience）與同儕影響

(C) 生理激勵（emotional arousal）與情緒反應

(D) 言語說服（verbal persuasion）和他人勸說

B　12. 關於柏恩斯坦（B. Bernstein）知識社會學觀點的敘述，下列何者正確？

(A) 聚集型符碼比較能夠促進教育的進步

(B) 統整型符碼具有弱分類和弱架構

(C) 聚集型符碼的師生權力關係具有可磋商性

(D) 架構是指教育內容邊界之間的強度

C　13.「學生的第一手親身經驗是學習的主要參考資源，且學習經驗是學生與環境交互作用的結果，且注重學生在學習過程中的表現以引導其主動學習」，請問這樣的觀點是屬於下列何種課程設計理論取向？

(A) 重構主義理論取向　　　　(B) 社會主義理論取向

(C) 經驗主義理論取向　　　　(D) 精粹主義理論取向

B　14. 蔡教授在課程導論中提及，課程定義所涵蓋的範圍，下列排列方式何者正確？

(A) 學習領域＞單元＞科目＞課　(B) 學習領域＞科目＞單元＞課

(C) 科目＞學習領域＞課＞單元　(D) 學習領域＞科目＞課＞單元

C　15. 科學家相信人腦的發展已經進化到嬰兒的腦就能對經驗的影響有高度反應。他們認為腦部製造超量的神經元和突觸，因此能對許多不同的感覺和動作刺激有反應，此種反應也會在神經元沒有受到刺激而不再繼續作用時，導致突觸和神經的退化。請問，此種腦部發展可被稱為：

(A) 髓鞘化（myelinization）

(B) 大腦皮質側化（cerebral lateralization）

(C) 可塑性（plasticity）

(D) 大腦皮質分化（cerebral cortex differentiation）

B 16. 有關十二年國教課綱「核心素養」生活情境的理念課程設計，應以下列哪一個選項的課程設計為主軸？

(A) 學科為中心的設計（subject-centered designs）和學習者為中心的設計（learner- centered designs）

(B) 學習者為中心的設計（learner-centered designs）和問題為中心的設計（problem- centered designs）

(C) 問題為中心的設計（problem-centered designs）和學科為中心的設計（subject-centered designs）

(D) 歷程設計（process designs）和領域設計（domain designs）

C 17. 有關 WISER 模式的學校三級輔導工作，下列論述何者是正確的？

(A) W 是指全校性（Whole school）的發展性輔導，由輔導室主責，輔導全校學生適性發展，藉以達成學校輔導工作任務

(B) ISE 是指個別化（Individualized intervention）、系統合作（System collaboration）和效能評估（on-going Evaluation），由校長主責，協助超出導師輔導知能可協助之學生

(C) R 是指資源整合（Resource integration），由學生輔導諮商中心主責，整合不同專業的輔導資源，協助學生適應各項發展歷程

(D) 初級的發展性輔導至少要有 90% 的學生受益

D 18. 有關前台北市中山女高張輝誠老師「學思達」的教學流程，下列敘述何者是正確的？

(A)「自學－思考－統整－討論－表達」

(B)「自學－討論－統整－思考－表達」

(C)「自學－討論－思考－表達－統整」

(D)「自學－思考－討論－表達－統整」

C 19. 有關合作學習相關議題的教學設計流程，下列敘述何者是正確的？

(A) 拼圖法（jigsaw-II）採全班授課→專家小組討論→閱讀→回原小組報告→小考→ 小組表揚

(B) 共同學習法（learning together）採全班授課→小組學習→隨堂小考

→小組表揚

(C) 團體探究法（group investigation）採界定主題並組成探究小組→探究小組擬定探究計畫→小組進行探究→各小組進行探究成果發表→師生共同評量

(D) 學生小組成就區分法（STAD）採說明學習任務→老師巡視各組合作學習並介入協助→評量與反省

B 20. 有關下列創客教育（maker education）的敘述，何者是**錯誤**的？

(A) 創客教育強調「做中學－學中思－思中創」的學習歷程

(B) 創客教育的核心價值在於合作學習

(C) 創客教育三大元素包含樂於分享、動手實踐和開放創新

(D) 創客教育係指透過「想做－實作－創新－成品」的教育歷程，培育各類創新型人才為目的的新型教育模式

A 21. 有關下列多元評量方式的敘述，何者是**錯誤**的？

(A) 根據 Marzano（1993）的解釋，檔案評量（portfolio assessment）是讓學生在不同的情境下完成某些工作項目，以表現他們對知識的理解、技巧的運用及思維的習慣

(B) 動態評量（dynamic assessment）考量時間的連續性，透過說明評量內容與方式的特性，給予受試者必要的協助與指導，使其操作水準提高

(C) 實作評量（performance assessment）以測驗情境真實性的程度來分，則可分為 (1) 紙筆的實作測驗 (2) 辨認測驗 (3) 模擬的實作測驗 (4) 樣本工作實作測量應用實作技能的有用方法

(D) 真實評量（authentic assessment）著重評量學生如何在真實情境中探索、設計、並完成某工作的證據，教師可從學生的作品、軼事記錄、觀察記錄等資料了解學生的學習狀況

B 22. 有關教育行政理性系統模式的的論述，下列敘述何者是正確的？

(A) 費堯（Fayol）的科學管理理論注重時間設定、按件計酬、計畫與生產分離、科學方法工作、經理人員控制和功能管理等原則

(B) 韋伯（Weber）的科層理論的特徵涵蓋專業分工、分層負責、依法行事、文字記錄、不帶情緒和專業訓練

(C) 賽蒙（Simon）的行政管理理論強調專業分工／提升績效，組織至上／個人利益在團體之下，被譽為「管理理論」之父

(D) 泰勒（Taylor）的行政行為理論深信決策行為是理性的、循序的、邏輯的。決策的步驟循序漸進，彼此間有邏輯性的次序

B 23. 有關依附關係理論的周哈里窗的敘述，下列何者是**錯誤**的？
(A) 周哈里窗是根據個體與他人在行為的察覺與否，包含「他人對我的察覺」和「我對自己的察覺」二個向度分類的交往型態。
(B)「他人知道」和「自我不知道」稱為「隱藏自我」的隱密區
(C)「他人不知道」和「自我不知道」稱為「未知自我」的未知區
(D)「他人知道」和「自我知道」稱為「開放自我」的舞台區

C 24. 有關人際了解發展，沙門（Selman）將青少年與他人互動發展分為五個階段，下列屬國小階段（7-12 歲），又稱「第二個人的看法」，合作關係以「自私」為出發點，友誼發展為「公平氣氛下的合作階段」，係屬哪個階段？
(A) 第 0 個階段—自我中心未分化
(B) 第 1 個階段—主觀觀點帶領
(C) 第 2 個階段—自我反省思考期
(D) 第 3 個階段—相互觀點取替

A 25. 王老師備課時，知道接下來自然課的教學單元是「認識昆蟲」。王老師決定第一節課先以「昆蟲生態」的微距影片引導學生關注與討論，再帶領學生前往科學博物館參觀有關昆蟲標本的展覽，學生對於近距離觀察昆蟲都感到有趣且有真實感，過程中每位學生都能仔細觀察並做紀錄，也能主動向博物館的引導人員提問問題。請問：王老師設計的教學活動引發了學生的哪一種動機？
(A) 內在動機（intrinsic motivation）
(B) 外在動機（extrinsic motivation）
(C) 抑制動機（controlled motivation）
(D) 成就動機（achievement motivation）

B 26. 有關班級經營的和諧溝通理論，下列敘述何者是**錯誤**的？
(A) 和諧溝通理論是由臨床心理學家 Hain Ginott 提出的。其主要概念是教師對學生以毫不譏諷的方式針對情境而非學生個人的人格或品德，傳送關於情境的理性訊息（sane messages）
(B) Ginott 認為教師應建立操作制約的方式，使學生遵守規矩

(C) 不做評價式稱讚（evaluative praise），而做鑑賞式稱讚（appreciative praise）

(D) 使用 I-messages；不要使用 You-messages

B 27. 下列有關的敘述，何者**不是** 維高斯基（L.S. Vygotsky）的觀點？
(A) 將人類的心理功能分爲基本心理功能與高級心理功能
(B) 將認知發展視爲內發歷程
(C) 兒童以習得的語言爲工具，用於適應環境和解決問題
(D) 抱持社會文化促進認知發展的理念

C 28. 根據柯爾曼（J. Coleman）對美國學生文化的研究，發現學生在學校的學業表現並不是其獲得社會地位的指標，而學生在運動表現、領導才能和人緣的表現，更受同學歡迎。這種現象被稱爲什麼？
(A) 反性別歧視　　(B) 反社會主義　　(C) 反智主義　　(D) 反文化運動

A 29. 在柯爾伯格（L. Kohlberg）的道德發展階段論中，認爲社會大眾認可的就是對的，社會大眾反對的就是錯的，是處於下列哪一個階段？
(A) 尋求認可取向　　　　　　　(B) 遵守法規取向
(C) 社會法制取向　　　　　　　(D) 普遍倫理取向

B 30. 根據馬斯洛（A. H. Maslow）的需求層次論，若學生沒有獲得他人的接納和友誼，容易導致他們在學校生活適應困難。請問這是下列何種需求？
(A) 安全需求　　　　　　　　　(B) 愛與隸屬的需求
(C) 自尊需求　　　　　　　　　(D) 知的需求

A 31. 下列關於試題鑑別力的敘述何者正確？
(A) 試題的平均鑑別力愈高，測驗的信度愈高
(B) 實施常模參照測驗時，當試題難度 P = .50 時，鑑別力達到最低
(C) 鑑別指數愈高，表示鑑別力愈小
(D) 鑑別力指數等於題目的效度

D 32. 王老師在教學後省思自己的寫作教學，往往配合學校活動要求指定作文題目，沒有依據課程綱要來設計課程。他的省思反映出哪兩種課程的落差？
(A) 理想課程和知覺課程　　　　(B) 運作課程和經驗課程

(C) 正式課程和經驗課程　　　　(D) 正式課程和運作課程

A 33. 教育心理學有關佛洛依德（S. Freud）心理分析理論對兒童輔導意義的敘述，何者<u>不正確</u>？
(A) 早期經驗影響兒童的發展，探討出生序對家庭的互動經驗是重要的
(B) 使用夢的解析讓兒童說出或繪出夢內容，可以了解兒童的內在想法
(C) 藉由表達性媒材的應用，分析口語表達能力尚待發展兒童的潛意識歷程
(D) 兒童的問題行為，可能是運用心理防衛機轉來掩飾內心焦慮的結果

C 34. 李老師編寫臺灣地形單元的教案，他列出一條行為目標為「學生能在臺灣地圖上，指出五座臺灣主要山脈的位置」。「山脈的位置」屬於行為目標中的哪一個要素？
(A) 條件　(B) 標準　(C) 結果　(D) 行為

B 35. 星星國小的課程發展委員會主張，該校的學校本位課程的內容只要原則性的規範就好，不需要做太詳細的設計，讓教師實施時能因應各班情形彈性調整進行修改。這種主張較符合下列哪一種課程實施觀？
(A) 忠實觀　(B) 調適觀　(C) 締造觀　(D) 重建觀

A 36. 張校長開會時在分析社會現象和學校事務時，常常採用「穩定」、「共識」、「整合」等概念，他的觀點比較接近哪一個學派？
(A) 結構功能論　(B) 衝突論　(C) 後現代理論　(D) 符號互動論

B 37. 同儕觀課可以促進教師專業成長。從詮釋學取向的教育社會學研究而言，教師同儕觀課需要關注下列哪一項重點？
(A) 邀請校外專家觀課並提供學生回饋統計資訊
(B) 觀課者要理解班級師生互動產生的意義及班級獨特性
(C) 觀課者應遵守客觀的教學觀察指標，掌握行為普遍的意義
(D) 觀課者要關注階級意識形態壓迫，造成教育機會不均等的現象

B 38. 莊老師是一位初任教師，他在學校教學認真表現優良，有些資深老師認為其優良表現已造成同事極大的壓力。下列何種<u>非</u>正式團體的規範最能說明這種現象？
(A) 維護教師群體利益，同仁之間互相信賴，要求「忠誠」

(B) 強調教師同仁間表現一致，採取不刻意表現的「平凡態度」

(C) 默許教師的競爭行為，追求教師間的「表面和諧」

(D) 尊重教師在班級教學與班級經營的「自主性」

D 39. 林老師認為學校是一種暫時平衡狀態的專制組織，老師必須是領導者，學生是被領導者，而師生之間是一種制度化的「支配—從屬」的關係。下列哪位學者的觀點最能說明這樣的師生關係？
(A) 韋伯（M. Weber）   (B) 涂爾幹（E. Durkheim）
(C) 帕森思（T. Parsons）   (D) 華勒（W. Waller）

B 40. 老師在社會課應用「瀏覽、質疑、閱讀、記誦、複習」（SQ3R）策略來增強學生的學習能力，這是下列哪一個理論的應用？
(A) 發現學習理論   (B) 訊息處理理論
(C) 意義學習理論   (D) 學習條件理論

C 41. 心理師提到在現實生活中，我們無法永遠擔憂著別人的難題，如果始終讓這樣的想法困擾著自己，這是下列哪一種理情諮商法的概念所造成？
(A) 認知曲解   (B) 自動化思考   (C) 非理性信念   (D) 非理想主義者

A 42. 康老師因為甲同學不專心聽課，且頻頻與鄰座的乙同學講話，因此給予甲、乙兩同學罰站，讓其他同學引以為戒。下列何者最符合康老師運用的現象？
(A) 漣漪效應   (B) 自我應驗   (C) 補償作用   (D) 投射作用

A 43. 一般而言，有關教師發問技巧有所謂「高原式策略」（plateau strategy），其意何所指？
(A) 同一問題請多位學生回答，以擴大參與
(B) 同一問題只問一位學生，以多問問題
(C) 同一學生提問多個問題，以深入探索
(D) 多個問題一併發問，以利學生選答

D 44. 一般而言，了解學生的學習思考。使用高層思考之「問題解決」時，易有負向遷移（negative transfer）的現象，此現象所指為何？
(A) 習慣性使用過去未經檢視過的解題策略
(B) 將之前使用過不當的策略轉移到另一個問題上

(C) 將負面的訊息從一個問題轉移到另一個問題中

(D) 過去成功的解題知識轉移到新問題中反而成為干擾

C 45. 對於兒童常見的注意力缺失症（ADD）或注意力不足過動症（ADHD），下列敘述或觀點何者較正確？

(A) 它只是把兒童不良行為合理化的藉口

(B) 任何的兒童只要吃了藥物〔如：利他能（Ritalin）〕以後就會安靜下來

(C) 治療這種症狀不能僅靠藥物，應要消除阻礙、讓兒童成為原來的自己

(D) 這樣的兒童就是頑固、懶惰、或缺乏動機

A 46. 有關國小領域單元的教學設計內容，下列的敘述何者是**錯誤**的？

(A) 準備活動可透過上次上課的優秀作業單當作引起動機，時間分配 10 分鐘較適宜

(B) 一堂課發展活動的時間分配以 25-30 分鐘為原則

(C) 學習單應在發展活動時間進行較適合

(D) 評量單應在綜合活動時間進行較適合

A 47. 依據韋納（B. Weiner）的歸因理論，下列何者是影響個人成敗因素來源中，屬於內在、不穩定、可控制的因素？

(A) 努力　(B) 能力　　(C) 運氣　　(D) 身心狀況

D 48. 依據《十二年國民基本教育課程綱要》課程類型的敘述，下列何者正確？

(A) 部定課程由學校安排，以形塑學校教育願景及強化學生適性發展

(B) 校訂課程養成學生的基本學力，並奠定適性發展的基礎

(C) 部定課程在國民中小學為彈性學習課程

(D) 校訂課程包含跨領域統整性主題／專題／議題探究

A 49. 下列何者較接近後現代主義的教育主張？

(A) 教育應重視多元文化的獨特性與正當性，並因應各種不確定性的挑戰

(B) 採取單一入學管道，恢復公平的考試制度

(C) 教科書應該呈現促進社會核心價值的共同文化

(D) 推廣傳統文化的經典閱讀，進行博雅教育與人格陶冶

BC50. 高雄國小共 49 班，請問依《學生輔導法》之規定，該校應置專任輔導
　　　教師幾人？
　　　(A)1 人　(B)2 人　(C)3 人　(D) 由地方政府決定名額多寡

新北市 112 學年度國民小學暨幼兒園教師甄選
普通科

教育專業測驗選擇題，共 20 題，每題 1 分。

A　1. 張老師爲了解四所學校的教育機會均等情形，計算出四所學校的學生學習成就之變異數（variance），從這些變異數中，下列哪一所學校的教育機會最均等呢？
(A) 1.00　(B) 1.50　(C) 2.50　(D) 5.00

C　2. 費德勒（Fiedler）的領導理論，領導者在哪一種控制力，採用關係導向的領導較爲有效呢？
(A) 沒有控制力　(B) 低控制力　(C) 中度控制力　(D) 高度控制力

B　3. 希望國民小學 112 學年第一學期第一次校務會議，有下列待議決的提案：
1、校務發展計畫（112-114 學年度）
2、老師連署提案：請學校安排教室位置時，尊重教師意願，維護專業自主權
3、112 學年度第一學期學校行事曆
4、校長請教務處擬訂之提案：教師級職務編配辦法
以上何者非屬於學校校務會議應議決之重大事項？
(A) 1　(B) 2　(C) 3　(D) 4

C　4. 來自校外的研究人員欲觀察何老師上課時跟學生的互動情形。這些研究人員提早一星期入班，學生最初很在意研究人員在場，過幾天後就不再注意他們，跟平時上課差不多。此時研究人員開始進行正式觀察。請問，研究人員提早入班的作法稱爲：
(A) 間接觀察　(B) 預期化　(C) 習慣化　(D) 結構式觀察

B　5. 張老師要進行新北市小學學生閱讀素養之問卷調查，他要取得國小學生的代表性樣本必須有嚴謹步驟。下列哪一項是他應做的第一個步驟呢？
(A) 設法取得一份完整的母群體名單
(B) 清楚界定研究的母群體
(C) 決定適當的抽樣方法
(D) 抽取夠大的樣本

D 6. 十二年國民基本教育之核心素養，分為三大面向「自主行動」、「溝通互動」及「社會參與」，三大面向再細分為九大項目，請問九大項目下列何者為正確之描述？
(A)「身心素質與解決問題」 (B)「科技資訊與創新應變」
(C)「道德實踐與團隊合作」 (D)「多元文化與國際理解」

B 7. 臺灣俗諺：「一犬吠聲，百犬吠影」，這是何種學習的結果？
(A) 刺激反應連結 (B) 觀察學習 (C) 認知學習 (D) 鷹架學習

A 8. 設計思考有五步驟，其中「為了讓設計目標能更明確、更聚焦，學生能將所觀察、蒐集到的經驗與資料，透過歸納重點、建立關聯等，以常用的釐清方法，釐清所欲解決的問題」乃何項步驟？
(A) 定義 (B) 發想 (C) 原型 (D) 測試

D 9. 教師聘任後，因教學不力或不能勝任工作有具體事實者，應經教師評審委員會審議通過，並報主管機關核准後，予以解聘或不續聘；請問下列哪些情形屬於「教學不力或不能勝任工作有具體事實」者？
(A) 不遵守上下課時間，經常遲到或早退
(B) 以言語、文字或其他方式羞辱學生，造成學生心理傷害
(C) 親師溝通不良，且主要可歸責於教師
(D) 以上皆是

A 10. 有關身心障礙學生個別化教育計畫，學校應於新生及轉學生入學後一個月內訂定；其餘在學學生之個別化教育計畫，請問應於何時訂定？
(A) 開學前 (B) 開學後一周內 (C) 開學後二周內 (D) 開學後三周內

B 11. 小明的爸爸在工廠上班，他認為最重要的工作守則就是：「聽老闆的話，努力完成工作」，而這也影響到小明在學校，其行為的守則就是：「聽老師的話，努力完成作業」。如以布朗菲布列納（U. Bronfenbrenner）的生態系統觀點，這是小明受到哪個系統的影響？
(A) 大系統 (B) 外系統 (C) 中系統 (D) 微系統

D 12. 教師之輔導與管教措施，應與學生違規行為之情節輕重相當，以下哪一個是正確的原則？
(A) 有多種同樣能達成目的之措施時，應選擇對學生權益損害較少者

(B) 採取之措施所造成之損害不得與欲達成目的之利益顯失均衡

(C) 採取之措施應有助於目的之達成

(D) 以上皆是

A 13. 依據《高級中等以下學校教師解聘不續聘停聘或資遣辦法》，以下何者不在「學校應於五日內召開校園事件處理會議」之規範之內？

(A) 經學校性別平等教育委員會調查，確認有性騷擾或性霸凌行為

(B) 體罰或霸凌學生，造成學生身心嚴重侵害

(C) 教學不力或不能勝任工作，有具體事實

(D) 疑似知悉校園性侵害事件而未通報，致事件再度發生

B 14. 高級中等以下學校教師評審委員會於處理下列哪個事項，不需另行增聘校外學者專家擔任委員，至未兼行政或董事之教師代表人數少於委員總額二分之一為止：

(A) 經學校性別平等教育委員會或依法組成之相關委員會調查確認有性騷擾或性霸凌行為，有解聘之必要

(B) 偽造、變造或湮滅他人所犯校園毒品危害事件之證據，經學校或有關機關查證屬實

(C) 體罰或霸凌學生，造成其身心侵害，有解聘之必要

(D) 經各級社政主管機關依《兒童及少年福利與權益保障法》第九十七條規定處罰，並經學校教師評審委員會確認，有解聘之必要

A 15. 請問下列何者最能說明教師具備組織素養的最重要原因？

(A) 組織是教師社會化的機制　　　(B) 教師有義務參與組織的過程

(C) 組織能保障教師的權益　　　　(D) 組織明訂教師的權利義務

D 16. 課程評鑑如採用 D. Stufflebeam 的 CIPP 模式，其中的 C 是何指？

(A) 文化（culture）　　　　　　(B) 課程（curriculum）

(C) 概念（concept）　　　　　　(D) 背景（context）

C 17. 朱老師在講述校園霸凌事件時，播放影片且講解如何因應霸凌的方法。請問，朱老師在教學裡運用了布魯納（Bruner）提出的哪些表徵？

(A) 動作表徵、影像表徵　　　　　(B) 動作表徵、符號表徵

(C) 影像表徵、符號表徵　　　　　(D) 影像表徵、理念表徵

A　18. 對於身心障礙學生之鑑定、安置與輔導，以下的敘述何者正確？
　　　(A) 學校應透過 IEP 會議，定期評估學生能力、現況及需求
　　　(B) 老師自己認為特殊教育專業知能不足，請學校另覓其他有能力的老
　　　　　師，擔任特教學生之級任導師
　　　(C) 除特定障礙別須要檢具醫院診斷證明之外，家長應先至醫院進行評
　　　　　估，再提出申請特教鑑定
　　　(D) 學校考量環境和條件，為了讓特殊學生獲得更好的照顧，請家長轉
　　　　　學到鄰近的學校

C　19. 新北市「品德教育由我做起計畫」編印國中小品德教育聯絡簿，訂有市
　　　級之 12 個核心價值，下列哪個**不屬於**新北市之 12 個核心價值？
　　　(A) 尊重　　(B) 合作　　(C) 勇敢　　(D) 自主

A　20. 依法行事本來只是達成目標的手段，但久而久之，可能由手段變為目
　　　的，形成目的置換。上述的情形稱為？
　　　(A) 形式主義　　(B) 帕金森定律　　(C) 彼得原理　　(D) 寡頭鐵律

新竹市 112 學年度國民小學暨幼兒園教師甄選
國小一般教師—普通教師

教育學科選擇題：每題 1 分，共 40 分。

D　1. 某國小校長特別強調校內資訊的暢通，並建立及管理知識庫，進而豐富校內學習資源。上述內容應為下列何種領導模式？
(A) 文化領導　(B) 魅力領導　(C) 分布領導　(D) 知識領導

D　2. 根據《家庭教育法》之規定，高級中等以下學校每學年應在正式課程外，實施幾小時以上家庭教育課程及活動？
(A) 一小時　(B) 二小時　(C) 三小時　(D) 四小時

A　3. 下列何者是教師效力最能提升多樣背景學生學習成就的途徑？
(A) 替代經驗　(B) 不斷練習　(C) 積極創新　(D) 運用科技

C　4. 有關《性別平等教育法》之敘述，下列何者<u>不正確</u>？
(A) 學校應發展符合性別平等之課程規劃與評量方式
(B) 師資培育之大學之教育專業課程，應有性別平等教育相關課程
(C) 學校在處理性騷擾事件期間，在調查未完成前，不得為任何處置
(D) 學校應設立性別平等教育委員會，以實行性別教育事務

D　5. 不同的情境下往往適合不同類型的決策方式。若某議題之目標缺乏準則並需要當機立斷，較適合採用下列何種決策類型？
(A) 理性式決策　(B) 參與式決策　(C) 政治式決策　(D) 垃圾桶式決策

A　6. 校長雖然可以利用相關權限來影響教師教學，但其效力卻常常相當有限，主要是因為學校內存在何種系統所致？
(A) 雙重系統　(B) 合作系統　(C) 開放系統　(D) 社會系統

B　7. 依據現行《偏遠地區學校教育發展條例》及《偏遠地區學校教育發展條例施行細則》之規定，下列敘述何者正確？
(A) 偏遠地區國民小學全校學生人數未滿五十人且採取混齡編班者，其教師員額編制，得以生師比六比一計算
(B) 偏遠地區學校編制內合格專任教師，以接受公費生方式分發者，除有特殊情事外，應在同一學校實際服務滿六年

(C) 校長任期一任爲三年，最多得連任兩次

(D) 最近公立國民小學距離村、里或部落辦公處所五公里以上，儘管有大眾運輸或免費交通工具可到達，仍應建立國民小學之分班或分校

A　8. 請問下列教師運用意義建構的方法進行教學時最必要原因？
(A) 教學現實不確定性高　　　　(B) 家長對教學期望高
(C) 學生學習成就低落　　　　　(D) 教師專業能力高

D　9. 下列何者<u>不是</u>「開放系統理論」之主要論述？
(A) 強調組織與所處環境之交互作用
(B) 組織中存在各種次級系統
(C) 強調「輸入、轉換、輸出、回饋」的循環過程
(D) 組織通常都會產生最佳方式以達到最大效率與效能

B　10. 教學步驟進行如下：教師講解某一閱讀策略→師生共同朗讀一篇文章→教師示範策略的使用→學生模仿→學生分組操作→教師換不同文章檢視學生應用策略情形，上述步驟是屬於閱讀理解的哪一種策略？
(A) 放聲思考法　(B) 交互教學法　(C) 連結教學法　(D) 提問教學法

B　11. <u>小明</u>是一位國小教師，他認爲實際動手操作是讓學生最快吸收知識的方法。請問<u>小明</u>應是秉持何種教育哲學思維？
(A) 後現代主義　(B) 實用主義　(C) 存在主義　(D) 自然主義

C　12. 請問學校組織運作的大腦隱喻運用最重要的觀念爲？
(A) 未來預測　(B) 環境調適　(C) 自我控制　(D) 自我演化

D　13. <u>陳老師</u>認爲學生犯錯時應予以懲罰，但必須考慮個案的特殊情境並在懲罰執行上做出適切的調整。此係基於下列何種性質的處罰理論？
(A) 報應性的處罰　　　　　　(B) 感化性的處罰
(C) 懲戒性的處罰　　　　　　(D) 恕道性的處罰

C　14. 教育家 Peters 曾提出教育的教育規準中，包含所謂的「合價值性」。針對小學教育，請問下列敘述何者符合該內涵？
(A) 教導學童背誦九九乘法表　(B) 灌輸學童信奉某宗教信仰
(C) 教導學童從事社區掃街活動　(D) 教導學童學習三角函數

B 15. 教育政策即論述的命題中，下列何者為論述最貼近的意思？
(A) 質疑　(B) 複雜的社會調節系統　(C) 說服　(D) 賽局

B 16. 小明的父母常常用威脅、體罰的方式管教小明，鮮少在意小明本身的想法。請問小明的父母是屬於何種管教類型？
(A) 寬容教養型　(B) 獨斷教養型　(C) 冷漠教養型　(D) 混合教養型

B 17. 王老師在教完每個單元後，都會擬定一份考卷以便了解學生的學習情況，並為了鼓勵學生學習，只要學生能夠達到 80 分，皆可以獲得小獎品。上述王老師的作法，包含了哪些評量模式？
甲、形成性評量　乙、總結性評量　丙、常模參照評量　丁、標準參照評量
(A) 甲丙　(B) 甲丁　(C) 乙丙　(D) 乙丁

B 18. 下列有關動態評量的敘述，何者是**錯誤**的？
(A) 測量過程通常為「測驗→教學→測驗」或「教學→測驗」的程序
(B) 評量的重點強調過去學習的成果
(C) 動態評量假定學習者具有可改變性，故屬於一種連續性評量
(D) 動態評量主要是以維高斯基（L. Vygotsky）的認知發展理論為基礎

A 19. 請問下列何者最能說明教師具備組織素養的最重要原因？
(A) 組織是教師社會化的機制　　(B) 教師有義務參與組織的過程
(C) 組織能保障教師的權益　　　(D) 組織明訂教師的權利義務

C 20. 下列有關測驗的敘述，下列敘述何者正確？
(A) 比西智力量表適合作為職業安置與輔導之用
(B) 魏氏兒童智力量表適合以團體的方式施測
(C) 羅夏克墨跡測驗施測程序較為複雜，需要嚴格的專業訓練
(D) 小明在智力測驗中得到的分數比小華高，表示小明在學校的表現會比小華好

A 21. 李老師認為每位學生都有自己的長處，不應只看學生的主要學科表現，因此總是鼓勵學生發展自己的專長。請問李老師是基於何種教育原理？
(A) 多元智能模式　(B) 學生中心主義　(C) 鷹架理論　(D) 協同教學

D 22. 大明老師在教學時，會考慮每位學生的學習程度，將不同能力的學生分

到同一組，鼓勵成員間相互協助，進而提升整體學生的學習成效，請問此教學法為下列何者？

(A) 直接教學法　(B) 協同教學法　(C) 發現教學法　(D) 合作學習法

B 23. 請問學校領導德行的實踐通路中，哪種領導能力促進利害關係人的整合，以帶動學校的革新？

(A) 系統領導　(B) 僕人領導　(C) 轉型領導　(D) 變革領導

B 24.《教育基本法》建立之目的在於保障人民學習及受教育之權利，確立教育基本方針，健全教育體制。下列何者<u>不是</u>該法所規定學校所為之事項？

(A) 採用小班的學校編制

(B) 對學校教師進行成績考核

(C) 尊重教師之專業自主

(D) 保障學生之學習權、受教育權、身體自主權及人格發展權

C 25. 小明自高年級起在校成績不佳，也漸漸不願意參加班上活動。學校輔導老師針對小明持續協助後，小明的情緒狀況仍未見改善，甚至產生拒學傾向。根據《學生輔導法》，請問這時應進行下列何種層級的輔導較為適當？

(A) 發展性輔導　(B) 介入性輔導　(C) 處遇性輔導　(D) 全面性輔導

A 26. 請問下列何者為彰顯聆聽學生聲音的最高位階？

(A) 提升學生領導能力　　　　(B) 加強師生合作

(C) 促使學生主動參與變革　　(D) 激發學生自我實現

B 27. 小安上課時總會積極地回答問題，考試後會和同班的婷婷比較考試成績，以證明自己有較佳的能力。請問小安是屬於何種目標取向？

(A) 趨向精熟目標　　　　(B) 趨向表現目標

(C) 迴避精熟目標　　　　(D) 迴避表現目標

A 28. 請問下列何者最能體現後現代教育行政倫理？

(A) 教師自主　(B) 教學績效　(C) 教師負責　(D) 教師學習

A 29. 請問下列敘述，何者較為符合維高斯基（L. Vygotsky）針對「自我語言」的觀點？

(A) 自我語言是內在語言出現之前的發展階段

(B) 自我語言會隨著個體的成熟而消失

(C) 自我語言反映了兒童在思考能力上的不足

(D) 自我語言僅會出現在 4 至 7 歲的兒童上

B 30. 根據舒曼（Shulman）的主張，教育情境知識（knowledge of educational contexts）是指下列哪一項？

(A) 對於教育目標、價值的認識　　(B) 有關學校的期許與文化的領會

(C) 對於學生學習風格的掌握　　　(D) 教師對單元教學活動的理解

D 31. 琳琳某天在學校遭到老師的責罰，因此回家後將憤怒的情緒加諸到母親身上，請問是屬於下列何種防衛機轉？

(A) 合理化作用　(B) 潛抑作用　(C) 投射作用　(D) 替代作用

C 32. 請問下列何者是相互作用的學生閱讀策略？

(A) 同化　(B) 練習　(C) 創制　(D) 教導

CD33. 下列有關性侵害通報的敘述，何者不正確？

(A) 教師於學生輔導時知有疑似家庭暴力發生時，應立即通報當地主管機關，至遲不得逾二十四小時

(B) 性侵行為人二人以上，分屬不同學校者，以先受理申請調查或檢舉之行為人所屬學校為事件管轄學校

(C) 校園性侵害事件管轄學校或機關接獲申請調查或檢舉時，應於一週內將申請人或檢舉人所提事證資料交付性平會調查處理

(D) 國民中學之校園性侵害、性騷擾或性霸凌事件管轄學校或機關接獲申請調查或檢舉時，其收件單位為學生事務處或教務處

D 34. 小明是一位小學三年級的學生，根據艾瑞克森（E. Erikson）人格發展理論，小明目前應是處於哪個發展階段？

(A) 自我認同 vs. 角色懷疑　　　(B) 主動 vs. 罪惡感

(C) 自我掌控 vs. 害羞懷疑　　　(D) 遵守規範 vs. 自卑

D 35. 有關「近側發展區」（zone of proximal development, 簡稱 ZPD）的敘述，下列何者不正確？

(A) 了解個體過去發展狀況與未來潛能，藉以決定目前發展方向

(B) 介於個體能力所能達到的水平與他人協助後可能達到的水平之間

(C) 它可以依靠教師或同儕的鷹架支持得到發展

(D) 指的是成人未來潛能所能發展的最大區域

D　36. 某所中學的教師評審委員會成員共十七人，請問<u>未兼</u>行政或董事的教師依法至少需有多少位？
　　　(A) 6 位　　(B) 7 位　　(C) 8 位　　(D) 9 位

A　37. 下列何者<u>不屬於</u>創造力的主要特徵？
　　　(A) 批判性　　(B) 流暢性　　(C) 精密性　　(D) 獨創性

C　38. 最近廢除死刑制度政策引發全國討論。這種思考國家對於個人生命影響的價值，依郭爾堡（L. Kohlberg）的道德認知發展階段，係屬於下列哪個階段？
　　　(A) 避免懲罰取向　　　　　　(B) 遵守法規取向
　　　(C) 普遍倫理取向　　　　　　(D) 社會契約取向

B　39. 下列對於信度和效度的關聯之敘述，何者<u>不正確</u>？
　　　(A) 信度低，效度一定低　　　(B) 信度高，效度一定高
　　　(C) 效度高，信度一定高　　　(D) 效度低，信度不一定低

C　40. 請問學校願景領導能透過什麼機制，最能預防變革的危機？
　　　(A) 實用政治　　(B) 民主政治　　(C) 公民政治　　(D) 分配政治

國家圖書館出版品預行編目(CIP)資料

邁向正式教師：資格檢定考試與教師甄試／林
香河，林進材著.--初版.--臺北市：五南圖
書出版股份有限公司，2024.05
面；　公分
ISBN 978-626-393-163-3(平裝)

1.CST: 教師專業資格

522.1　　　　　　　　113003099

1184

邁向正式教師
資格檢定考試與教師甄試

作　　　者 — 林香河、林進材

發 行 人 — 楊榮川

總 經 理 — 楊士清

總 編 輯 — 楊秀麗

副總編輯 — 黃文瓊

責任編輯 — 黃淑真、李敏華

封面設計 — 姚孝慈

出 版 者 — 五南圖書出版股份有限公司

地　　　址：106臺北市大安區和平東路二段339號4樓

電　　　話：(02)2705-5066　　傳　真：(02)2706-6100

網　　　址：https://www.wunan.com.tw

電子郵件：wunan@wunan.com.tw

劃撥帳號：01068953

戶　　　名：五南圖書出版股份有限公司

法律顧問　林勝安律師

出版日期　2024年5月初版一刷

定　　　價　新臺幣400元

經典永恆・名著常在

五十週年的獻禮 —— 經典名著文庫

五南，五十年了，半個世紀，人生旅程的一大半，走過來了。

思索著，邁向百年的未來歷程，能為知識界、文化學術界作些什麼？

在速食文化的生態下，有什麼值得讓人雋永品味的？

歷代經典・當今名著，經過時間的洗禮，千錘百鍊，流傳至今，光芒耀人；

不僅使我們能領悟前人的智慧，同時也增深加廣我們思考的深度與視野。

我們決心投入巨資，有計畫的系統梳選，成立「經典名著文庫」，

希望收入古今中外思想性的、充滿睿智與獨見的經典、名著。

這是一項理想性的、永續性的巨大出版工程。

不在意讀者的眾寡，只考慮它的學術價值，力求完整展現先哲思想的軌跡；

為知識界開啟一片智慧之窗，營造一座百花綻放的世界文明公園，

任君遨遊、取菁吸蜜、嘉惠學子！